교회는 이런 유형의 도발을 필요로 해왔다. 상당히 도발적인 이 책은 최신의 연구를 바탕으로 시대를 초월하는 진리를 매력적이고 명료하게 제시한다. 자신이 받은 복음이 하나님의 은혜와 능력 계시에 대한 미지근하고 효력없는 위조품이라고 느끼는 사람이라면 누구나 "예수님이 왕이시다"라는 베이츠의 대담한 알림을 통해 큰 유익을 얻을 수 있을 것이다.

에이미 필러 (Amy Peeler)
휘튼대학교 (Wheaton College) 교수

베이츠는 복음의 핵심이 예수님의 왕권에 있음을 상기시켜 준다. 이는 우리에게 복음이 필요한 이유를 재조명하는 데 도움이 된다. 우리는 자주 기독교의 메시지를 협소하게 해석하는 경향이 있다. 또 복음이 그저 내면의 쇄신만이 아니라 삶의 모든 것과 연관된다는 사실을 자주 잊어버린다. 복음을 다양한 방식으로 설명할 수 있지만, 이 책은 정말로 하나님께서 이 세상에서 하시는 일에 대한 우주적 차원의 그림을 적절하고 올바르게 제시한다.

패트릭 슈라이너 (Patrick Schreiner)
미드웨스턴 침례신학교 (Midwestern Baptist Theological Seminary) 교수

이 책에서 매튜 베이츠는 그리스도의 왕권이 복음의 중심이며 복음의 이유라는 것을 증명하고자 한다. 베이츠의 모든 주장에 동의하지 않을 수도 있지만, 이 책의 근본적인 목적은 독자로 하여금 복음이 무엇인지, 복음이 우리 시대에 왜 중요한지에 대해 다시 생각하도록

도전하는 데 있다. 상당히 도발적인 이 책은 우리 시대 교회 안에서 시의적절한 책이다.

리사 보웬스 (Lisa Bowens)
프린스턴 신학교 (Princeton Theological Seminary) 교수

매튜 베이츠는 전문적으로 성경을 사용하여 복음을 쇄신하고 재구성한다. 그러나 베이츠는 복음을 전문적인 영역에 가둬두지 않는다. 그는 말한다. "하나님은 회복을 위한 행동을 바라십니다. 함께 나아갑시다!" 베이츠는 독자들을 좋은 소식으로, 우리의 왕을 알아가는 여정으로 초대한다.

니제이 굽타 (Nijay Gupta)
노던 신학교 (Northern Seminary) 교수

매튜 베이츠는 교회가 아름답고 풍성하며 변혁적인 예수 왕의 복음을 회복할 것을 촉구한다. 베이츠는 성경이 증언하는 온전한 복음이 어떻게 "비종교인들"과 "종교를 떠난 사람들"에게도 여전히 좋은 소식인지 탁월하게 보여준다. 복음이 참으로 "좋은 소식"인 이유를 다시금 깨닫기를 바라는 성경 공부 그룹에 아주 이상적인 책이다.

마이클 F. 버드 (Michael F. Bird)
리들리 칼리지 (Ridley College) 학장

매튜 베이츠의 책이 계속해서 한국에 소개되고 있어 기쁘게 생각한다. 베이츠는 복음이 오해되고 축소되고 있는 오늘날, 복음의 핵심이 무엇인지를 우리에게 명확하게 제시하고 있다. 많은 사람들이 "복음이 무엇인가?"에 대해 관심을 가진다. 하지만 베이츠는 더 근본적이고 중요한 질문이 있다고 말한다. 바로 "왜 복음이 필요한가?"라는 질문이다. 오늘날에는 복음이 각 개인이 예수님을 구세주로 믿어 죄 사함을 받는 것과 동의어가 되었다. 성경이 가르치는 복음의 의미를 축소시켜 버린 것이다. 하지만 성경이 전하는 복음은 그보다 훨씬 더 깊고 풍성하다. 베이츠는 이런 도발적인 문장을 구사한다. 무엇보다도 먼저 예수님을 구세주로 믿는 것은, 성경이 가르치는 초점에서 벗어나 있을 뿐더러, 신앙생활 중에서도 많은 부작용을 낳는다. 베이츠는 복음의 핵심이 예수님의 왕권에 있음을 상기시킨다. 성경이 복음에 대해서 언급하며 계속해서 반복하는 메시지가 바로 예수님이 그리스도 즉, 왕이라는 사실이다. 베이츠는 십자가와 부활 역시 복음의 핵심이지만, 그럼에도 예수님의 왕권을 놓쳐서는 안 된다고 강조한다. 예수님이 그리스도가 되셨다는 것이 복음의 틀로 전제되어 있기 때문이다. 그리고 그 틀 안에서 비로소 십자가와 부활이 온전한 의미를 갖는다고 말한다.

김관성
낮은담 침례교회 담임목사

오늘날 한국 사회에서 복음은 더 이상 좋은 소식처럼 들리지 않는 것 같다. 복음의 메신저인 그리스도인들이 "이기적", "위선적", "배타적"인 이미지를 갖고 있기에 복음이 복음으로 전달되지 않고 있다. 하지만 이것은 단지 복음을 전하는 메신저의 문제가 아니다. 어쩌면 메신저들이 들은 메시지, 즉 복음이 "온전한 복음"이 아니라, "구멍 난 복음", 혹은 "사영리로 축소된 복음"을 복음의 전부로 받아들였기 때문인지도 모른다. 매튜 베이츠는 이 책에서 "개인의 죄사함을 가장 중시하는 복음은 예수님의 복음도, 바울의 복음도 아니다"라는 담대한 주장을 펼치고 있다. 복음에는 죄사함만이 아니라 왕권도 함께 있어야 하고, 반드시 그것과 함께 전해져야 한다는 것이다. 하나님께서 우리에게 복음을 주신 이유는 바로 왕이 필요하기 때문이며, 또한 예수는 그 그리스도Jesus the Christ라는 점이 성경이 반복해서 전하는 복음의 핵심이라는 것이다. 매튜 베이츠는 복음의 영역을 사적, 공적인 영역을 넘어 우주적인 통치의 영역까지 우리의 시야를 확장시킨다. 성경적이고 온전한 복음의 큰 그림을 보기 위해 이 책을 스캇 맥나이트의 『예수 왕의 복음』과 함께 읽으면 좋을 것이다. 이 책을 읽다보면 마치 내가 즐기던 맛집의 원조가 따로 있었으며, 내가 즐기던 맛은 원조의 카피였고, 그저 맛보기였다는 식의 충격을 받을지도 모른다. 그러므로 이 책을 함부로 읽지 마시길 바란다. 이 책을 읽고 나면 복음에 대한 이해가 더 이상 이전과 같을 수 없을 것이다.

김다위
선한목자교회 담임목사

인간은 왕을 원한다. 완전한 왕, 자신의 삶을 전적으로 의탁할 만한 왕을 원한다. 하지만 그런 왕은 존재하지 않는다. 나라마다 이상적인 왕을 적어도 한두 명씩 가지고 있지만, 완전한 왕에 대한 갈망으로 신화를 덧칠해 만든 것일 뿐이다. 완전한 왕에 대한 인간의 갈망은 자신이 지지하는 정치인에 대한 집착으로 표현되기도 한다. 이 모든 현상은 완전한 왕에 대한 갈망이 인간 존재의 가장 깊은 곳에 자리 잡고 있다는 의미이다. 저자는 완전한 왕에 대한 근원적인 갈망의 빛에서 복음을 재해석한다. 그는 개인적인 이야기들과 성경의 주요 본문들을 엮어서 왜 예수 그리스도를 완전한 왕으로 제시하는 것이 대안적인 복음 제시 방법이 될 수 있는지를 설득한다. 「사영리」를 통해 정답처럼 알려져 있는 기존의 복음 제시 방법에 대해 진지하게 성찰하고 매우 유익한 대안을 제시한다. 변화된 상황에서 복음 전도의 문제로 고민하는 사람이라면 누구나 정독해 볼 필요가 있다.

김영봉
와싱톤사귐의교회 담임목사

이 책이 갖고 있는 논리적 적합성과 성경적 토대, 풍성한 교회론적 함의에 대해서 과장하여 말하지 않기가 어려울 정도다. 내가 여태 읽은 복음에 대한 진술 방식 가운데 가장 깊이 나를 설득한 책이다. 하나님의 창조 의도인 하나님의 나라와 영광의 관점에서 죄와 구원과 구원의 목적을 기술하여 개인적, 심리적, 교의적 측면에 치우친 구원에 대한 이해를 바로잡고, 구원의 관계적, 공동체적 측면을 충분히 드러냄으로써, 성경의 큰 서사를 다 품으면서도 성도의 삶과 교회를 향한 하나님의 영광스런 그림을 풍성하게 드러내 주고 있다. 전율할 정도로 도발적이고 생경하기까지 한 이 책은 두루뭉술한 구원론이 주는 거짓 안전감에 취한 우리를 세차게 깨우기에 충분하다. 나는 기꺼이 이 책의 판촉사원이 될 것이며, 번역 안 된 저자의 다른 책도 이미 주문해 두었다. 꼼꼼히 읽고, 같이 읽고, 여러 번 읽고 정리하기를 권한다.

박대영
광주소명교회 책임목사, 「묵상과 설교」 책임편집

카톨릭 대학교에서 신학을 가르치는 개신교 저자의 말에 귀 기울이고 싶어진다. 교회가 스스로 한정한 영역들 밖으로, 드넓은 광야로 나아가도 괜찮다는 걸 격려하는 그의 목소리가 고맙다. 비기독교 세상에 대한 의심과 두려움에 가두어진 교회는 자기도 모르게 하나님의 수호자가 되려는 '참람'에 빠질 수 있다. 하나님 편을 드는 방식으로 스스로 옳다 여기는 동안, 불행하게도 하나님을 작은 상자에 가두는 셈이다. 비기독교 세상이 기독교에 대하여 얼마나 적대적이든 상관없을 만큼 하나님이 크고 위대하시다는 사실을 믿는 교회는 결코 의심과 두려움에 갇힐 수 없다. 그리고 세상을 향한 하나님의 사랑의 펼치심에 급진적으로 참여하려는 열망을 잃지 않는다. 저자인 베이츠는 우리를 부담스럽게 하거나 막막하게 만드는 모든 현실의 문제들이, 실은 "예수님이 우리의 왕이시라"는 선언에 대한 구체적인 이해 안에서 설득력 있는 답을 얻을 수 있을 것이라는 사실을 펼쳐 보이려 한다. 그리하여 회심을 위한 구속자의 복음에서 세상을 통치하시는 왕의 복음까지, 교회의 복음에서 온 땅을 위한 복음까지, 신앙고백적 복음에서 사회적 행동의 복음까지 힘껏 달려갈 길로 안내할 뿐 아니라, 이정표들을 제대로 읽어내는 동안 길을 잃지 않고 제대로 걷는 방식까지 제안한다. 막막할 수 있는 거대 담론을 우리의 가슴과 일상에서 실제가 되게 해 주는 이 책은 고민하는 신자들과 목회자들 모두에게 꼭 필요하다.

정갑신
예수향남교회 담임목사

예수 왕의 복음

매튜 W. 베이츠 지음
이학영 옮김

Why the Gospel?

Living the Good News
of King Jesus with Purpose

내 동생 케이티 에릭슨(Katie Erickson)에게

언제나 너의 든든한 기도와 뜨거운 응원에 감사하며

사랑을 담아.

| 목 차 |

복음gospel에 관한 매튜 베이츠Matthew Bates의 새롭고 획기적인 연구는 그간 우리가 충분히 다루지 못했던 주제인 복음이 필요한 **이유**에 대해 이야기합니다. 오늘날 교회의 건강과 사명을 위해 우리가 다루어야 할 것이 있다면 바로 이 주제입니다. 이제 우리는 복음의 **목적들**purposes을 향해 여행을 떠나야 합니다. 그 여행을 떠나려는 우리에게 베이츠는 신선한 길을 제시하고, 그 길로 우리를 능숙하게 안내합니다.

앞서 언급한 **이유**의 문제는 시급하고 중요한 사안입니다. 오늘날에는 복음이 정작 교회를 해체하고 있기 때문입니다. 많은 사람이 받아들이고, 믿고, 설교하고, 가르치고, 공식적인 교회 성명서에 새겨 넣은 복음 말입니다. 저는 다른 책에서 그러한 복음을 가리켜 "구원주의적"soterian이라고 표현한 적이 있습니다. 그 복음은 개인이 받는 죄사함 차원에서 협소하게 구원을 이야기하기 때문입니다. 더 이상 사람들은 주일 교회에 가면서 반듯하게 옷을 차려 입지 않습니다. 더욱이 매 주일마다 아주 편안한 마음으로 교회 의자에 앉아 있습니다. 왜냐하면 사람들에게 복음은 곧 그들이 "구원받는다", "의롭게 된다", "죽으면 천국에 간다"는 것을 의미하기 때문입니다.

그 정도로 편안한 느낌은 성경이 말하는 복음을 제대로 이해하지 못한 데서 비롯된 것입니다. 그럼에도 여전히 수많은 사람들이 앞서 말한 개념들을 온전한 복음의 진리로 받아들이고, 그 개념들을 복음 전도지와 소책자, 복음 설교, 전도 방법에 적용하고 있습니다. 이러한 흐름은 예수님의 죽음이 가져다준 구원의 유익들에 대해서만 이야기하고, 그 외에는 거의 이야기하지 않는 예배들을 통해 더욱 굳어졌습니다. 그러나 개인의 죄사함을 가장 중시하는 복음은 예수님의 복음도 아니고, 베드로의 복음도 아니며, 바울의 복음도 아닙니다. 신약성경 속 다른 누구의 복음도 아닙니다.

이것이 바로 매튜 베이츠의 연구 곧 복음이 필요한 이유에 대한 연구가 교회에 시급하고 절실하게 필요한 배경입니다. 이것은 실제적인 문제입니다. 베이츠는 이 책에서 다양한 "기형적 복음들"을 탁월하게 다루고 있습니다. 그뿐만 아니라 성경이 가르치는 복음이 필요한 이유를 혁신적이면서도 충실한 방식으로 풀어내어 수많은 후속 논의들을 양산해내고 있습니다. 베이츠는 영광의 순환cycle of glory, 전인적 회복, 개인적 변화, 그리고 "비종교인들"nones이 기독교에 무관심한 이유와 그들을 끌어 오는 방법 등 다양한 주제를 다루고 있습니다.

복음이 필요한 이유에 관한 이야기는 정말 설득력이 있기 때문에, 저는 여기서 많은 내용을 누설하지 않겠습니다. 독자 여러분들이 베이츠의 글을 직접 읽어보고 판단할 수 있도록 남겨두겠습니다. 그렇지만 이해의 틀을 제공하기 위해서, 어째서 성경이 말하는 복음이 개인의 구원 그 이상의 의미를 갖는지에 대해서는 좀 더 말해 보도록 하겠습니다. 복음서들이 말하는 예수님의 복음은 곧 **하나님의 나라**the kingdom of God에 관한 이야기입니다. 여러분의 죄나 저의 죄에 관한 이야기가 가장 전면에 드러나지 않습니다. 예수님의 복음은 하나님의 나라가 어떻게 예수님의 왕권을 통해 도래하는지에 관한 이야기입니다. 네 개의 복음서가 있으나 메시지는 하나입니다. 그 메시지는 바로 **복음**gospel입니다. 그리고 이것이 우리가 그 메시지를 담은 문헌들을 "복음서들"Gospels이라고 부르는 이유입니다.

복음서들은 독자들에게 한 가지 간단한 질문을 던집니다. 바로 "이 사람은 누구입니까?"라는 질문입니다. 복음서들이 던지는 근본적인 질문은 "내가 어떻게 하면 구원을 받을 수 있는가?"가 아닙니다. "내가 죽으면 어떻게 천국에 갈 수 있는가?"도 아닙니다. 복음서들이 계속해서 던지는 질문은 "예수님은 누구이신가?" 곧 그의 정체에 관한 질문입니다.

예수님의 정체가 복음에 있어 핵심적인 사안이라는 사실은 각 복음서들의 도입부를 보면 알 수 있습니다. 마태복음의 도입부에 기록된 족보를 보면, "메시아[그리스도]라고 하는 예수"(마 1:16)에 이르기까지 각 사람들의 이름이 한 명씩 거론되는 것을 볼 수 있습니다. 그것으로 끝이 나죠. 다음으로 마가복음의 첫 구절은 어떨까요? "하나님의 아들, 예수 메시아[그리스도]의 복음의 시작이라."(막 1:1) 마가는 효과적으로 그의 복음서를 시작합니다. 마가는 독자들에게 자신의 복음서 전체를 해석하는 방식을 가르치기 위해서, 복음은 예수님에 관한 것이며 하나님의 아들인 그는 왕이라는 결론을 처음부터 밝히고 있습니다. 누가의 경우 "우리 중에 이루어진 사실에 대하여"(눅 1:1) 차례대로 이야기하는데, 그것은 결국 예수님에 관한 이야기이거나 혹은 예수님을 가리키고 있습니다. 마지막으로 요한복음은 이보다 더 예수 중심적일 수는 없을 것 같은 복음서입니다. "태초에 말씀이 계시니라 이 말씀이 하나님과 함께 계셨으니 이 말씀은 곧 하나님이시니라"(요 1:1). 이러한 도입부를 지나면, 그 유명한 "나는 … 이다"라는 표현들이 나오는데요. 이러한 표현들은 순전한 복음의 선포이자 또한 초대입니다. 다시 말해, 예수님이 선포되고 계시므로 곧 복음도 선포되고 있는 것입니다.

복음서들의 메시지는 하나님의 나라가 가까이 왔다는 것입니다. 왜냐하면 예수님께서 왕이시기 때문입니다. 복음의 주된 목적은 왕이 누구인지 알고 그 왕에게 충성을 다해야 한다는 데 있습니다. 왕으로 즉위하신 예수님은 우리를 구원하시고 해방시키시고 의롭게 하시고 거룩하게 하시며 또한 영화롭게 하십니다. 물론 그런 행위들이 예수님을 왕으로 만드는 것은 아닙니다. 예수님께서 왕이시기 때문에 그 행위들이 비롯된 것입니다. 베이츠의 지적이 옳습니다. 예수님은 우리의 첫 번째 왕이십니다.

N. T. 라이트Wright와 같은 학자들과 마찬가지로 베이츠와 저 역시 구속redemption이나 죄사함을 구석으로 밀어내고 왕권이 그 자리를 차지하기를 원하는 것이 아닙니다. 우리의 주장은 언제나 둘 모두였습니다. 즉, 왕권과 죄사함 모두를 함께 이야기해 왔습니다. 그러나 그 순서가 중요합니다. 자칫 순서가 잘못되면, 왕이신 예수님께서 복음의 본질이 아닌, 다른 목적을 위한 도구가 됩니다. 바울이 말했듯이, 우리는 "십자가에 못 박히신 그리스도" 혹은 "십자가에 못 박히신 왕"을 전파합니다. 예수님께서는 힘없는 종이 아니십니다. 예수님께서는 우리가 그를 통하여 유익을 누릴 수 있도록 자신을 아낌없이 내어주신 우주의 주인Lord이십니다.

우리가 좋은 소식good news을 전하며 살 수 있도록 준비되기를 기대합니다. 복음이 곧 예수님께서 왕이시라는 것이라면, 제자도는 왕이신 예수님께 충성하는 것이 됩니다. 이 책은 여러분이 온전한 복음의 목적들을 발견하도록 돕는 책입니다. 여러분은 이 책을 통해서 충성스러운 제자도의 삶을 더욱 철저하게 받아들이게 될 것입니다.

스캇 맥나이트 (Scot McKnight)
노던 신학교 (Northern Seminary) 교수

무엇이 아니라 **왜**를 물어야 합니다. 우리가 던지는 질문에 따라 우리가 보는 것이 달라집니다.

수많은 책들이 **무엇이 복음인가?**What is the gospel를 묻습니다. 물론 그 질문이 잘못된 것은 아닙니다. 복음은 하나님께서 우리에게 주신 가장 위대한 선물입니다. 자비로운 구원을 베푸신 하나님을 찬양합시다! 더욱이, 우리가 성경에서 발견한 복음을 굳게 붙잡는 것은 중요한 문제입니다.

저에게도 교회가 참된 복음을 수호하고 나누어야 한다는 열정이 있습니다. 그래서 저는 이미 『복음에 충성하기』Gospel Allegiance, 『복음을 정확하게』The Gospel Precisely와 같은 책들을 통해 "복음이란 무엇인가?"에 대한 이해를 높이기 위해 노력했습니다. 주로 복음의 구원 메시지와 그 내용을 설명했습니다.

하지만 이 책은 특별합니다. 이 책이 특별한 이유는 모든 사람들이 복음에 대한 성경의 가르침을 무시하고 있는 상황 때문이 아닙니다. 물론 많은 사람들이 안타깝게도 그렇게 하고 있는 것은 사실입니다. 하지만 이 책이 특별한 이유는 기존에 하지 않은 새로운 질문들을 던짐으로써 신선한 해답을 제시하고 있기 때문입니다. 셀수도 없을 정도로 많은 책들이 복음이 무엇인지를 묻습니다. 하지만 복음에 관한 책들 중에서 다음과 같이 훨씬 더 중요한 질문을 던지는 책은 제가 아는 한 아직까지 없었습니다. 바로 **왜 복음이 필요한가?**Why the gospel라는 질문입니다.

우리가 하나님의 마음을 알고자 한다면, **복음이 무엇인가?**라는 질문보다 **왜 복음이 필요한가?**라는 질문이 훨씬 더 중요합니다. "왜?"라는 질문은 하나님의 의도를 더욱 깊이 살펴보게 해주기 때문입니다. 하나님께서는 우리에게 복음을 주셨습니다. 복음을 주신 궁극적인 목적들은 무엇일까요? 최종적인 이유들은 무엇일까요? 복음의 최종적인 목표들을 성취하시기 위해 하나님께서는 어떤 중간 단계들을 사용하실까요? 하나님과의 더욱 깊은 관계를 원한다면, 복음이 무엇인지뿐만 아니라 또한 왜 우리에게 복음이 필요한지도 알아야 합니다.

"**왜 복음이 필요한가?**"라는 질문은 또한 그와 연관된 다른 질문들을 불러 일으킵니다. 그러한 질문들 역시 이 책에서 함께 다룰 것입니다. 오늘날 유례없이 다양한 삶의 형태를 선택할 수 있는 상황에서도 어째서 사람들은 이 기괴한 십자가와 부활 이야기에 반응을 하는 걸까요? 예수님과 함께하는 여정이 실은 진정으로 자기 죽음

self-death을 수반한다는 사실을 깨닫게 되었을 때조차, 어째서 사람들은 계속해서 "좋은 소식"good news을 고수하는 걸까요? 다시 말해, 어떻게 복음은 계속해서 현대 사회 안에서 설득력을 갖는 걸까요? 이러한 질문들은 특히 선교 및 전도와 관련이 있지만, 분별력 있는 기독교인이라면 실은 교회 자체가 선교 현장의 일부라는 사실을 인식하고 있을 것입니다. 일단 저는 우리 모두가 거듭해서 예수님에게 압도되는 것이 중요하다고 생각합니다.

여러분이 앞서 제가 한 질문들을 해본 적이 없다고 하더라도, 하나님께서 복음을 주신 이유와 복음이 여전히 매력적인 이유에 대한 여러분만의 생각을 어느 정도 이미 가지고 있을 것입니다. 그런데 과연 여러분의 생각이 성경 전체가 강조하는 내용과 얼마나 일치할까요? 저는 오랫동안 구원에 대해 가르치면서 복음이 필요한 이유에 대한 대부분의 대답들이 성경적인 관점에서 볼 때 완전히 틀렸거나, 혹은 부분적으로는 맞지만 복음의 가장 큰 목적들과 궁극적인 목표들에 대해 성경이 말하는 내용과 다소 단절되어 있음을 발견했습니다.

이 책은 복음의 목적이라는 주제에 대한 새로운 탐구를 제공함으로써, 복음의 내용을 강조하는 연구들을 보완하고자 하는 책입니다. 이 책은 일반 독자를 위해 쓰여졌지만 특별히 교회 전체 스터디, 소그룹 모임, 기독교 수업, 그리고 목회자 및 교회 지도자들의 연구를 위해 만들어졌습니다. 각 장 끝에 있는 질문들은 모임에서 나눔을 할 때나 개인적인 묵상을 할 때 도움이 될 것입니다.

이 책을 읽고 있는 여러분에게 한 가지 부탁을 드리고 싶습니다. 만일 여러분에게 이 책이 도움이 되었다면 부디 이 책의 내용을 널리 알려주시길 바랍니다. 이 책에 담긴 생각들을 다른 사람들과의 대화 중에 활용해 보세요. 여러분이 배운 것을 다른 사람들과 공유해 보세요. SNS에 이 책의 내용을 언급해 보세요. 토론 그룹에 사용해 보세요. 온라인 서점에서 별점 혹은 리뷰를 긍정적으로 남겨 보세요. 그러한 행동들은 이 책이 오늘날 출판계에서 영향을 미치는 데 큰 도움이 됩니다. 여러분이 어떤 방식으로 돕든, 왕이신 예수님을 높이는 방식으로 행동하시길 기대합니다.

우리는 교회와 가정 안에서뿐만 아니라, 개인적으로도 복음 중심의 삶을 살기를 원합니다. 우리의 고장난 상태가 수리되기를 바랍니다. 우리는 돈만 아는 사람이 남을 위해 희생하며 나누는 사람이 되기를 바라고, 성중독자가 신실해지는 법을 배우기를 바라고, 다른 사람을 밟고 올라가던 사람이 다른 사람을 섬기는 리더로 성장하기를 바랍니다. 우리는 지금 고장나고 망가진 상태에 있기 때문에 그에 따른 아픔을 느끼고 있습니다. 하지만 우리는 이제 치유를 경험하기 시작했습니다. 우리는 복음이 우리 자신과 비참한 세상을 치유하는 원천이라는 사실을 알고 있습니다. 그러므로 우리는 기뻐해야 합니다! 복음은 정말로 최고의 소식이기 때문입니다.

물론 여전히 교회 안에서 복음이 혼란스럽게 전달되는 경우가 많다는 사실은 부인할 수 없습니다. 그러한 맥락에서 이 책은 무엇보다 복음의 목적을 다룹니다. 더 정확히 말하자면, 복음의 일차적인 목적이, 복음의 다른 목적들과 어떻게 연관되는지를 다루는 책입니다. 복음의 목적들을 견실히 탐구할 때 복음에 대한 혼란은 줄어듭니다. 그로써 우리는 이전보다 더 많은 것을 얻게 됩니다.

우리에게 복음이 필요한 이유에 관심을 기울이는 일은 또한 복음의 내용을 더 명확하게 볼 수 있도록 도와줍니다. 우리에게 복음이 필요한 이유를 알면 우리가 할 수 있는 최선의 방식으로 복음에 반응하게 됩니다. 또한 우리에게 복음이 필요한 이유는 다른 사람들에게 진실하고 효과적인 방식으로 좋은 소식을 전할 수 있도록 우리를 준비시킵니다. 다시 말해, 왜 복음이 필요한가?라는 질문에 올바르게 답할 때, 그와 관련된 질문들—**복음이란 무엇인가?, 우리는 어떻게 복음을 살아내야 하는가?, 어떻게 하면 다른 사람들에게 복음을 전할 수 있는가?**—에 대한 새로운 통찰도 얻을 수 있습니다.

저의 가장 큰 바람은 이 책이 예수님을 왕으로 모시는 혁명을 일으켜 점점 더 많은 사람들이 하나님께서 의도하신 영광을 회복하고 유일하신 참 하나님을 온전히 명예롭게 하는 것입니다.

묵상과 나눔을 위한 질문

1. 처음 복음을 들었을 때의 기억에 대해 이야기해 봅시다. 누가 여러분에게 복음을 전했습니까? 그때 무엇이 강조되었습니까?

2. 복음이란 무엇입니까? 여러분이 설명하는 복음이 옳다는 것을 어떻게 성경으로 증명할 수 있습니까? (이 책은 기본적으로 복음이 필요한 이유에 초점을 맞추고 있습니다. 하지만 무엇이 복음인지에 대한 내용이 궁금하다면 제4장을 참고하세요)

3. 하나님께서 복음을 주신 이유가 무엇이라고 생각하나요?

4. 오늘날 무엇이 사람들로 하여금 복음에 반응하도록 만든다고 생각하나요?

5. 복음에 반응하는 일과 관련된 여러분만의 이야기를 말해보세요. 과거와 현재의 일들을 생각해 보세요.

Chapter 1
왕이 먼저다

당시 제가 고의적으로 하나님께 불순종한 것은 아닙니다. 오해가 없었으면 좋겠네요. 물론 제가 스스로 인정하는 것보다 더 많이 불순종해왔던 것은 사실입니다. 하지만 그때는 아니었습니다. 지금도 저는 당시 상황에서 제가 최선의 선택을 한 것이라고 생각합니다. 적어도 제 생각엔 말입니다.

그렇습니다. 당시 저는 자기도취에 빠진 스물다섯 살 청년이었습니다. 그럼에도 저는 하나님의 음성을 들으려 애쓰고 있었습니다. 하지만 마음 깊은 곳에서 성령의 불이 타오르자 저의 선택이 옳지 않았음을 깨달았습니다. 저는 오직 복음만이 줄 수 있는 것을 필요로 하고 있었습니다. 하지만 당시에 저는 복음이 실현된 모습과 목적을 오해하고 있었습니다. 그때는 잘 몰랐습니다.

18개월 전, 저는 학비를 내기 위해 상당한 액수의 돈을 가지고 큰 희망을 품은 채 아내와 함께 캐나다로 떠났습니다. 밴쿠버에 있는 리젠트 대학교Regent College에서 성서학biblical studies 석사 학위 과정에 지원했거든요. 문제는 제가 학비를 내기 위해 모은 돈을 주식에 투자했다는 것입니다. 리젠트 대학교에 입학한 첫 해에 주식 시장은 가파르게 하락했습니다. '정말 괜찮을까? 이 학위 과정을 끝까지 마칠 수 있을까?'

결국 아내와 저는 돈이 다 떨어졌고 학위 과정도 다 끝마치지 못한 채 캐나다를 떠나야 했습니다. 심지어 미국으로 돌아갈 현금조차 부족했기 때문에 신용카드로 이사 비용을 결제해야 했습니다. 일단 북부 캘리포니아에 있는 고향으로 향했습니다. 거기서 산림을 관리하는 일자리를 구해 가족과 함께 지낼 수 있을 거라고 생각했거든요.

그렇지만 과거에 하나님께서는 분명히 저에게 꿈을 주셨습니다. 대학교 시절 제 삶이 크게 달라진 계기가 있었는데요. 한창 물리학과 공학을 공부하던 그 시절에 우연히 신약성경에 관한 강의 하나를 듣게 되었는데, 그 강의가 저의 인생을 송두리째 뒤집어 놓았습니다. 그 후에 저는 성경을 가르쳐야 한다는 소명을 깨달았습니다. 저는 다른 사람들이 예수님을 경험하도록 성경을 가르치라는 부르심을 받았습니다. 성경을 가르치는 것이 바로 저의 소명이었습니다. 설령 마땅한 보상을 받지 못하더라도 그 일은 항상 제가 꿈꾸며 하고 싶은 일이었습니다.

고향으로 돌아온 저는 앞으로 무엇을 하며 살아야 할지 고민하게 되었습니다. 산림을 관리하는 일로 돈은 벌긴 했지만 행복하지는 않았습니다. 그 일은 저에게 그저 임시방편에 지나지 않았습니다. '다시 공학 분야로 돌아가야 할까? 아니면 다른 일을 해야 할까?' 저에게는 올바른 삶의 방향이 필요했습니다. 그래서 앞으로의 삶의 방향을 두고 하나님께 간절히 기도했습니다.

물론 그 후에도 저는 계속해서 실수를 연발했습니다. 나중에 더 자세히 이야기하겠지만 그럼에도 하나님은 저에게 은혜를 베풀어 주셨습니다. 하지만 제가 만일 복음을 더 온전히 이해하고 있었다면, 분명 제가 한 방황의 상당 부분을 피할 수 있었을 것 같습니다. 더불어 다른 사람들을 더 잘 섬길 수 있었을 것 같고요.

그는 왕이시다

당시는 제가 복음을 막 이해하기 시작했을 때입니다. 더 정확하게 말하자면, 이제 막 복음이 저를 사로잡기 시작했을 때입니다. 우리는 기독교 진영 안에서 복음에 대해 자주 말하지만, 대개 그 내용이 모호할 때가 많습니다. 그러한 탓에 명확해야 할 복음이 도리어 상당히 흐릿할 때가 많습니다.

하나님은 왜 우리에게 복음을 주셨을까요? 대중적인 기독교 문화와 수많은 신학들은 우리가 복음을 통해 가장 먼저 받는 내용이 이것이라고 말합니다. 앞으로 우리는 이것을 우선시할 경우 교회와 복음 전도가 얼마나 황폐해질 수 있는지 살펴볼 것입니다.

이것이 무엇인지에 대해서는 기독교 내 그룹마다 서로 다른 답을 내놓을 것입니다. 하지만 그럼에도 가장 보편적인 답이 하나 있습니다. 몇 달 전에 저는 목회자들로 이루어진 그룹을 상대로 성경을 가르친 일이 있었는데요. 당시 이 책의 초안을 작성하고 있었기 때문에, 시험 삼아 그들에게 몇 가지 질문을 던져 보았습니다. "왜 우리에게 복음이 필요한가요?" 예상대로 그들은 제가 자주 보고 듣는 답을 주었습니다. "우리에게는 죄사함이 필요하기 때문입니다." 물론 어떤 면에서 이것은 훌륭한 대답입니다. 성경을 보면 복음이 선포될 때 그 목적 혹은 의도된 결과로서 자주 죄사함이 언급되기 때문입니다(고전 15:3; 행 2:38; 5:31; 10:43). 따라서 그 대답은 부분적이지만 그럼에도 정답이라고 할 수 있습니다. 그러나 앞으로 더 자세히 살펴보겠지만, 죄사함이 가장 정확한 대답은 아닙니다.

저는 그 목회자들이 가진 기본적인 정서와 분위기를 살핀 후 그들을 조금 더 압박해 보았습니다. "그런데 우리는 왜 죄사함을 받아야 할까요?" 목회자들로 가득 찬 방 안에서 모두의 입을 다물게 만드는 일은 사실 거의 불가능한 일인데요, 그럼에도 불구하고 제가 이 질문을 던지자 방 안은 침묵만이 감돌았습니다. 그들은 복음의 주된 목적이 죄사함이라는 점을 당연하게 받아들였기 때문에 갑작스런 제 질문에 할 말을 잃은 것입니다.

10년 전만 해도 복음의 주된 목적에 대해 질문하면, 교회 지도자들은 여지없이 "천국에 가기 위해서"라고 대답하곤 했습니다. 그러나 시간이 지남에 따라 성경은 천국이 복음의 주된 목적이라고 직접적으로 말한 적이 없다는 사실이 점점 더 알려지기 시작했습니다. 앞서 언급한 목회자 그룹은 복음이나 죄사함의 주된 목적이 천국에 가기 위한 것이라고 대답하지 않았습니다. 그만큼 상당한 지식을 가지고 있었지만 그럼에도 더 나은 대답이 무엇인지는 확신하지 못했습니다.

왜 확신하지 못했을까요?

복음 안에서 이것을 먼저 받는다고 생각했기 때문입니다.

이것은 과연 무엇일까요? 저는 천국에 가기 위한 죄사함 외에 여러 가지 대답들을 들었습니다. 새로운 마음, 거듭남, 칭의, 의로움, 거룩함, 중생, 새 생명, 하나님과 영원히 함께 하는 것, 지옥에서 벗어나는 것 등. 그러나 이들 중 그 어느 것도 우리가 복음 안에서 가장 먼저 받는 것이라고 성경은 말하지 않습니다.

저는 또한 "예수님과 함께하는 것"이라는 대답도 들었습니다. 점점 더 답에 가까워지고 있지만 여전히 정확하지는 않습니다. 복음의 목적은 우리를 예수님과 연결시키는 데 있습니다. 하지만 우리는 여기서 한 번 더 질문해야 합니다. "예수님의 어떤 부분과 말인가?"

저는 이러한 내용을 가르치면서 단 한 번도 누군가가 성경이 말하는 가장 명확한 답을 곧바로 제시하는 것을 들어본 적이 없습니다. 성경의 관점에서 볼 때 하나님은 왜 우리에게 복음을 주신 것일까요?

왕이 필요하기 때문입니다.

하나님이 우리에게 복음을 주신 이유는 그 무엇보다도 먼저 우리에게 왕이 필요하기 때문입니다.

복음은 가장 먼저 왕에 관한 소식입니다. 성경이 복음을 선포하는 것을 보면 계속해서 반복되는 메시지가 있는데요, 바로 예수님이 그리스도라는 것입니다.

> 그들이 날마다 성전에 있든지 집에 있든지 **예수는 그리스도**라고 가르치기와 전도하기를 그치지 아니하니라(행 5:42).

> [4] 그 흩어진 사람들이 두루 다니며 복음의 말씀을 전할새 [5] 빌립이 사마리아 성에 내려가 **그리스도**를 백성에게 전파하니(행 8:4-5).

> 사울은 힘을 더 얻어 **예수를 그리스도**라 증언하여 다메섹에 사는 유대인들을 당혹하게 하니라(행 9:22).

> [2] 바울은 … 성경을 가지고 그들과 토론하였다. [3] 그는 그리스도께서 반드시 고난을 당하시고 죽은 사람들 가운데서 살아나셔야 한다는 것을 해석하고 증명하면서 "내가 여러분에게 전하고 있는 **예수가 바로 그 그리스도이십니다**" 하고 말하였다(행 17:2-3 새번역).

> 바울은 오직 말씀을 전하는 일에만 힘을 쓰고, **예수가 메시아[그리스도]이심**을 유대 사람들에게 밝혀 증언하였다(행 18:5 새번역 참조).

"예수님은 나의 구세주시다", "나의 중생의 근원이시다", "나의 의로움이시다", "나의 속죄를 위한 희생 제물이시다", "나의 죄를 사함받는 일의 원천이시다"이라는 말로는 성경이 말하는 복음을 온전히 담아내지 못합니다. 물론 예수님은 정말로 그런 분이십니다. 그러나! 복음은 "예수님은 그리스도이시다"라는 선포로 가장 잘 요약됩니다. 우리는 하나님께서 복음의 본질로 주신 이 선포에 목적이 없다거나 혹은 우리와 무관하다고 여겨서는 안 됩니다. 다시 말해, 하나님께서 우리에게 그리스도를 주셨다는 것이 복음의 본질이라면, 거기에는 분명 그럴 만한 이유가 있을 것입니다.

만일 우리가 하나님의 구원에 담긴 목적과 복음에 담긴 그분의 마음을 알고 싶다면, 먼저 이 질문을 하는 것부터 시작해야 합니다. "왜 메시아인가?"

복음은 다른 무엇보다도 하나님께서 우리에게 왕을 주셨다는 것입니다. "메시아"의 의미와 메시아를 바라는 희망이 어떻게 발전했는지를 더 정확히 이해할 때, 우리는 우리에게 다른 무엇도 먼저 필요하지 않음을 깨닫게 됩니다. 왕이야말로 정확히 우리에게 가장 먼저 필요한 것입니다.

"그리스도"가 복음의 목적을 결정하는 이유

신약성경이 예수님을 가리켜 그리스도 혹은 메시아라고 주장할 때, 그것이 곧 예수님께서 각 개인들을 죄로부터 구원하심을 가리키는 것은 아닙니다. 물론 궁극적으로 예수님은 그렇게 하십니다. 하지만 우리는 복음의 핵심을 놓치지 말아야 합니다! 바로 우리에게 새로운 왕이 생겼다는 것입니다!

그러나 우리가 번역한 성경, 찬송가, 신학 교과서들이 예수님에 대해 말하는 방식은 대개 복음이 왕에 관한 선포라는 사실을 모호하게 만듭니다. 따라서 우리가 신앙 생활 가운데 예수님을 어떻게 언급하는 것이 더 나은지 고민할 때, 왕의 복음에 담긴 목적도 조금씩 회복될 수 있습니다.

과거에 예수님을 그리스도로 불렀던 의미

예수 그리스도는 이름이 아닙니다. 그것은 당연한 요구이자 주장입니다. 즉, 우리는 예수 그리스도를 단순히 이름이라고 생각해서는 안 됩니다. 그리스도는 예수님의 정체에 대한 주장이자 확언입니다. 예수 그리스도를 좀 더 정확히 말하면, 예수님이 바로 그 그리스도the Christ라는 뜻입니다. 따라서 "그리스도만이 모퉁잇돌"과 같은 가사의 찬송을 부를 때도, "그리스도"가 "예수"와 같은 의미라고 생각해서는 안 됩니다. 결코 그렇지 않습니다.

신약성경의 저자들은 예수님을 가리켜 그리스도로 부르는 것을 주저하지 않았는데요, 실제로 신약성경에서 "예수 [그] 그리스도"는 135회나 언급됩니다. 한편 사도 바울은 "[그] 그리스도, 예수"라는 대체어를 89회나 더 사용합니다. 이것이 바로 복음의 본질입니다.

예를 들어, 가장 먼저 기록된 복음서인 마가복음에서 우리가 예수님에 대해 가장 먼저 알게 되는 점은 곧 복음이 메시아이신 예수님에 관한 소식이라는 것입니다. "예수 그리스도의 복음"(막 1:1). 나사렛 예수를 예수 그리스도라고 부르는 것은 그가 특정한 왕이라고 주장하는 것입니다. 다시 말하지만, 예수 그리스도는 이름이 아니라 예수님이 메시아라는 주장입니다.

한 가지 비유가 예수 그리스도의 의미를 이해하는 데 도움이 될 수 있을 것 같습니다. 조지 워싱턴George Washington을 생각해 봅시다. 그를 정확하게 지칭할 수 있는 방법은 여러 가지가 있습니다. 미합중국의 초대 대통령, 워싱턴 대통령, 워싱턴 장군 등. 아니면 그냥 조지라는 이름으로 부를 수도 있습니다. 또한 조지 워싱턴이 살아 있을 때 그를 가리키는 비공식적인 존칭들도 많이 있었습니다. 이를테면 그는 "조국의 아버지"라고 불리기도 하고, "각하"라고 불리기도 했습니다. 그러나 조지 워싱턴이라는 이름이 "각하"와 같은 의미라고 생각하거나, 둘을 서로 교차적으로 사용할 수 있다고 생각하면 큰 혼란이 일어납니다. 우리가 "조지 워싱턴, 각하"라고 말할 때 실은 그의 이름과, 국가 원수로서 그가 가진 사회적 위상을 존중하는 경칭을 결합하고 있는 것입니다. 예수 그리스도 역시 이와 비슷합니다.

예수 그리스도는 이름이 아니라,
예수님이 [그] 메시아라는 주장입니다.

이에 대해 좀 더 정확히 파악하려면 예수님 당시의 비유들을 살펴봐야 합니다. 매튜 노벤슨Matthew Novenson은 그의 저서 『메시아들 가운데 그리스도』Christ Among the Messiahs에서 이와 관련된 몇 가지 사례를 제시합니다. 모데인의 마타티아스Mattathias의 아들, 유다Judas라는 전사는 유다 마카비Maccabee라고 불렸는데요, 이때 마카비는 그의 이름이 아니라 "망치[망치질하는 사람]"라는 뜻입니다. 즉, 그를 유다 마카비라고 부른 것은 그의 이름과, 그가 가진 군사적 능력을 기념하기 위한 경칭을 결합한 것입니다.

또한 예수님이 태어나셨을 당시 로마 황제를 생각해 봅시다. 그의 이름은 옥타비아누스Octavian였습니다. 하지만 옥타비아누스는 주전 27년 로마 원로원으로부터 고귀하고 존귀하다는 뜻의 "아우구스투스augustus"로 추대되었습니다. 이 칭호는 옥타비아누스와 매우 긴밀하게 연결되어서 오늘날에는 흔히 그를 가리켜 카이사르 아우구스투스라고 부릅니다. 실제로 옥타비아누스가 카이사르 아우구스투스라고 불릴 때, 그의 위상이 상당히 높았다는 주장도 제기되고 있습니다.

과거에 예수님께서 예수 그리스도로 불리셨을 때도 마찬가지입니다. 사실 예수님을 가리켜 나사렛 예수나 요셉의 아들 예수(법적), 혹은 마리아의 아들 예수(실제)라고 부르는 것이 더 정확한 표현이라 할 수 있습니다. 그러나 이러한 칭호들에는 마땅한 존경과 경의가 담겨있지 않습니다. 신약성경 저자들은 예수님을 가리켜 예수 그리스도라고 부름으로써, 하나님께서 그에게 최고의 왕권을 부여하셨음을 드러냈습니다. 즉, 하나님께서는 예수님을 당신의 우편으로 높이셨고, 거기서 예수님은 메시아로서 통치하신다는 것입니다.

현재에 예수님을 그리스도로 부르는 의미

우리는 "예수"와 "그리스도"를 마치 서로 바꿔 사용할 수 있는 단어인 것처럼 취급하는 것을 멈춰야 합니다. 예수님을 부를 때 더욱 정확하게 표현하기 위해 노력해야 합니다. 여기서 우리는 복음의 소망이신 예수님을 가리키는 좀 더 정확한 표현 네 가지를 살펴보려고 합니다. 첫째, 그리스도는 보통 사람들에게 그 의미가 잘 드러나지 않는 반면 왕은 그 의미가 분명하기 때문에, 예수님을 가리켜 왕이신 예수님King Jesus이라고 부르는 것입니다. 왕이신 예수님이라고 부르는 것은 그를 부를 때마다 자연스럽게 복음(의 의미)도 전할 수 있는 좋은 방법입니다.

둘째, 메시아 예수 또는 예수 [그] 메시아도 있습니다. 많은 사람들이 "메시아"를 구약성경(히브리성경)에 나오는 궁극적인 구원자 혹은 지도자로 인식하고 있습니다. 따라서 메시아 예수는 하나님께서 (선택하신 백성) 이스라엘을 통하여 품고 계신 세상을 향한 큰 계획과 목적 가운데 예수님이 가지시는 의미를 더욱 잘 분별할 수 있도록 도와줍니다.

셋째, 예수 그리스도Jesus Christ 대신, 좀 더 정확히 예수 그 그리스도Jesus the Christ라고 부를 수도 있습니다. 사실 여기에 예수 그리스도와 다른 의미는 없습니다. 하지만 영어성경들이 이 표현을 선택하지 않은 것은 아쉽습니다. 그러한 탓에 문제가 발생하기 때문입니다. 이를테면, "예수 그리스도"라고 부르게 되면 그의 지위와 칭호가 단번에 와닿지 않고 계속해서 고민하게 되는 문제가 있습니다.

넷째, 적당한 때에 다른 사람들에게 좀 더 정확히 설명해 주는 것도 한 방법입니다. "그리스도"가 어떻게 경칭이 되었는지 설명할 수 있을 때, 예수님의 왕권을 강조하려는 우리의 노력은 더욱 빛을 발할 것입니다. 이후에 우리가 살펴 볼 내용은 가장 중요한 정보에 대한 안내라고 할 수 있습니다. 다른 사람들에게 복음을 전하기 위한 우리의 이해를 높이는 데 분명 도움이 될 것입니다.

메시아 왕을 향한 소망

먼저, 그리스도 혹은 메시아는 무엇을 의미할까요? 바로 **기름 부음 받은 자**Anointed one입니다. 하나님께서 다윗을 새로운 왕으로 선택하셨을 때, 사무엘이 그 사실을 어떻게 알렸는지 기억하나요? 이새의 아들 일곱이 사무엘 앞으로 지나간 뒤에, 마지막으로 다윗이 앞으로 나오자 사무엘은 그의 머리에 기름을 부었습니다(삼상 16:11-13). 그리고 이 기름 부음은 다윗을 구별되게 만들었습니다.

히브리어로 기름 부음을 뜻하는 용어는 **마샤흐***mashach*입니다. 기름 부음을 받은 자를 **메쉬아흐***meshiach*라고 하는데, 우리가 아는 메시아라는 단어가 바로 여기서 파생되었습니다. 신약성경에서도 마찬가지인데요, 기름 부음을 뜻하는 그리스어 단어는 크리오*chriō*이고, 기름 부음을 받은 자는 크리스토스*christos*인데, 여기서 그리스도라는 칭호가 나왔습니다.

구약성경을 보면 특정한 사람들이 하나님의 특별한 임무를 수행하기 위한 구별됨의 표시로 기름 부음을 받았습니다. 제사장, 왕, 선지자가 바로 그러한 경우입니다(출 40:13; 삼하 2:4; 왕상 1:34; 19:16). 그러나 앞으로 살펴보겠지만, 구약시대에는 특히 [그] 메시아the messiah가 장차 오실 왕과 연결되었습니다.

다윗을 향한 하나님의 약속

태초에 하나님께서는 인간들을 다스리는 존재라고 말씀하셨습니다. 인간들은 하나님을 대신하여 피조 세계를 다스리기 위해 하나님의 형상대로 지음을 받았습니다. 그러나 인간들은 선과 악을 스스로 결정하는 길을 택했습니다. 그렇게 인간들은 그들에 대한 하나님의 통치를 거부했고, 더 나아가 하나님께서 인간을 통해 행하시는 피조 세계에 대한 통치도 거부했습니다. 이것은 성경이 말하는 복음의 목적에 있어 매우 중요한 문제이므로 다음 장에서 더 자세히 살펴보겠습니다. 일단 현재 논의에 초점을 맞추기 위해, 하나님과 하나님의 백성 사이에 이루어진 이후의 발전 과정부터 살펴보려고 합니다.

하나님께서 하나님의 백성과 맺은 언약은 미래에 있을 그분의 통치의 경계를 뚜렷하게 결정지었습니다. 구체적으로, 하나님께서는 아브라함의 후손을 통해 땅의 모든 민족에게 복을 주겠다고 약속하셨습니다(창 12:3; 18:18; 22:18). 그리고 훨씬 더 시간이 지난 후에 하나님께서는 다윗 왕에게 보다 구체적인 약속을 주심으로써 이전에 아브라함에게 하신 약속을 상기시키셨습니다.

> [12] 네 수한이 차서 네 조상들과 함께 누울 때에 내가 네 몸에서 날 네 씨를 네 뒤에 세워 그의 나라를 견고하게 하리라 [13] 그는 내 이름을 위하여 집을 건축할 것이요 나는 그의 나라 왕위를 영원히 견고하게 하리라 [14] 나는 그에게 아버지가 되고 그는 내게 아들이 되리니 … [16] 네 집과 네 나라가 내 앞에서 영원히 보전되고 네 왕위가 영원히 견고하리라 하셨다 하라(삼하 7:12-16).

하나님께서는 다윗의 후손을 향해 구체적으로 약속하셨습니다. 하나님께서 다윗의 혈통을 통해 일하실 것이라는 약속은 막연한 약속이 아니었습니다. 다윗의 왕국은 **영원한 왕위**가 세워짐으로 영원무궁토록 지속될 것이었습니다.

다윗의 후손을 통하여 영원한 왕위가 세워질 것이라는 약속은 여러 시편들 속에서 노래되고 칭송되었습니다:

> [3] 주께서 이르시되 나는 내가 택한 자와 언약을 맺으며 내 종 다윗에게 맹세하기를 [4] 내가 네 자손을 영원히 견고히 하며 네 왕위를 대대에 세우리라 하셨나이다(시 89:3-4, 또한 89:20, 27-29을 보라).

여호와께서 다윗에게 성실히 맹세하셨으니 변하지 아니하실지라 이르시기를 네 몸의 소생을 네 왕위에 둘지라(시 132:11).

인간을 회복시켜 피조 세계를 다스리게 하려는 하나님의 계획의 일환으로, 하나님은 다윗에게 놀라운 약속을 하셨습니다. 곧 다윗의 후손이 영원한 왕위를 차지할 것이라고 말씀하신 것입니다.

하나님의 약속은 실패했는가?

하지만 이후 하나님의 약속은 실패로 돌아갔습니다. 아니 적어도 실패한 것처럼 보였습니다. 먼저 앗수르(앗시리아)가 주전 722년에 북이스라엘을 정복하고 무너뜨리는 일이 벌어졌습니다. 그리고 바벨론(바빌로니아)은 주전 586년에 남유다를 패배시켜서 그들의 성전을 헐고 많은 사람들을 포로로 잡아갔습니다. 그 후로 다윗 계열의 왕은 왕위에 오르지 못했습니다. 그저 적법한 다윗 계열의 왕 여호야긴이 아직 살아있다는 희미한 희망만이 존재했습니다. 하지만 그는 바벨론에 있었고 더 이상 제대로 통치를 하지 못했습니다(왕하 25:27-30).

결국 유대인 포로들 중 일부는 포로에서 풀려나고 되돌아와 약속의 땅에 다시 정착했지만, 다윗의 왕권은 나타나지 않았습니다. 그 대신 유대인들은 외세와 현지 대제사장의 통치를 받게 되었습니다. 이후 마카비의 반란(주전 164년)이 성공한 뒤에 잠시 독립을 되찾긴 했지만 다윗 왕조는 결코 뿌리를 내리지 못했습니다.

갱신된 하나님의 약속들

그러나 하나님의 약속은 실패하지 않았습니다. 하나님은 "내 입에서 나가는 말도 이와 같이 헛되이 내게로 되돌아오지 아니하고 나의 기뻐하는 뜻을 이루며 내가 하라고 보낸 일을 성취할 것이라"(사 55:11)라고 말씀하셨습니다. 당신의 백성이 흩어지고 포로가 된 암흑과 같은 시기에도 하나님은 선지자들을 보내셔서 이전에 주신 다윗에 관한 약속이 헛된 예언이 아니었음을 선포하셨습니다. 선지자들은 하나님의 뜻을 대신하여 선포하면서 하나님이 온전히 신뢰할 만한 분이심을 드러내었습니다.

암울한 상황 속에서도 하나님께서는 당신이 다윗에게 하신 약속, 곧 그의 후손에게 영원한 왕위를 주시겠다는 약속이 장차 성취될 것이라고 선포하셨습니다.

> [6] 한 아기가 우리에게 태어났고 한 아들을 우리에게 주신 바 되었는데 그의 어깨에는 통치를 메었다. 그는 놀라우신 조언자, 전능하신 하나님, 영존하시는 아버지, 평화의 왕이라고 불릴 것이다. [7] 그의 왕권은 점점 더 커지고 나라의 평화도 끝없이 이어질 것이다. 그가 다윗의 왕위에 앉아 왕국을 다스릴 것이며, 이제부터 영원히, 공의와 정의로 그 나라를 굳게 세울 것이다. 만군의 여호와의 열심이 이것을 반드시 이루실 것이다(사 9:6-7 새번역 참조).

> [5] 여호와의 말씀이니라 보라 때가 이르리니 내가 다윗에게 한 의로

운 가지를 일으킬 것이라 그가 왕이 되어 지혜롭게 다스리며 세상에서 정의와 공의를 행할 것이며 6 그의 날에 유다는 구원을 받겠고 이스라엘은 평안히 살 것이며 그의 이름은 여호와 우리의 공의라 일컬음을 받으리라(렘 23:5-6 또한 33:14-16을 보라).

24 내 종 다윗이 그들의 왕이 되리니 그들 모두에게 한 목자가 있을 것이라 그들이 내 규례를 준수하고 내 율례를 지켜 행하며 25 내가 내 종 야곱에게 준 땅 곧 그의 조상들이 거주하던 땅에 그들이 거주하되 그들과 그들의 자자 손손이 영원히 거기에 거주할 것이요 내 종 다윗이 영원히 그들의 왕이 되리라(겔 37:24-25).

하나님께서는 이러한 예언들을 통해 다윗에게 한 당신의 약속을 확증하셨습니다. 그리고 그 이상의 일도 확증하셨는데 바로 장래에 왕이 나타날 것이라는 사실이었습니다. 왕 말입니다!

비교할 수 없는 왕이 오신다

선지자들은 메시아의 통치가 정의와 평화와 안전과 번영과 축복을 가져다주는 놀라운 통치가 될 것이라고 선포했습니다. 메시아의 통치는 유례없이 탁월할 것입니다. 또한 메시아의 통치는 이방 민족들에게까지 영향을 미치는 보편적인 의미를 지닐 것입니다. 메시아는 엄청난 세계적 위상을 지닌 유대인의 왕이 될 것이며, 메시아의 통치는 궁극적으로 모든 민족에 유익이 될 것입니다.

메시아에 관한 다양한 희망들

주후 1세기가 시작될 무렵, 미래의 왕에 대한 기대가 한편으로는 명백했지만 또 한편으로는 유동적이었습니다. 예를 들어, 사해 인근 쿰란Qumran에 살던 사람들은 두 명의 메시아를 기대했습니다. 쿰란 공동체는 "아론과 이스라엘의 메시아"가 올 때까지 엄격한 규칙에 따라 스스로를 다스려야 했습니다.[1] 다시 말해, 그들은 제사장 메시아와 왕 메시아 모두가 나타나기를 기다린 것입니다.

또 다른 그룹들은 메시아에 대한 희망을 유지하면서도, 상황에 따라 그 희망을 재구성하기도 했습니다. 로마에 대항하는 군사적 혁명을 열망하는 사람들은 가능성 있는 왕 메시아들을 밀어붙였습니다. 우리는 예수님의 시대 직후에 여러 기록을 남긴 유대 역사가 요세푸스를 통해 그들에 대한 정보를 얻을 수 있습니다. 앞서 언급한 왕 메시아 후보에는 갈릴리 사람 유다Judas, 시몬Simon(헤롯의 종), 안트로게스anthroges, 므나헴Menahem, 시몬 바르 지오라Simon bar Giora가 포함됩니다.[2] 하지만 사실 그들은 다윗 가문이 아니었기 때문에 하나님의 약속에 부합하지 않았습니다. 그러나 그들은 손쉽게 찾을 수 있는 강력한 지도자들이었기 때문에, 일부 혁명가들은 그들이 메시아라는 주장을 기꺼이 밀어붙였습니다.

그러나 하나님은 유동성을 제한하는 구체적인 약속들을 주셨기 때문에, 대부분의 유대인들이 품었던 주된 희망은 여전히 왕 메시아, 곧 다윗 혈통의 메시아였습니다. 신약성경의 복음서들이 모두 예수님께서 다윗 혈통에서 태어나셨다고 선포하는 것도 바로 이 때문입니다. 예언을 성취했다는 의미죠. 하지만 예수님이 태어나시자마자 메시아를 바라는 희망을 곧바로 성취하신 것은 아닙니다.

예수님께서는 좋은 소식을 일종의 **전개되는 과정**으로 선포하셨습니다. 하나님의 천상 통치가 예상치 못한 방식으로 지상에도 영향을 미치기 시작했습니다. 이는 마치 예상치 못한 방식으로 자라는 씨앗과 같았습니다(마 13:1-43; 막 4:1-34). 이러한 맥락에서 구원을 이루는 예수님의 왕권에는 십자가와 부활 등이 포함됩니다.

제가 말하고 싶은 핵심은 이것입니다. 하나님의 궁극적인 구원은 단순히 예수님을 통해서 이루어지는 것이 아니라, 하나님 우편에 있는 보좌에 앉으신 분, 즉 특별한 자격과 지위를 지니신 예수님을 통해서 이루어진다는 것입니다. 그곳에서 예수님은 하나님의 새로운 창조 사역을 담당하십니다. 그리고 예수님의 구원이 가져다주는 유익들은 무엇보다도 그가 왕이기 때문에 가능한 것입니다.

왕이 스스로를 선포하다

세례 요한이 설교를 하고 있을 때, 나사렛 예수님도 "하나님의 복음을 선포"(막 1:14)함으로써 공적 사역을 시작하셨습니다. 놓치지 맙시다! 예수님 자신도 죽음 **전에는** 복음의 사자(전령자)셨습니다.

복음의 내용과 목적에 대한 올바른 설명은, 예수님께서 죄를 위해 죽기 **전에** 복음을 선포한 방식과 그 이유를 설명할 수 있어야 합니다. 즉, 예수님의 복음이 궁극적으로 십자가와 죄사함을 내다보고 있긴 하지만, 그렇다고 오로지 그 사건들만을 가리킬 리는 없습니다. 실제로 십자가에 달려 죽으시기 약 3년 전부터 예수님은 복음에 대한 현재의 반응—회개와 믿음에 대한 헌신—을 요구하셨습니다.

예수님께서 선포하신 복음은 개인이 죄사함을 얻기 위해 그의 죽음을 믿는 것이 주가 아니었습니다. 그렇다면 예수님은 어떤 복음을 선포하셨을까요? "때가 찼고 하나님의 나라가 가까이 왔으니"(막 1:15). **복음의 기본적인 틀은 "하나님의 나라"입니다.** 물론 십자가와 부활이 복음에 꼭 맞고 실제로 복음에 필수적인 요소이기도 하지만, 우리는 보다 광범위한 하나님의 나라의 목적과 관련된 좋은 소식의 선포 안에서 십자가와 부활을 읽어내야 합니다.

더 정확하게 말하면, 예수님의 복음은 **시대의 성취와 하나님 나라의 임박함**에 관한 것입니다. 그렇다면 우리는 어떻게 예수님이 가리키신 의미를 정확히 풀어낼 수 있을까요? 성경이 성경을 해석하도록 한다면, 우리는 다른 성경 본문에서 그 단서들을 찾을 수 있습니다. 일단 예수님의 말씀을 이해하는 데 도움이 되는 이상적인 본문이라면 (1) 복음의 언어, (2) 시대의 성취에 대해 말씀하시는 예수님, (3) 하나님 나라의 임박함을 설명하시는 예수님, (4) 세례 요한의 사역과 연결지어 자신의 사역을 해석하시는 예수님을 담고 있어야 합니다.

먼저, 누가복음 7:17-28을 살펴 봅시다. 예수님의 사역은 당시 많은 사람들로부터 관심과 반감을 동시에 받고 있었습니다. 그러는 동안 세례 요한은 헤롯에게, 이복형 빌립의 아내와 눈이 맞아 달아나기 위해 아내와 이혼하는 것은 불법이라고 말한 혐의로 감옥에 갇혀 있었습니다. 헤롯이 이처럼 아내를 바꾼 일은 성경에 기록되어 있을 뿐만 아니라(눅 3:19-20), 또한 요세푸스의 글에 훨씬 더 자세히 기록되어 있을 정도로 악명이 높았습니다.[3]

세례 요한이 헤롯에게 맞선 죄로 감옥에 갇혀 있을 때, 그는 제자 두 명을 보내 예수님께 이렇게 물었습니다. "오실 그이가 당신이오니이까 우리가 다른 이를 기다리오리이까?"(눅 7:20). 오실 그이the coming one에 대한 이 질문은 예수님이 실제로 왕 메시아인지를 묻는 우회적인 질문이었습니다(눅 19:38). 세례 요한은 앞서 예수님을 메시아로 식별했지만(눅 3:15-17), 낙담스러운 상황 속에서 조금씩 의심을 품기 시작한 것입니다.

누가는 세례 요한의 의심과 두려움을 누그러뜨리기 위해 예수님께서 어떤 지혜로운 방법을 사용하셨는지 설명합니다.

> [21] 마침 그 때에 예수께서 질병과 고통과 및 악귀 들린 자를 많이 고치시며 또 많은 맹인을 보게 하신지라 [22] 예수께서 대답하여 이르시되 너희가 가서 보고 들은 것을 요한에게 알리되 맹인이 보며 못 걷는 사람이 걸으며 나병환자가 깨끗함을 받으며 귀먹은 사람이 들으며 죽은 자가 살아나며 가난한 자에게 **복음**이 전파된다 하라 [23] 누구든지 나로 말미암아 실족하지 아니하는 자는 복이 있도다 하시니라 (눅 7:21-23).

예수님의 적극적인 사역은 세례 요한에게 하신 대답의 토대가 됩니다. 예수님은 그 사역의 실체가, 자신이 참으로 오랫동안 기다려온 "오실 그이", 곧 왕임을 증명한다고 말씀하셨습니다. 즉, 예수님은 자신의 사역이 곧 복음을 선포하는 것이라고 말씀하셨습니다 (눅 4:16-21).

예수님은 자신이 오실 왕이라고 선언하신 것입니다. 그럼에도 예수님은 세례 요한의 질문에 에둘러 대답하셨습니다. 예수님은 자신이 참으로 왕이며, 자신의 통치가 시작되었다는 징조가 사방에 꽃피고 있다는 것을 세례 요한이 보길 원하셨지만, 요한과 헤롯 "왕" 사이의 긴장된 정치적 역학 관계를 고려할 때 그 순간에는 간접적으로 말씀하시는 길을 택하셨습니다. (사실 분봉왕에 불과했던 헤롯은 "왕"이라는 칭호를 갈망했습니다.) 이러한 상황에서 만일 예수님이 "내가 장차 오리라 했던 바로 그 메시아이다"라고 말씀하셨다면, 왕으로 자처하는 헤롯에 대한 모욕이 될 수 있었습니다(마 11:8-15; 눅 16:16-18). 그리고 그것은 예수님의 처형을 지나치게 앞당겼을 것입니다.

흥미로운 고고학적 발견과 자료를 통해서 우리는 예수님이 세례 요한에게 자신이 한 사역이라고 말씀하신 그 내용을, 당시 사람들이 메시아 시대에 하나님께서 성취하실 것이라 기대했음을 알 수 있습니다. 예수님 시대 직전에 예루살렘에서 약 32킬로미터 떨어진 곳에 살던 사람들이 쓴 사해 문서는 그러한 희망을 표현하고 있습니다.

하늘과 땅이 그분의 메시아의 말을 들을 것이다 ··· 선행의 열매는 누구에게도 지체되지 않을 것이며 그분이 말씀하신대로 주님은 이전에 행하지 않은 영광스러운 일을 행하실 것이다. 크게 상처 입은 자를 고치시고, 죽은 자를 살리시고, 고난당하는 자에게 기쁜 소식[복음]을 전하시고, 가난한 자를 채워주시고, 쫓겨난 자를 인도하시며, 굶주린 자를 배부르게 하실 것이다.[4]

이 공동체가 가진 (오랫동안 기다린) 메시아에 대한 희망과, 예수님께서 자신의 사역을 묘사한 내용 사이에 묘한 유사점이 있음을 보세요. 치유, 죽은 자를 살림, 고통받는 자에게 선포된 복음, 가난하고 배고픈 자가 만족하게 됨 등. 현 시대에서 새로운 시대로의 전환이 그려지고 있는 것입니다. 새로운 시대에는 메시아의 통치를 통해 선하신 하나님의 통치가 즉각적이고 명백하게 드러날 것입니다. 이처럼 사해 문서는 우리가 이미 성경에서 본 것을 확인하는 데 도움을 줍니다. 즉, 예수님의 복음은 그가 장차 오실 메시아 곧 왕이라는 자기 선언이었습니다.

요컨대, 예수님이 복음을 선포하신 것은 곧 헤롯이나 헤롯 가문의 사람이 아닌, 바로 자신이 하나님의 기름 부음을 받은 왕임을 선포하신 것입니다. 또한 이사야가 선포한 하나님의 통치, 즉 하늘과 땅을 잇는 하나님의 주권적인 통치를 자신이 실현할 것이라는 복음을 선포하신 것입니다. 예수님이 바로 선택받은 메시아였습니다. 그는 하나님을 대신하여 통치하는 척하는 헤롯과 같은 거만한 "왕들"

에 속하지 않았습니다. 예수님은 정말로 선택받은 메시아였습니다. 그리고 그가 완전한 왕위에 오르실 것입니다.

구원하는 왕

기름 부음을 받고 대기 중인 왕이셨던, 예수님은 공식적으로 왕위에 오를 날을 기다리며 가난한 자들, 마음이 상한 자들, 포로된 자들을 위하여 이미 왕의 역할을 수행하고 계셨습니다. 언젠가 그는 왕위를 완전히 차지하실 것입니다. 온전히 하나님을 대신하여 통치하시고 잘못된 것들을 뒤엎으실 것입니다. 하지만 이미 예수님은 왕으로서의 행동과 모습을 통해 하나님의 새로운 나라가 도래하고 있음을 선포하고 보여주셨습니다.

이제 우리는 어째서 예수님의 왕권이 정말로 인류에게 필요한 좋은 소식인지 그 이유를 깨닫기 시작했습니다. 다른 모든 인간들과 마찬가지로 우리 역시 하나님의 지혜로운 왕권을 무시하고, 우리 스스로 다스리려는 해로운 성향에 시달리고 있기 때문입니다. 인간의 기본적인 상태를 한마디로 요약하자면 다음과 같습니다. "나는 내가 원하는 것을 원하며, 하나님께서 나(와 다른 사람들)에게 무엇이 좋은지 말씀하신 것과 상관없이 그저 내가 원하는 것을 추구할 것이다."

우리가 해로운 자기 통치self-rule 안에 갇혀 있다는 점을 감안해 볼 때, 하나님의 구원은 단순히 과거의 잘못에 대한 용서만을 의미하지 않습니다. N. T. 라이트Wright가 지적했듯이, "좋은 소식은 새로운 상황을 만들고 새로운 결정을 요구합니다."⁵ 구원은 근본적으로 다른 상황 속으로 구출되는 것을 의미합니다. 다시 말해, 구원은 새로운 상황, 즉 인간에 대한 하나님의 올바른 통치가 회복되는 것과 관련이 있습니다.

예수님은 인류가 하나님의 통치를 다시 한 번 충만하게 경험할 수 있는 길을 만드심으로써 구원을 베푸셨습니다. 인류에 대한 하나님의 통치 회복은 죄로부터의 구원에 덧붙여진 추가 사항이 아닙니다. 예수님의 왕권은 그 모든 것을 아우르며, 인류가 그들의 죄로부터 구원을 받는 방법입니다.

예수님의 복음 메시지는 곧 그의 왕권을 선포하는 것이었습니다. 그것이 예수님의 사명의 핵심이었습니다. 실제로 예수님은 공생애 사역을 시작하실 때 성부 하나님께서 그를 보내신 가장 근본적인 이유로 자신의 왕권을 내세우셨습니다. 가버나움에서 병자를 고치고 악령들을 쫓아내자 사람들은 예수님이 떠나시지 못하도록 붙잡았습니다. 그러나 예수님은 한적한 곳에서 기도하신 후 그들에게 이렇게 말씀하셨습니다. "나는 다른 동네에서도 **하나님 나라의 복음을 전해야 한다. 나는 이 일을 위하여 보내심을 받았기 때문이다**"(눅 4:43 새번역).

왜 복음이 필요한가요? 이 질문에 대한 예수님의 대답은, 그의 **왕권**에 대한 좋은 소식good news을 전하기 위해 자신이 보내심을 받았다는 것입니다.

떠오르는 왕

예수님과 사도들은 같은 복음을 전하긴 했지만 분명 역사 속에서 다른 지평 가운데 복음을 전했습니다. 복음서 안에서 예수님이 전하신 복음의 메시지는 곧 **하나님 나라가 가까이 왔다**는 메시지였습니다. 그러한 표현으로 예수님은 자신이 온전히 [그] 메시아the Messiah가 되어가는 과정에 있음을 선포하셨습니다. 반면에, 사도행전과 신약성경의 나머지 책들 속에서 복음은 곧 예수님이 [그] 메시아(또는 [그] 그리스도the Christ)이심을 이야기합니다. 왜냐하면 그가 성부 하나님의 우편으로 승천하신 후에야 비로소 메시아가 되어가는 과정이 완성되었기 때문입니다. 그때에 비로소 예수님은 온전한 의미에서 그리스도가 되셨습니다.

예수님께서 메시아가 되신 과정 전체를 다음과 같이 설명해 볼 수 있습니다. 영원한 아들이신 그는 창세 전에 하나님에 의해 미래의 왕으로 선택되셨습니다(엡 1:4-5). 그는 그러한 목적을 위해 인간의 육신flesh을 입으셨습니다. 그러나 역사적으로 볼 때 메시아가 되는 과정은 예수님이 세례를 받을 때 기름 부음을 받아("그리스도가 되어") "그리스도"the Christ가 되었을 때 공식적으로 시작되었습니다. 이 시기에 그는 아직 공식적으로 왕위에서 통치하지 않았기 때문에 엄밀히는 대기 중인 메시아였다고 할 수 있습니다. 그럼에도 그는 예비 왕으로서 (비록 예비적인 방식이기는 했지만) 강력한 행적들을 통해 이미 왕권을 행사하고 있었습니다. 그러나 메시아로서 아직 공식적인 직무 자리에 앉지는 않았습니다. 그는 먼저 죽음과 부활을 경험해야 했습니다. 그렇게 그는 우리를 위해 죄와 죽음에 대한 승리를 거두었습니다. 그런 다음 하나님 우편으로 올라갔고 거기에서 하나님의 약속대로 **영원한 왕위**를 부여받았습니다.[6]

성부 하나님의 우편에 앉으셨을 때, 그는 완전한 신으로, 그리고 완전한 인간 왕으로 하나님의 모든 권세를 행사하기 시작했습니다. 공식적으로 온전히 메시아가 되신 것입니다.

십자가와 부활?

그렇다면 십자가와 부활은 어떻게 되는 것일까요? 여러분은 이제 예수님의 왕권을 복음의 핵심 주장으로 강조해야 할 필요성에 동의할 것입니다. 하지만 그럼에도 그것이 복음의 주된 목적이라고는 여전히 확신하지 못하고 있을 수도 있습니다. 여러분은 왕이신 예수님도 아주 중요하지만, 그러나 십자가는 분명 순전한 복음으로서 더 큰 우선권을 가지고 있고, 부활 역시 마찬가지라고 생각하고 있을지도 모르겠습니다.

그러한 생각에 확신이 있나요? 십자가와 부활이 예수님의 왕권보다 더 복음의 본질이자 기초라는 점을 성경으로 증명할 수 있나요? 저는 바로 그러한 생각에 도전하고자 합니다. 먼저 여러분이 증명해 보세요. 십자가와 부활이 왕권보다 더 복음에 없어서는 안 되는, 본질적인 사안이라는 증거를 모아 보세요.

기다리겠습니다.

다 모았나요?

여러분이 어떤 증거들을 모았는지 한 번 봅시다.

어쩌면 바울의 강렬한 표현을 들고 나왔을지도 모르겠네요. "그리스도께서 나를 보내심은 세례를 베풀게 하려 하심이 아니요 오직 복음을 전하게 하려 하심이로되 말의 지혜로 하지 아니함은 그리스도의 십자가가 헛되지 않게 하려 함이라. 십자가의 도가 멸망하는 자들에게는 미련한 것이요 구원을 받는 우리에게는 하나님의 능력이라"(고전 1:17-18). 이 말씀은 십자가가 필연적으로 복음의 일부라는 사실을 통렬하게 상기시켜 줍니다. 물론 정말로 그렇습니다. 아멘.

하지만 여러분, 눈치챘나요? 또다시 그리스도를 왕의 칭호title가 아닌 이름name으로 대하는 습관에 빠지진 않았나요? 바울은 가장 먼저 [그] 그리스도the Christ께서 복음을 전하라고 자신을 보내셨다고 말합니다. 복음은 분명 십자가와 연결되지만, 바울은 복음을 십자가로도 혹은 예수님의 십자가로도 묘사하지 않습니다. 오히려 바울에게 복음은 그리스도의 십자가입니다. 다시 말해, 이 본문에서 바울은 복음을 전하기 위해 그의 종들을 보내시는 분이 가장 먼저 즉위하신 왕이심을, 곧 "예수님이 그리스도가 되셨음"을 전제하고 있습니다. 그리고 그의 종들이 보냄을 받은 후에는 십자가의 메시지가 더욱 그리스도와 연결되고 있습니다("그리스도의 십자가"). 요컨대, 복음과 십자가에 대한 바울의 본문은 예수님의 왕권으로 특징지어지고 한정된다고 볼 수 있습니다.

다시 말해, 우리가 언제 어디서나 "십자가에 못 박힌 그리스도를 전"해야 하는 것은 사실이지만(고전 1:23), 그때 우선순위는 십자가가 아닌 그리스도(왕)에 있다는 사실을 잊지 말아야 합니다. **십자가에 못 박히셨다는 것**은 어떤 유형의 왕을 염두에 두고 있는 것인지를 보여 주는 것입니다. 정리하자면, 신약성경 안에서 예수님의 왕권은 마치 발판과도 같습니다. 그 발판 위에서 십자가의 사역이 복음과 연결됩니다.

성경에서 복음을 가장 명확하게 설명하고 있는 고린도전서 15장을 생각해 봅시다. 아마도 죽음과 부활을 중요시하는 구절들이 떠오를 것입니다. 그런데 고린도전서 15장은 바울이 받아서 전한 "복음"(고전 15:1)이 "성경대로 **그리스도**께서 우리 죄를 위하여 죽으시고 장사 지낸 바 되셨다가 성경대로 사흘 만에 다시 살아나사 게바에게 보이시고 후에 열두 제자에게"(고전 15:3-5) 보이신 것이라 말합니다. 또다시 "그리스도"입니다.

심지어 여기서 바울은 십자가에서 일어난 일과 부활에 관해 말하기 전에 예수님의 왕권(획득)이 복음의 본질적인 틀임을 가리키고 있습니다. 바울은 나사렛 예수가 우리 죄를 위해 죽었다고 말하지 않고 도리어 **그리스도가** 죽었다고 말합니다. 바울은 예수님이 부활하셨다고 말하지 않고 도리어 **메시아가** 부활했다고 말합니다. 복음을 가장 명확하게 제시하는 본문에서, 바울은 십자가와 부활을 이해하기 위한 적절한 틀로서 예수님이 성취하신 메시아적 직분, 즉 왕권을 강조합니다.

예수님이 그리스도가 되셨다는 것이 복음의 핵심입니다. 그러나 우리가 복음을 생각할 때 본능적으로 예수님의 죽음과 부활을 중요시하는 태도가 잘못된 것은 아닙니다. 고린도전서 15장 3-5절에서 바울은 복음을 설명하면서 죽음, 장사, 부활, 증인들의 출현이라는 네 가지 사건들을 언급합니다. 또 바울은 다른 곳에서 그 외 다른 사건들도 복음의 일부로 언급합니다. 바울이 앞서 말한 네 가지 사건을 순서대로 배열한 것은 그가 죽음과 부활이 신학적으로 매우 중요하다고 믿었음을 보여줍니다.

오직 그리스도의 죽음과 부활만이 "성경대로" 이루어진 일입니다. 그 사건들만이 구약성경에 예견된 것입니다. 그리고 죄에 대한 그리스도의 죽음은 장사로, 부활은 증인들로 증명되는 것입니다. 장사가 죽음으로, 증인들이 부활로 증명되는 것이 아닙니다. 십자가와 부활은 정말로 복음의 핵심입니다. 그러나 그럼에도 우리는 **왕권**을 놓쳐서는 안 됩니다. 예수님이 그리스도가 되셨다는 것이 복음의 틀로 전제되어 있기 때문입니다. 그리고 그 틀 안에서 비로소 십자가와 부활이 온전한 의미를 갖는 것입니다.

이에 더해 바울은 죽음과 부활이 최종 단계가 아니라, 궁극적으로 더욱 절정에 해당하는 무언가를 향한 것임을 분명하게 밝힙니다. 바로 예수님의 통치권(획득)입니다. 바울은 이렇게 선포합니다. "이를 위하여 그리스도께서 죽었다가 다시 살아나셨으니 곧 **죽은 자와 산 자의 주**Lord**가 되려 하심이라**"(롬 14:9). 여기서 십자가와 부활의 목적은 예수님께서 죽은 자와 산 자를 다스리는 주권을 획득하는 데 있음을 알 수 있습니다.

이 로마서 구절은 우리에게 특별히 더 도움이 되는데요, 죄에 대한 죽음과 죽음으로부터의 부활을, 성경의 더 큰 이야기 속에 넣고 있기 때문입니다. 즉, 예수님의 죽음과 부활은 그 자체가 목적이 아니라 예수님의 주권적 통치로 이어지기 위한 것입니다. 예수님께서 십자가와 부활을 통해 주권적 통치를 이루신 후에야 (왕과 대제사장으로서의 권위 위에서) 십자가와 부활의 유익이 고스란히 전달될 수 있습니다.

왜 왕권이 꼭 먼저 와야 하는가?

복음이 죄사함이나 중생과 같은 다른 어떤 것을 우리에게 먼저 주어서, 우리가 예수님의 왕권에 복종할 수 있게 된 것이 아닙니다. 왕(권)이 먼저입니다. 몇 년 전, 9Marks와 크리스채너티 투데이Christianity Today가 마련한 연재 공간에서 한 목사가 저와 스캇 맥나이트Scot McKnight와 함께 복음에 대해 이야기를 주고받는 토론을 진행한 적이 있습니다. 그 목사(혹은 편집자)는 "'예수님은 왕이시다'는 좋은 소식이 아니다"라는 뻔뻔한 제목의 글을 올렸습니다.

솔직히 말하자면, 스캇과 저는 그 제목에 꽤 큰 충격을 받았습니다. 이는 아마 다른 많은 사람들도 마찬가지였을 것입니다. 성경이 반복적으로 예수님이 그리스도(왕을 의미)이심을 주장함으로써 좋은 소식good news을 요약하고 있기 때문에, 그 후 소셜 미디어에서 상당한 반발이 일어났습니다. 결국 그 목사(혹은 편집자)는 재빨리 제목을 수정했습니다. 성경이 복음을 표현하는 방식을 노골적으로 무시하는 제목을 계속해서 사용하기는 어려웠기 때문일 것입니다. 예수님께서 왕권을 획득하신 것은 성경 안에서 복음 곧 좋은 소식의 본질 중에서도 본질입니다. 먼저, 우리는 근본적인 복음의 실체로서 그리스도의 은혜를 받았습니다(행 5:42; 9:22; 17:2-3; 참조: 갈 1:6; 행 20:24). 그리고 예수님의 왕권이 은혜 가운데 확립된 후에야 비로소 우리는 복음의 충만함에 응답할 수 있게 되었으며, 왕이 주시는 구원의 유익들을 누릴 수 있게 되었습니다.[7]

또 다른 성경 본문들이 왕권이 복음의 가장 기본적인 목적인 이유를 볼 수 있게 도와줍니다. 다시 말하지만, 십자가와 부활 등 다른 사건들도 복음(의 충만함)에 있어 동일하게 필수적입니다. 그러나 성경을 주의 깊게 살펴보면 십자가와 부활은 보다 궁극적인 목적을 향한 사건들임을, 즉 우리에게 왕을 제공해 주려는 사건들임을 알 수 있습니다. 즉, 예수님의 왕권에 수반되는 십자가와 부활의 유익들을 우리로 경험하게 하려는 것입니다. 베드로는 이렇게 말했습니다. "하나님께서 그[예수]를 그 우편에 높이사 왕과 구세주로 삼으셨습니다. 이는 이스라엘에게 회개와 죄사함을 주시려는 것입니다"(행 5:31 저자 사역). 이 구절에 담긴 패턴에 주목해 보세요. 먼저 우편에서의 통치가 나오고, 그 다음으로 회개와 죄사함이 나옵니다.

다시 말해, 우리는 십자가와 부활이 마치 별개로 작동하는 사건들인 것처럼 생각해서는 안 됩니다. 십자가와 부활의 능력은 예수님의 완전한 주권 획득에 달려 있기 때문입니다. 예수님의 왕권이 확립되고 실현되는 것이 먼저입니다. 그것이 없다면 궁극적인 구원을 위한 죄사함도 없습니다. 최종적인 구원의 죄사함이 이루어지기 위해서는 예수님이 하나님의 우편으로 높임을 받으셔야 합니다. 즉, 만왕의 왕King of kings이자 대제사장으로서의 위치에 계셔야 합니다.

사도행전에서 베드로가 예수님의 죽음과 부활에 대해 설교할 때, 그 설교가 죽음과 부활에서 끝나지 않고 그 다음에 일어난 일, 즉 예수님이 궁극적인 왕의 권위를 획득한 일로 끝나면서 절정에 이른 이유가 바로 여기에 있습니다. "너희가 십자가에 못 박은 이 예수를 하나님이 주Lord와 메시아[그리스도]가 되게 하셨느니라"(행 2:36). 다시 한번 강조하지만, 십자가와 부활로만 죄사함이 주어지는 것이 아닙니다. 먼저 예수님께서 하나님 우편의 보좌에 오르셔야 합니다. 먼저 (십자가에 못 박히시고 부활하신) 왕으로서 주권적 권세를 가지셔야 자비를 베푸는 권세도 가지시는 것입니다. 그래서 베드로는 뒤이어 "회개하여 [각각 예수 그리스도의 이름으로] 세례를 받고 죄사함을 받으라"(행 2:38)고 선언한 것입니다.

예수님의 왕권에 응답하기

우리는 왕이신 예수님의 복음에 응답할 때 구원을 받습니다. 그 복음이 구체적으로 무엇을 담고 있는지 이해하려면 먼저 은혜와 믿음이 무엇인지 알아야 합니다. "은혜"(카리스)라는 용어는 성경적으로 들리면서도 자주 부적절한 방식으로 표현되기도 합니다. 신약성경(과 신약성경의 세계) 안에서의 카리스에 대한 최고 수준의 연구들은 은혜의 개념이 다면적이라는 점을 지적합니다. 실제로 당시 후원자-

피후원자patron-client 제도 안에서 선물들의 크기와 목적, 시기와 공로의 정도, 그리고 의도된 효과와 최종적인 유익이 다양했습니다.[8]

물론 최종적인 구원에 대해 말할 때, 우리는 복음 자체가 하나님의 최고의 은혜라고 요약할 수 있습니다(행 20:24; 갈 1:6). 약 2,000년 전 하나님은 인류가 구원의 은혜를 받을 자격이 전혀 없음에도 불구하고, 메시아의 선물이라는 좋은 소식을 인류 모두에게 나누어 주셨습니다(엡 2:1-10). 그런데 이 구원의 은혜는 우리를 무력하게 만들지 않습니다. 도리어 우리를 변화시켜 우리로 점점 더 왕을 닮아 가게 만듭니다(롬 5:17; 고후 12:9). 구원의 은혜는 최종적인 변화를 가져오는 데 효력을 발휘합니다. 곧 성령께서 "믿음"을 표현하는 사람들에게 복음의 유익들을 공급하여 왕이신 예수님 "안에" 있게 하십니다(엡 1:3-14). 하나님께서 시작하신 이러한 과정들을 통해 복음의 선물은 오늘날에도 여전히 하나님의 구원을 이루는 은혜입니다.

복음은 예수님을 왕으로 보내신 하나님의 은혜로운 선물을 강조하기 때문에, 복음이 개인의 구원에 효력을 발휘하려면 각 사람이 왕(또는 주님)이신 예수님께 "믿음" 혹은 "충성"(피스티스)으로 응답해야 합니다(롬 10:9-10; 살후 1:4-8). 신약성경 안에서 피스티스는 마음과 의지의 차원에서 언급되며, 주로 외향적인 관계의 용어로 사용됩니다.[9] 니제이 굽타Nijay Gupta가 지적했듯이, "순종하는 믿음obeying faith 은 관계적인 측면에서 능동적이고 또 적극적입니다. 그리고 신실함 faithfulness은 충성과 순종의 적극적인 형태로 이해됩니다."[10] 즉, "믿음"은 신뢰, 신실함, 순종, 충실함, 충성을 표현하는 몸의 행동을 통하여 다른 사람에게 드러내 보이는 것입니다. 야고보가 그의 편지에서 인상 깊게 남긴 말씀처럼요. "영혼 없는 몸이 죽은 것 같이 행함이 없는 믿음은 죽은 것이니라"(약 2:26). 구원의 믿음에는 그 구체적인 표현으로서 충성의 행위가 포함됩니다.

단순히 예수님을 구세주로 믿으므로 구원을 받는다고 말하는 것으로는 충분하지 않습니다. 우리는 그리스도-왕에 대한 "믿음"(충성)을 맹세함으로 구원을 받습니다. 그리고 일반적으로 예수님을 왕으로 믿는 믿음을 고백하는 방법은 죄로 물든 과거의 충성을 회개하고 세례를 받는 것입니다.

예수님을 **그리스도**로 받아들이는 세례는 성부 하나님께서 그 아들the Son을 보내시어 그로 하여금 인간의 육신을 입게 하셨고, 그가 죄 때문에 죽고 부활하여 영원한 왕으로서 우편에 즉위하셨으며, 또한 그가 성령을 보내시고 후에 통치하시려고 다시 오실 것을 받아들이는 것입니다. 이처럼 그리스도이신 예수님의 이름으로 세례를 받는 것은 성부, 성자, 성령의 이름으로 세례를 받는 것과 유사한 방식으로 예수 왕의 복음을 요약합니다. 신약성경이 이 두 가지를 모두 강조하는 것은 전혀 놀라운 일이 아닙니다(행 2:38; 8:16; 마 28:19).

복음은 가장 위대한 기독교의 신비 두 가지를 드러내는데요. 바로 성육신하신 왕과 삼위일체입니다. 우리가 받는 세례는 이러한 두 신비를 계시하는 분이자 계시된 분이신 그 아들, 곧 두 신비의 중심에 있는 왕이신 예수님을 향한 충성스러운 응답이라고 할 수 있습니다. 각 개인의 구원은 왕이신 예수님께 충성을 바치는 헌신을 통해서만 이루어집니다.

복음이 먼저 다른 무언가에 대한 것인양—이를테면, 죄사함을 위해 예수님을 구세주로 영접하는 것인양—그래서 그 후에야 예수님의 주되심이나 왕권에 부차적으로 응답해도 되는 것인양 가장하는 과거 교회들의 실수를 반복해서는 안 됩니다. 예수님을 왕이나 주님으로 믿겠다고 맹세하지 않은 사람은 아직 죄사함과 구원의 해방을 주는 복음에 온전히 응답하지 않은 것입니다. 잊지 말기를 바랍니다. 복음은 왕이 가장 먼저입니다.

왜 우리에게 복음이 필요한가요?

우리에게는 왕이 필요하기 때문입니다.

———————————————

캐나다를 떠나 고향인 캘리포니아로 돌아온 후 아내와 저는 다시 일상에 녹아들기 시작했습니다. 산림을 관리하는 일은 일한 만큼 버는 괜찮은 일이었지만 당시 성숙하지 못했던 저는 고등학교 시절에 했던 일로 되돌아 온 것이 이내 부끄러웠습니다. 그리고 얼마지나지 않아 성경을 가르치라는 소명을 받았습니다. 저는 간신히 리젠트 대학교Regent College에서 원격으로 석사 학위를 마칠 수 있었습니다(이때가 온라인 교육이 실용화되기 전인 2000년대 초반이었습니다). 하지만 교수로서 전문적으로 가르치는 일을 할 가능성은 여전히 희박해 보였습니다.

그즈음에 잘 나가는 게임 프로그래머였던 한 친구가 저에게 관런 기술을 배울 수 있는 기회를 주었습니다. 저는 중급 수준의 프로그래밍 기술을 가지고 있었지만, 일에 적합한 속도에 이르기까지는 몇 달, 어쩌면 1년이 필요한 상태였는데요, 하지만 게임이 본질적으로 잘못된 것은 아님에도 불구하고, 저는 그 일이 하나님께서 제 마음에 주신 꿈, 결코 흔들리지 않는 꿈과 일치하지 않는다는 것을 깨달았습니다. 게다가 저는 게임을 잘하지도 못했습니다. 그럼에도 저는 그 친구의 제안을 받아들였습니다.

저는 하나님의 부르심을 믿지 못하여 외면했고, 스스로 직업을 결정했습니다. 왕께서는 저에게 구체적인 소명과 임무를 주셨지만 저는 "실제적인" 직업을 갖지 못하는 것이 못내 두려웠습니다. 그래서 저는 양쪽 모두에 내기를 걸었습니다. 저의 진정한 소명이 이루어지지 않을 경우를 대비하여, 사회에서 부끄럽지 않고 존경받을 만한 직업을 가지려 했던 것입니다.

그리고 그러한 시도는 비참하게 실패했습니다. 결국 반년을 공부했지만 아무런 진전이 없었습니다. 또다시 억지로 이전에 했던 전기 엔지니어로 되돌아가려고 애를 쓰기도 했습니다. 그 일이 정말 싫었고 심지어 출퇴근하는 데 한 시간씩이나 걸리는데도 말입니다. 하루하루 제 몸에서 모든 기쁨이 메마르는 것 같았습니다. 사실 산림 일은 저에게 필요를 채워주었을 뿐 아니라, 충분한 자유 시간도 줄 수 있었습니다. 산림 분야에서 일하지 않고 프로그래밍과 엔지니어링을 오가며 보낸 1년 반의 시간을 어쩌면 성경을 가르치거나 미래의 사역을 위한 훈련을 받는 데 사용할 수도 있었을 것입니다. 그러나 저는 그저 세월만 헛되이 보냈던 것입니다.

저의 주권을 행사할 때, 제가 헌신적인 기독교인이기를 멈춘 것은 아니었습니다. 예수님의 구원 능력을 믿지 못한 것도 아니었습니다. 저는 단지 복음의 주된 목적을 실천적으로도, 또 이론적으로도 제대로 배우지 못했을 뿐이었습니다. 하지만 결국에는 구속하는 역사가 일어났습니다. 비록 거꾸로 된 방식이긴 하지만 저는 결국 복음의 핵심 진리를 배우게 되었습니다. 바로 나는 내 인생의 최악의 왕이라는 사실이었습니다.

그것은 저에게 꼭 필요한 출발점이었습니다. 그 핵심 진리는 저를 회복으로 이끌었고, 그 과정은 여전히 진행 중에 있습니다. 물론 복음의 목적에 대해 이보다 할 말이 훨씬 더 많습니다. 하지만 저는 무엇보다 하나님께서 왕을 주셨다는 좋은 소식으로부터 시작해야 한다는 사실을 깨달았습니다.

복음은 왕이 우선입니다. 우리는 하나님께서 우리에게 복음을 주신 주된 이유가 죄에 갇혀 있는 우리를 돕기 위해서라고 생각합니다. 혹은 우리에게 죄사함이 필요하기 때문에 복음을 주셨다고 생각합니다. 물론 우리가 죄에 갇혀 있고 또 우리에게 죄사함이 필요한 것은 사실입니다. 하지만 이러한 이차적인 목적들은 모두 일차적인 목적으로부터 흘러나온 것입니다. 성경 안에서 복음의 본질은 곧 왕의 선물입니다. 우리는 이 사실을 결코 잊어서는 안 됩니다. 우리가 예수님의 왕권을 경험하기 시작할 때, 그것은 우리의 상상보다 훨씬 더 좋은 소식이 됩니다.

묵상과 나눔을 위한 질문

1. 여러분의 삶에 대한 하나님의 주권에 주의를 기울이지 않고 스스로가 삶을 주도했던 때를 이야기해 보세요.

2. 복음을 통하여 여러분이 가장 먼저 받는 것은 무엇입니까? 과거 여러분의 경험 속에서 교회 전통이나 전도 활동 가운데 강조되었던 것은 무엇인가요?

3. 복음은 가장 먼저 왕에 관한 이야기임을 성경이 강조한다는 사실을 인식하는 것이 어째서 꼭 필요한 일인가요?

4. "그리스도"가 "예수님" 그 이상의 의미를 전달한다면, "그리스도 안에만 내 소망 있네"라는 노래의 의미는 어떻게 달라질까요?

5. 이 책은 우리에게 예수 그리스도는 이름이 아님을 상기시키는 데 도움이 되는 네 가지 방식을 제시하고 있습니다. 어떤 방법이 가장 도움이 되었나요? 그 외에 다른 방법도 생각해 보세요.

6. 그리스도가 구약성경 안에 선포되었다는 사실을 아는 것이 어째서 중요할까요? 그리고 이것이 오늘날 우리가 복음을 전하는 방식에 어떤 영향을 미칠까요?

7. 예수님께서 온전히 그리스도가 되신 과정을 설명할 수 있나요?

8. 예수님이 그리스도가 되신 것이 순간적인 일이 아니라 실은 역사적인 과정이었다는 사실을 인정하는 것이 왜 중요한가요? 그러한 사실은 예수님께 대한 여러분의 반응을 어떻게 변화시키나요?

9. 예수님은 어떤 복음을 선포하셨나요? 이것은 여러분이 이전에 복음의 내용을 이해했던 것과 어떻게 다른가요?

10. 예수님의 왕권보다 십자가와 부활이 복음에 있어 더 중요하다는 주장에 우리는 어떻게 반응해야 할까요? 그렇게 생각하는 이유는 무엇인가요?

11. 은혜와 믿음은 왕이신 예수님의 복음과 어떻게 연결되나요?

12. 복음에 대한 구원의 반응은 무엇인가요? 복음은 세례와 어떠한 관계가 있나요?

Chapter 2
유명해진다

"모두가 나를 사랑하면 외롭지 않아요." 한 술집에서 아담 듀리 츠Adam Duritz와 마티 존스Marty Jones는 술에 취해 있었습니다. 그들은 건너편에 있는 유명한 드러머를 발견했습니다. 드러머는 그가 가진 매력으로 세 명의 아름다운 여성과 대화를 나누고 있었습니다. 하지만 듀리츠와 존스에게는 드러머의 명성 덕분으로 보였습니다.

듀리츠와 존스는 무명의 뮤지션이었습니다. 그들은 언젠가 자신들도 유명해질 것이라는 꿈을 꿨습니다. 유명해지기만하면 자신감도 얻고, 또 음악이든 여자든 돈이든 모든 일이 술술 풀리기만 할 것 같았습니다. 듀리츠는 술집에서 집으로 돌아와 앞서 말한 가사와 함께 명성을 갈망하는 노래 가사를 썼습니다. "텔레비전을 볼 때 나 자신을 똑바로 쳐다보는 나를 보고 싶어." 이 노래를 통해 스타덤에 오르면 행복하게 될 것이라는 확신을 표현했습니다.

아이러니하게도 이 곡 "미스터 존스"Mr. Jones는 엄청난 인기를 끌게 되고, 1990년대 듀리츠가 속한 밴드인 카운팅 크로우스Counting Crows는 인디 음악계의 전면에 드러나게 됩니다.[1] 그렇다면 그는 과연 원하는 것을 얻었을까요?

명성의 반짝임은 분명 매력적입니다. 레이디 가가, 레오나르도 디카프리오, 스테픈 커리와 같은 유명인celebrity까지는 되고 싶지 않더라도(유명인이 되는 것이 귀찮은 일이 될 수도 있고요), 우리는 의미 있는 존재가 되고 싶고, 인정받고 싶고, 알려지기를 갈망합니다. 솔직히 우리 대부분은 트위터, 페이스북, 인스타그램에 글을 올릴 때 다른 무엇보다도 "나를 봐주세요!"라는 주문에 이끌립니다. 그러한 갈망은 마치 우리의 DNA에 프로그래밍되어 있는 것 같습니다. 우리는 우리 자신이 중요한 인물이 되기를 간절히 원합니다.

좋은 소식이 있습니다! 그것은 사실 하나님이 주신 갈망이라는 사실입니다. 하나님께서는 우리의 갈망을 이루기 위해 일하셨습니다. 여러분은 성경 안에서 반복적으로 묘사되는 복음의 주된 목적이 바로 여러분을 유명하게 만드는 데 있다는 사실을 알고 있나요?

이 대목에서 여러분은 "잠깐만요, 이 책이 번영복음을 이야기하는 책이라고요?"라고 물을지도 모르겠습니다. 물론 아닙니다. 이 책에는 "자기 십자가를 지고 따르라"는 내용이 충분히 담겨 있습니다. 하지만 정말로 성경이 말하는 복음의 핵심 목적은 여러분을 유명하게 만드는 데 있습니다. 거기에는 저 또한 해당되고요.

이에 대해서는 잠시 후 더 자세히 설명하겠습니다.

그 전에 먼저 우리는 거짓된 길을 차단하여 튼튼한 기초를 마련해야 합니다. 복음의 가장 기본적인 목적은 우리에게 왕을 주는 것입니다. 하지만 우리는 잘못된 목적(들)을 내세우는 다른 버전의 복음들을 자주 들어왔습니다. 지금부터 오늘날에도 여전히 인기를 끌고 있는 여섯 가지 왜곡된 복음을 소개하고자 합니다.

여섯 가지 기형적인 복음들

교회는 과거와 현재의 실수들로부터 스스로를 지켜냄으로써 더 나은 미래를 향한 발걸음을 내딛을 수 있습니다. 여기 여러 세대에 걸쳐 기독교인들 사이에서 인기를 끌었던 여섯 가지 유형의 복음과 각각의 복음에 수반되었던 목적들이 있습니다. 여섯 가지 유형의 복음은 오늘날에도 여전히 성숙한 기독교인들 사이에, 그리고 좋은 교회들 사이에 널리 퍼져 있습니다.

저는 이 여섯 가지 복음을 "기형적인 복음"이라고 부르는데, 그 이유는 각각의 복음에 어느 정도 진리의 요소들도 담겨 있기 때문입니다. 물론 더하고 덜하고의 차이는 있지만요. 그러나 성경을 기준으로 보면, 여섯 가지 유형의 복음은 모두 복음의 진짜 내용과 목적을 정확하게 파악하지 못했습니다. 즉, 모두 기형적입니다. 이제 각각의 복음에 무슨 문제가 있는지 함께 살펴봅시다.

1. 천국에 대한 믿음에서 비롯된 기형적인 복음

천국에 대한 믿음에서 비롯된 기형적인 복음은 "나쁜 소식"을 이렇게 설명합니다. "하나님께서는 오직 당신이 예수님을 구세주로 믿기만을 원하시지만, 사람들은 이 단순한 진리를 받아들이지 못한다. 그래서 사람들은 항상 다른 요구 사항들을 덧붙인다."

이처럼 왜곡된 복음관을 옹호하는 사람들은 다음과 같이 생각하는 경향이 있습니다. "예수님이 당신의 죄를 위해 죽으셨다는 사실을 개인적으로 믿어야만 구원을 받을 수 있다. 물론 예수님은 주님이시다. 하지만 그것은 당신의 구원과는 관련이 없다. 만일 당신이 구원을 받기 위해 어떤 식으로든 예수님께 순종할 필요가 있다고 생각한다면, 당신은 그 과정에 자신의 행위를 개입시킨 것이다. 즉, 하나님의 은혜에 조건을 붙임으로써 하나님의 은혜를 훼손한 것이다. 복음은 온 우주에서 가장 중요한 단 하나의 사실을 믿는 것만으로 하나님께서 당신을 구원하기를 원하신다는 것이다. 그 사실은 무엇인가? 바로 예수님께서 당신의 죄를 위해 죽으셨다는 사실이다."

이 기형적인 복음의 목적은 여러분으로 하여금 믿음을 갖게 하는 데 있습니다. 그래서 여러분이 천국에 갈 수 있도록 말이지요.

2. 규율로부터의 자유에서 비롯된 기형적인 복음

규율로부터의 자유를 주장하는 기형적인 복음은 "나쁜 소식"을 이렇게 소개합니다. "사람들은 그들의 가치와 규율을 계속해서 다른 사람들에게 강요한다. 그들은 진정으로 선한 사람, 즉 진정한 크리스천이라면 술을 마시거나, 욕을 하거나, 특정한 셔츠를 입거나, 바디 피어싱을 하거나, 특정한 영화를 보지 않을 것이라고 말한다. 그들의 잘못된 가치관이 주는 강제적인 압력은 우리에게, 그리고 기독교 전체에게 끔찍한 일이다."

이 왜곡된 복음을 받아들이는 사람들은 또한 다음과 같이 이야기합니다. "좋은 소식은 예수님께서 율법주의적인 규율을 만드는 사람들이 잘못되었음을 보여주셨다는 것이다. 예수님은 죄인들과 어울리셨고 함부로 판단하는 사람들을 호되게 꾸짖으셨다. 따라서 진정한 기독교인은 다른 사람에게 어떻게 행동해야 하는지 말할 수 없다. 규율을 강요하는 사람들은 잘못되었을 뿐만 아니라 위선자들이기도 하다. 다른 사람들에게 특정 영화를 보지 말라고 말하는 사람들은 어둠 속에서 몰래 더 나쁜 일을 하고 있다. 예수님은 우리를 규율과, '규율을 만드는 사람들', 그리고 율법주의적인 허튼소리로부터 자유하게 하려고 오셨다. 예수님은 각 개인이 하나님 앞에서 자신의 양심에 비추어 살도록 자유를 주셨다."

이 왜곡된 복음의 목적은 규율과 판단의 폭정을 종식시켜 관용적인 사회를 만드는 데 있습니다. 그래서 우리 모두가 얽매이지 않고 개인의 자유를 누릴 수 있도록 하는 것입니다.

3. 애쓰고 분투하지 말고 안식하라는 개념에서 비롯된 기형적인 복음

애쓰고 분투하지 말고 안식하며 쉬라는 기형적인 복음이 전하는 "나쁜 소식"은 이렇습니다. "당신은 끊임없이 **행함으로** 하나님의 은혜를 얻으려고 노력하고 있다. 하지만 그러면서도 당신은 여전히 충분하지 않다고 느낀다."

이 기형적인 복음을 신봉하는 사람들은 좋은 소식을 다음과 같이 설명합니다. "하나님께서는 당신이 행함에서 자유하기를 원하신다. 당신이 해야 할 일은 오직 신뢰뿐이다. 즉, 하나님의 은혜를 얻기 위해 당신이 할 수 있는 일은 아무 것도 없으며, 예수님이 당신을 위해 그 은혜를 얻어주셨다는 사실을 신뢰하는 것뿐이다. 예수님은 당신 대신에 완벽한 행함을 보여주셨다. 당신이 예수님 안에서 발견되는 은혜를 신뢰하면, 정말로 신뢰한다면, 하나님의 인정 혹은 다른 누군가의 인정을 받아야 한다는 생각으로부터 자유로워진다. 당신은 당신의 행함과 성과가 아니라, 당신의 있는 모습 그대로를 하나님께서 사랑하신다는 사실을 깨달을 때에야 비로소 안식을 누릴 수 있다. 새롭게 찾은 자유 속에서 당신은 그 어느 때보다 예수님을 더 사랑하게 될 것이다. 따라서 이제부터는 은혜를 얻기 위해서 선행을 하는 것이 아니라, 감사의 표현으로 선행을 하고 싶어질 것이다."

애쓰고 분투하지 말고 안식하라는 개념에서 비롯된 기형적인 복음의 목적은 진정으로 예수님을 신뢰한다면, 우리의 성취 여부와 관계없이 우리가 인정을 받는다는 사실을 깨닫게 하여 마침내 평안을 누리게 하는 데 있습니다.

4. 더 나은 사회 추구에서 비롯된 기형적인 복음

이 왜곡된 복음 안에서 "나쁜 소식"은 세상이 무자비하고 폭력적이며 악으로 가득 차 있다는 것입니다. 세상의 문제는 너무나도 심각하기 때문에 혼자서 그 문제를 해결할 수 없다는 것이죠.

"좋은 소식은 나와 내 친구들은 대부분 올바른 길을 가고 있다는 것이다. 적어도 우리는 올바른 이상과 의제를 가지고 있고, 올바른 사회 운동에 참여하고 있다. 우리는 세상의 문제들을 해결하고 다른 사람들을 돕기 위해 노력하고 있다. 사실, 때로는 우리 역시 우리의 가치관과 타협하고 잘못된 선택을 내리기도 한다. 그것은 어느 정도 어쩔 수 없는 일이기도 하다. 시스템 전체가 부패했기 때문이다."

더 나은 사회를 추구하는 복음을 신봉하는 사람들은 사회 갱신을 위해 예수님을 찾습니다. 그들에게 예수님은 가난한 사람들을 힘껏 돕고 폭력을 종식시키며 다양성을 존중하는 완벽한 사회에 대한 비전을 제시하는 인물입니다.

이 왜곡된 복음의 목적은 모든 사람이 예수님의 편견 없는 사랑, 죄인에 대한 긍휼, 아웃사이더 수용, 관대한 용서를 받아들여서, 함께 더 정의로운 사회, 다양성을 존중하는 관용적인 사회를 만들 수 있도록 하는 데 있습니다.

5. 하나님과의 연합에서 비롯된 기형적인 복음

하나님과의 연합에서 비롯된 기형적인 복음은 하나님과의 친밀감을 회복하는 데 초점을 맞추고 있습니다. 인간은 본래 하나님의 임재 안에 있었으나 아담과 하와는 죄를 짓고 말았습니다. 따라서 "나쁜 소식"은 우리가 죄로 인해 의로우신 하나님과 영원히 분리되었다는 것입니다.

하나님과의 연합에서 비롯된 기형적인 복음은 우리가 다시 하나님의 임재 안에 들어가기 위해서 하나님과의 올바른 관계를 회복해야 한다는 필요성을 강조합니다. "여기서 좋은 소식은 예수님이 당신을 위해 당신의 죄를 짊어지셨다는 것이다. 그러므로 당신이 예수님을 믿는다면 당신의 죄를 용서받을 수 있다. 죄인으로서 기도를 드리고 예수님을 당신의 구세주로 믿겠다고 결단하라. 그러면 이제 하나님께서 당신과 함께 하신다. 이는 당신이 의롭기 때문이 아니다. 예수님의 의가 당신의 것이 되었기 때문이다. 이제 당신은 더욱 더 거룩을 향해 나아갈 수 있다. 그러나 무엇보다도 중요한 것은 당신이 하나님과 영원히 함께할 수 있다는 것이다."

이 기형적인 복음의 목적은 우리의 의가 아닌, 예수님의 의를 믿게 하여 하나님의 임재를 영원히 누리게 하는 데 있습니다.

6. 성례전 참여에서 비롯된 기형적인 복음

성례전 참여 개념을 통해 왜곡된 복음에 따르면, "나쁜 소식"은 사람들이 교회 안에 들어와 참여하고 천국의 절차를 따르지 못하도록 죄가 막고 있다는 것입니다.

이처럼 왜곡된 복음을 주장하는 사람들에게 있어서 복음은 다음과 같습니다. "하나님께서는 최종 구원에 이르는 확실한 길을 마련해 주셨다. 곧 당신이 예수님께서 교회에 주신 구원의 의식들에 참여하는 것이다." 극단적인 성례주의자들의 경우 복음을 다음과 같이 표현할 것입니다. "당신이 성례들의 은혜를 누리기 위해 할 수 있는 것은 아무것도 없다. 하나님께서는 성례들의 은혜를 선물로 거저 주셨다. 성례들은 하나님께서 집행하라고 승인한 교회 담당자가 집행할 때 저절로 효력을 발휘한다. 당신은 올바르고 적합한 말과 행동을 하는 이에게서 세례를 받아야 한다. 그 후에 확인을 받고, 성찬에 참여하고, 교회에서 요구하는 금식이나 절기, 기타 활동들에 참여해야 한다. 그것으로도 부족할 때는 죄를 사함받고 하나님과 화해할 수 있도록 성직자에게 죄를 고백해야 한다. 좋은 소식은 당신이 이러한 성례 절차들을 따르기만 한다면 하나님께서 당신이 천국에 갈 것이라고 약속하셨다는 사실이다."

이러한 복음의 목적은 승인된 인물의 권위 아래에서 구원의 성례들에 참여하게 만드는 데 있습니다. 이 복음에 따르면, 하나님은 성례들을 통해 우리를 천국으로 인도하겠다고 약속하셨습니다.

이 기형적인 복음들에 내재된 문제는 무엇일까?

앞서 제시된 여섯 가지 기형적인 복음들은 각기 어느 정도 진리를 지니고 있습니다. 어떤 복음은 더 많이, 어떤 복음은 더 적게 말이죠. 하지만 그와 동시에 문제도 지니고 있습니다. 여섯 가지 왜곡된 복음이 각기 지닌 진리와 문제점을 찾아내는 것은 상당히 흥미로운 작업이 될 것입니다.[2] 심지어 이보다 더 왜곡된 복음들을 나열할 수도 있을 것입니다. 이를테면, **건강과 부의 복음**이나 **예수님은 나를 긍정만 하시고 결코 고치려 하지 않으신다는 복음**이 있습니다. 그런데 혹시 여러분은 여섯 가지 복음 유형에 공통적으로 나타나는 문제점을 발견하셨나요?

사라진 왕

상당한 인기를 끄는 이 여섯 가지 기형적인 복음들 중에서 그 어느 것도 성경이 본질적으로 제시하는 핵심 즉, **예수님이 그리스도**이심을 특징으로 삼지 않습니다. 기형적인 복음들에 담긴 요소들을 잘 다듬고 재포장하면 예수님의 왕권을 선포하는 참된 복음과 양립할 수 있을지도 모르겠습니다. 그러나 분명한 것은 여섯 가지 복음들 중 그 어느 것도 예수님이 그리스도로서 갖는 **왕적 권위**를 인정하거나, 그러한 인정을 구원의 첫 단계로 요구하지 않는다는 것입니다. 한 마디로, 여섯 가지 복음들은 예수님의 왕권을 받아들이는 것을 최우선 순위로 삼지 않습니다.

이것은 분명 잘못된 모습이며 그 심각성은 아무리 강조해도 지나치지 않습니다. 성서학자 스캇 맥나이트Scot McKnight가 지적했듯이, 참된 복음은 **예수 왕의 복음**입니다.[3] 왕이신 예수님을 놓치는 것은 곧 복음을 완전히 놓치는 것입니다.

사라진 줄거리

왕이신 예수님의 부재는 앞서 논의한 여섯 가지 기형적인 복음들이 지닌 가장 위험한 오류입니다. 하지만 다른 중요한 문제점도 있습니다.

사실 온전한 복음은 스토리가 있는 형태입니다. 하지만 여섯 가지 기형적인 복음들은 복음의 스토리를 정확하게 따라가지 못하거나 숭숭 구멍이 뚫려 있어 복음의 중요한 요소들이 누락되어 나타납니다. 여섯 가지 복음들은 복음의 내용이나 목적을 규정할 때, 성경이 전하는 복음의 **모든** 필수적인 측면들—성육신, 죄를 위한 죽음, 부활, 영원한 왕으로 즉위, 성령을 보내심, 왕의 재림—을 총체적으로 다루지 못합니다. 하지만 성경이 전하는 복음은 분명 특정한 내러티브 형태, 즉 줄거리를 가지고 있습니다.

여러분은 이 책을 읽으면서 복음이 지닌 가장 명확한 목적을 이해하게 될 것입니다. 그에 따라 복음에 담긴 아주 구체적인 요소들을 포함하여 복음의 줄거리 전체를 꼭 유지해야 하는 이유를 더욱 분명히 보게 될 것입니다. 하지만 지금 이 시점에서는 여섯 가지 버전의 복음이 기형적인 이유가, 성경이 전하는 좋은 소식은 단순히 **예수님이 먼저**임을 이야기하는 수준이 아니기 때문임을 자각하는 것만으로 충분합니다. 성경이 전하는 복음은 **왕이신 예수님이 먼저**입니다. 그리고 그 복음에는 필수적인 요소들을 포함한 구체적인 줄거리, 즉 삼위일체의 줄거리가 담겨 있습니다.

사라진 충성

여섯 가지 기형적인 복음에 왕권이 부재한다는 것과 줄거리가 손상되었다는 것 말고도 또 다른 문제점이 있습니다. 여섯 가지 복음들은 모두 복음이 예수님에 대한 반응을 요구한다고 강조하지만, 정작 복음의 주된 목적과 핵심적인 반응에 해당하는 왕에 대한 **충성**은 요구하지 않는다는 것입니다. 여섯 가지 복음들은 모두 복음의 목적이 지옥으로부터의 구출, 천국행 획득, 의righteousness, 죄사함, 분투로부터의 자유, 사회 개선, 하나님과의 재연합 혹은 승인된 구원 절차에 있다고 제안합니다. 그러나 여섯 가지 복음들 중에서 복음의 기본적인 목적이 왕이신 예수님께 대한 충성이라는 점을 강조하는 복음은 없습니다.

충성이 중요합니다. 우리는 하나님께서 예수님을 온 우주의 왕으로 세우셨다는 좋은 소식에 충성과 순종으로 응답하도록 부름을 받았습니다. 성경에서 복음의 목적에 관한 가장 명확한 진술은 로마서에 있는데요, 두 차례에 걸쳐 아주 똑같이 표현되어 있습니다. 예수 그리스도의 복음은 "모든 민족이 믿어 순종하게"(롬 1:5; 16:26) 하려는 것입니다. 문맥상 그리스도와 주Lord되신 예수님께 반응하는 것이 포함되므로(롬 1:4-8), "믿어 순종하게"(에이스eis 휘파코엔hypakoēn 피스테오스pisteōs)라는 구절은 **충성스러운 순종** 또는 **충직한 복종**으로 번역하는 것이 가장 적합합니다. 성경 안에서 복음이 요구하는 반응은 복음의 목적에 정확히 부합합니다. 바로 왕이신 예수님께 대한 충성이죠.

왜 복음이 필요할까요? 성경이 말하는 복음의 가장 분명한 목적은 모든 민족이 왕이신 예수님께 온 몸으로 충성을 다하게 하는 데 있습니다.

사라진 명성

여섯 가지 기형적인 복음에 없는 네 번째 요소가 있는데요. 아직 우리가 제대로 논의하진 않았지만, 그럼에도 그 요소는 성경이 말하는 복음의 주된 목적에 해당합니다. 그것은 바로 **명성**fame의 회복입니다. 여섯 가지 복음들 중에서 그 어느 것도 명성을 강조하지 않습니다.

명성이 복음과 무슨 상관이 있을까요? 완전히 있습니다! 이 주제가 더 많이 알려지지 않은 것은 언어의 문제 때문입니다. 구약성경이 히브리어와 아람어로 기록된 반면 우리는 영어를 사용한다는 것만이 문제가 아닙니다. 신약성경이 그리스어로 되어 있다는 것도 마찬가지고요. 우리는 (성경의 용례와) 완전히 다른 용어를 쓰고 있다는 것이 문제입니다.

우리가 교회에서 사용하는 모호한 언어를 **기독교 용어**라고 부르는데요, 이는 본래 교회와 아무런 관련이 없던 단어가 시간이 지남에 따라 뚜렷이 종교적 색채를 띠게 된 것을 가리킵니다. 이를테면, **세례**라는 용어가 그렇습니다. 신약 시대에 사람들은 옷에 세례를 주어 염색을 했습니다. 또한 담금질하기 위해 물로 금속에 세례를 주었습니다. 그리고 가라앉고 있는 배는 세례를 받고 있는 중이었습니다. 이처럼 당시 세례는 종교적인 단어가 아니었습니다. 담그거나 잠긴다는 뜻이었습니다. 하지만 시간이 지나면서 기독교의 영향을 받아 그 단어의 종교적인 의미가 우세해졌습니다. 오늘날 도넛을 먹기 전에 도넛에게 커피로 세례를 준다라는 말은 적절해 보이지 않을 것입니다. 하지만 예수님과 사도들이 살았을 시대에는 그렇지 않았습니다.

유명해지기

하나님께서 성경을 통해 우리에게 말씀하시려는 것을 모두 이해하려면, 먼저 기독교 용어를 제자리로 되돌릴 필요가 있습니다.

일례로 영광에 대해 생각해 봅시다. 우리가 기독교 용어로 사용하는 영광은 천국, 압도적인 광채, 천사들의 합창, 밝음, 광휘, 웅대함, 아름다움, 최후의 승리, 하얀 날개, 황금 면류관 등의 특정 이미지를 떠올리게 만듭니다. 물론 성경 번역본들 안에서 대개 영광으로 번역되는 그리스어 독사doxa는 신약성경 안에서 그러한 이미지들 중 일부와 연관이 되기도 합니다. 하지만 신약성경과 그 안의 세계를 다루는 주요 그리스어 사전을 펼쳐보면 독사가 위대함, 명성, 인정, 명망, 명예, 위신과 관련이 있음을 알 수 있습니다.[4]

신약성경에서 영광은 천상의 빛이 아니라 명성을 의미합니다. 이는 구약성경에서도 마찬가지인데, 영광으로 변역되는 히브리어 카보드kabod는 무거움이라는 의미를 담고 있습니다. 우리는 잘 알려진 사람과 가까이 있을 때 무게감, 위력, 위대함, 영향력 등 그 존재감의 무게를 느낍니다. 그래서 구약성경에서도 카보드는 보통 명성을 의미합니다. 오늘날 기독교 용어 배경에서 보면 영광이 순전히 천상의 빛과 관련된 것이라고 오해하기 쉽지만, 사실 성경 안에서 영광은 영예, 경의, 명예, 명성과 관련이 있습니다.

왜 복음이 필요할까요? 성경이 일관되게 제시하는 이유는 바로 **영광**과 **명성**입니다. 하나님께서는 복음을 통해 여러분을 유명하게 만들기를 원하십니다. 그리고 여러분의 궁극적인 영예를 높이길 원하십니다.

이 이야기를 듣고 곧바로 카다시안식 리얼리티 TV쇼에 출연하기로 결심하는 것은 아니겠죠? 일단 신중합시다. 아담 듀리츠Adam Duritz는 슈퍼스타가 되기를 갈망했습니다. 하지만 그는 급격한 인기 상승 이후 정작 명성의 어두운 면을 발견했다고 말합니다. 그러니 우리는 "나"라는 브랜드를 섣불리 세상에 알리지 말고, 그 대신 하나님 스타일의 명성에 대해 자세히 알아봅시다. 하나님께서 복음을 통해 여러분에게 의도하신 명성은 세상의 허접한 모방과는 전혀 다릅니다. 그보다 훨씬 더 좋은 것이죠.

복음의 명성

바울은 디모데에게 보낸 두 번째 편지에서 복음에 대해 간결하게 설명합니다. "내가 전한 복음대로 다윗의 씨로 죽은 자 가운데서 다시 살아나신 예수 그리스도를 기억하라."(딤후 2:8) 신약성경이 복음을 어떻게 요약하고 있는지에 대해서는 다음 장에서 더 자세히 다룰 것입니다. 여기서는 복음의 목적에 대해 우리가 무엇을 배울 수 있는지에 초점을 맞춥시다. (디모데후서에서) 이후 바울이 말하는 내용은 여러 모로 유익합니다. 하지만 그 전에 먼저 본문에 대한 배경 지식이 필요합니다.

바울에게 복음은 아주 귀중한 것이었습니다. 우리는 바울이 복음을 전하다가 감옥에 갇힌 상태에서 이 편지를 쓴 사실을 통해 이것을 알 수 있습니다. 사실 당시 상황은 상당히 심각했습니다. 바울은 자신이 떠날 때가 왔다는 것, 즉 자신이 곧 처형당할 것을 알고 있었습니다(딤후 4:6). 그는 이미 경주를 마친 상태였습니다(딤후 4:7). 실제로 우리는 성경 외 자료들을 통해, 바울이 이 편지를 쓴 지 얼마 지나지 않아 네로 황제에 의해 처형되었다는 사실을 알고 있습니다.[5]

바울이 편지를 쓸 당시에도 죽음의 그림자가 드리워져 있었기 때문에 그가 복음에 대해 디모데에게 한 말은 우리의 가슴을 찡하게 만듭니다. 바울은 이렇게 선포합니다. "이것이 나의 복음이다. 나는 이 복음 때문에 죄수처럼 매이는 데까지 고난을 받고 있다."(딤후 2:8-9 NIV) 그러나 바울은 자신의 고난에도 불구하고 "하나님의 말씀은 매이지 않는다"(딤후 2:9 NIV)고 확언합니다. 즉, 그는 하나님의 복음은 가둘 수 없다는 것을 알고 있었습니다. 바울은 투옥과 같은 고난이 실제로는 "복음 전파를 진전"(빌 1:12)시키는 역할을 한다는 것을 배웠습니다. 하나님의 좋은 소식을 억누르려는 공적인 시도는 오히려 복음을 더 쉽게 전할 수 있게 만들 뿐이었습니다.

바울은 디모데에게 복음의 내용을 요약한 후 자신이 복음을 위해 기꺼이 감옥에 가려는 이유를 설명합니다. 이러한 맥락에서 바울은 복음의 목적에 관해 이야기합니다. "그러므로 내가 택함 받은 자들을 위하여 모든 것을 참음은 그들도 그리스도 예수 안에 있는 구원을 영원한 영광과 함께 받게 하려 함이라."(딤후 2:10)

들었나요? "영원한 영광과 함께." 이제 기독교 용어를 넘어설 때가 되었습니다. 복음의 핵심 목적은 왕이신 예수님 안에서 구원을 얻는 것이지만, 그와 함께 영예와 명예와 명성도 따라오게 됩니다. 다시 말해, 하나님께서 우리에게 복음을 주신 이유 중 하나는 우리의 명성이 영원히 높아지도록 하기 위해서 입니다.

일부 기독교 진영들은 다른 사람들로부터 높은 명성, 영예, 명예를 받고자 하는 우리의 갈망이 잘못된 것이라고 질책합니다. 우리는 명성이라는 것이 기독교인으로서 억눌러야 하는 부분이라고 생각합니다. 하지만 그것은 반은 맞고 반은 틀립니다. 성경이 복음의 목적에 대해 말하는 내용을 보면, 하나님께서 우리가 가진 명성에 대한 갈망을 채워주실 것이라는 점을 확증하고 있습니다. 우리는 영원한 명예를 얻게 될 것입니다. 그렇다면 그 일은 과연 어떻게 이루어질까요? 그것은 정확히 어떤 모습일까요?

디모데후서 속 바로 다음 구절들이 이 질문에 대한 단서를 제공합니다. 하지만 현 단계에서는 아직 메인 코스가 준비되지 않았습니다. 일단 바울의 말을 애피타이저로 받아들입시다. "이 말씀은 믿을 만합니다. 우리가 주님과 함께 죽었으면 우리도 또한 그분과 함께 살 것이요. 우리가 참고 견디면 우리도 또한 그분과 함께 다스릴 것이요."(딤후 2:11-12 새번역) 하나님은 복음을 통해 우리에게 영원한 명예를 주기로 작정하셨습니다. 그런데 영원한 명예가 무엇을 의미하든지 간에 중요한 점은 그것이 왕이신 예수님과의 친밀한 하나 됨과 결코 분리될 수 없다는 것입니다.

우리가 누리게 될 명성이 무엇이든지 간에 그것은 그리스도의 죽음에 참여함으로써 얻게 됩니다. 그리스도의 죽음에 참여함으로 우리는 생명을 얻게 됩니다. 우리는 우리의 왕과 함께 견디어 새롭게 창조된 피조 세계를 다스리는 왕의 통치에 참여해야 합니다. 이에 대해서는 이 책의 후반부에서 자세히 설명할 것입니다. 지금은 성경이 복음과 영광의 관계에 대해 어떻게 말하고 있는지 좀 더 자세히 살펴봅시다.

하나님은 복음을 통해 우리에게
영원한 명예를 주기로 작정하셨습니다.

아래에 나오는 또 다른 본문이 흥미롭습니다. 왜냐하면 처음에는 바울이 복음의 목적에 대해 말하고 있다는 점이 명확하게 드러나지 않기 때문입니다. 하지만 계속해서 바울의 글을 읽다보면 처음에 말한 것이 곧 그의 주된 요점이라는 점을 발견하게 됩니다.

바울은 고난 중에 있는 데살로니가 교회에 보낸 편지에서 하나님께서 그들 가운데서 일하신 것에 대해 감사를 표하는데요. "주님의 사랑을 받는 형제자매 여러분, 우리는 여러분의 일로 언제나 하나님께 감사하지 않을 수 없습니다. 하나님께서는 여러분을 성령으로 거룩하게 하시고 진리를 믿게 하여 구원에 이르게 하시려고 여러분을 첫 열매로 택하여 주셨기 때문입니다."(살후 2:13 새번역 참조) 다르게 표현하면, 바울은 데살로니가에서 주되신 예수님을 따르는 사람들이 하나님에게 첫 열매(첫 할부)로 선택되었다는 확신을 표현하고 있습니다. 이는 그들이 구원의 추수의 일부로 가장 먼저 수확된 사람들이라는 것, 그리고 이후 더 큰 수확이 뒤따르게 될 것을 의미합니다. 바울은 가장 먼저 모인 데살로니가 성도들에게 그들이 겪는 고난에도 불구하고, 그들이 성령으로써, 또한 하나님의 진리를 고수함으로써 거룩한 백성으로 구별되었음을 상기시켜 줍니다.

그런 다음 바울은 공동체를 선택하시고 거룩하게 하시는 하나님의 구원 행위가 복음의 목적과 어떻게 연관되는지를 설명합니다. "그분께서 **우리의 복음을 통하여** 너희를 부르사 우리 주 예수 그리스도의 **영광에 참여하게 하심이니라**."(살후 2:14 NIV) 다시 말하지만, 복음의 목적은 우리로 하여금 영광에 참여하게 하는 데 있습니다. 구원의 과정의 일부인 택하심과 성화는 그 자체가 목적이 아니라, 복음을 통해 **주 예수 그리스도의 영광에 참여하게 한다**는 더 큰 목적을 향한 것입니다. 복음의 근본적인 목적은 우리의 영광에 있습니다. 우리의 명성, 명예, 영예에 있습니다.

그러나 **영광은 함께 누리는 것입니다.** 만일 하나님께서 우리에게 의도하신 명성과 명예가 모두 "나"를 위한 것이라고 여길만큼 자기애에 빠진 사람이 있다면, 데살로니가후서 2:13-14은 그러한 자기중심적인 망상에서 벗어나게 합니다. 이 본문은 분명히 **예수님에 관한** 말씀입니다. 물론 복음은 정말로 우리에게 명성을 가져다 줄 것입니다. 그러나 왕이신 예수님이 가장 먼저입니다. 더욱이 이 본문은 또한 **예수님의 교회에 관한** 말씀입니다. 따라서 공유되는 명성을 가리키고 있습니다. 물론 우리는 개인으로서도 명성을 누리게 될 것입니다. 하지만 그 명성은 기본적으로 하나님의 백성을 위한 명성입니다. 왕이신 예수님의 명성과 불가분의 관계에 있는 명성, 왕이신 예수님에게 달려있는 명성 말이죠.

사실 우리는 이미 이러한 원리를 체감하고 있습니다. 자, 여기서 퀴즈 게임Trivial Pursuit을 한 번 해보겠습니다. 엔싱크NSYNC, 데스티니스 차일드Destiny's Child, 노 다웃No Doubt, 잭슨파이브The Jackson 5, 사이먼 앤 가펑클Simon and Garfunkel의 공통점은 무엇일까요? 그렇습니다! 모두 음악을 하는 그룹입니다. 하지만 그보다 더 큰 공통점은 이 모두가 최고의 가수 한 명을 보유한 덕분에 잘 알려진 밴드라는 것입니다. 각각 저스틴 팀버레이크Justin Timberlake, 비욘세Beyoncé, 그웬 스테파니Gwen Stefani, 마이클 잭슨Michael Jackson, 폴 사이먼Paul Simon이 속해 있었던 그룹들이죠.

안타깝게도 한 밴드가 해체되면 누가 가장 뛰어난 재능을 가졌는지 분명하게 드러날 때가 있습니다. 듀오가 해체된 후 아트 가펑클Art Garfunkel의 솔로 활동은 실패로 돌아간 반면, 폴 사이먼은 더 큰 명성을 얻게 되었습니다. 개개인의 재능이 그들이 속한 밴드에서 발휘되기도 했지만, 또 한편으로는 특별한 한 사람의 재능과 명성이 그룹 전체를 끌어올린 것도 사실입니다.

예수님의 명예도 이와 비슷하게 작동합니다. 예수님은 한 인간으로서 최고의 능력을 가진 분이십니다. 성경은 예수님이 인간으로서도 하나님(성부)의 형상 그 자체이며, 또한 성부, 성령과 동일하게 하나님 그 자체라고 말합니다. 그는 하나님이시며 그 아들이십니다. 그는 결코 교회를 떠나지 않으실 것입니다. 그리고 복음을 통해 그에게 속한 영광이 우리에게 옮겨져서 우리는 고귀하고 존엄한 존재가 됩니다. 그렇게 우리는 그의 명성을 공유합니다.

여기에 두 가지 이야기가 이어집니다. 두 이야기 모두 하나님께서 우리가 갖기를 원하시는 명성—**복음의 명성**—이, 예수님과의 친밀한 관계에서 나오는 과정에 대해 생각하게 만듭니다. 두 이야기 중 하나는 고대의 이야기이고 다른 하나는 현대의 이야기입니다.

복음으로 유명해진 그녀

그녀는 그들이 그를 죽이려 한다는 것을 알고 있었습니다. 조용하고 은밀하게, 지저분하거나 공개적인 스캔들 없이 말입니다.

그는 대담한 행동으로 군중을 열광의 도가니로 몰아넣었습니다. 사람들은 말했습니다. "그는 자기가 누구라고 생각하는 거야?", "신이 장래에 특별한 목적을 위해 지정한 산을 저렇게 '왕'처럼 내려오는 게 말이 돼?" 사람들은 "그는 너무 지나쳐"라고 말했습니다.

그녀도 이런저런 생각이 들었습니다.

"성전 뜰에서 저지른 터무니없는 신성모독은 또 어떻고?" 사람들은 계속해서 말했습니다. '그렇네?' 그녀는 동물을 파는 장사꾼들과 돈을 바꾸어 주는 환전상들을 보며 사람들이 하나님을 예배하는 데 도움을 주기 위해 열심히 일한다고 생각했습니다. 그들은 희생제물을 팔고 신성모독적인 동전이 눈에 띄지 않게 만들어 주었기 때문입니다. 하지만 사실 그들은 자기들의 주머니를 채우기 위한 목적으로 일할 때가 훨씬 더 많았습니다. 그녀는 그가 성전 뜰에서 여러 당국자들과 맞서 싸우셨다는 것을 알게 되었습니다. 그녀는 이후 그가 그의 제자들에게 하나님께서 곧 성전 전체를 허무실 것이라고 말씀하셨다는 소문까지 들었습니다!

어느새 사람들은 그를 침묵시키는 데 혈안이 되었습니다. 그녀도 그러한 사실을 잘 알고 있었습니다. 그의 미래와 관련된 피비린내 나는 폭력적인 장면들로 머릿속이 가득 채워지자 그녀는 무언가를 해야 한다고 느꼈습니다. 뭐든지 말이죠.

사람들은 이제 그를 죽이려고까지 하는 상황이 되었습니다. 물론 당장은 아니었습니다. 적당한 상황이 갖추어져야 했죠. 그렇게 유월절이 이틀 앞으로 다가왔습니다. 예루살렘은 북적거렸고, 그녀는 그가 베다니로 도망쳤다는 소식을 들었습니다.

한 날은 그녀가 어떤 상인에게 다가가 말을 걸었는데, 그 상인은 깜짝 놀랐습니다. 그녀는 평범한 노동자의 1년 치 임금보다 더 많은 (지금으로치면 대략 7,000만원 정도의 가치가 있는) 순전한 나드를 샀기 때문입니다. 그가 나병환자인 시몬의 집에 계신다는 사실을 알게 된 그녀는 그곳에 찾아가 한편에 기대어 누워 계신 그를 발견했습니다. 그녀는 옥합을 가져다가 깨뜨리고 향유를 그의 머리 위에 부었습니다.

그 냄새가 방 안을 가득 채우자 사람들의 입이 떡 벌어졌습니다. 대부분은 할 말을 잃었지만 그 중 몇몇은 목소리를 높였습니다. "어찌하여 이 향유를 허비하는가? 이 향유를 삼백 데나리온 이상에 팔아 가난한 자들에게 줄 수 있었겠도다."(막 14:4-5)

그러나 그는 아셨습니다. 그는 이 사건의 핵심을 곧바로 파악하셨고, 또한 그녀의 마음도 아셨습니다. 그의 때가 왔다는 사실을 그녀가 깨달았음을 아셨던 것입니다. 반면에 그의 제자들은 그가 다급하게 여러 차례 알려주었음에도 불구하고 아직도 그것을 깨닫지 못했습니다. 하지만 그녀는 깨달았습니다. 그래서 자신이 할 수 있는 모든 것을 그에게 드리기를 원했습니다.

이어서 그가 말씀하셨습니다. "가만두어라. 왜 그녀를 괴롭히느냐? 그녀는 내게 아름다운 일을 했다."(막 14:6 새번역 참조) 그는 자신의 제자들에게 그와 함께할 시간이 얼마 남지 않았음을 상기시켜 주셨습니다. 제자들이 직접 그를 명예롭게 할 수 있는 기회는 모래시계의 모래알처럼 사라지고 있었습니다. 가난한 사람들은 언제든 도울 수 있었죠(막 14:7). 그래서 그는 말씀하셨습니다. "이 여자는 자기가 할 수 있는 일을 하였다. 곧 내 몸에 향유를 부어서 내 장례를 위하여 할 일을 미리 한 셈이다."(막 14:8 새번역)

그리고 그는 더욱 놀라운 말씀을 이어가셨습니다. 우리는 그녀의 이름을 모르지만 그녀가 영광과 명예를 얻게 되었다는 것은 압니다. 그녀는 그의 우둔하고 변덕스러운 제자들보다 더 그를 사랑한 일로 유명하게 되었습니다. 그의 제자들은 그의 왼편과 오른편에서 특권을 누리는 자리를 차지하기 위해 경쟁하고 있었습니다. 하지만 그녀는 왕에게 합당한 경의를 표했습니다. 제자들은 어두운 밤에 결국 그를 버렸습니다. 하지만 그녀는 그가 칠흑 같은 무덤을 향해 가는 길을 닦았습니다. 제자들은 그를 알고 있다는 것조차 부인했습니다. 하지만 그녀는 자신의 평판에 어떤 영향을 미칠지 알면서도 스캔들의 표적이 된 그를 향해 무모하게 기름을 부었습니다 (즉, 메시아로 혹은 그리스도로 경의를 표했습니다).

그리고 그가 선언하셨습니다. "내가 진정으로 너희에게 말한다. 온 세상 어디든지 복음이 전파되는 곳마다 이 여자가 한 일도 전해져서 사람들이 이 여자를 기억하게 될 것이다."(막 14:9 새번역)

옥합을 든 여인은 유명해졌습니다. 그녀는 그에게 합당한 경의를 표함으로써 자신의 정체성을 그와 끊을 수 없게 연결시키기로 결단했기 때문입니다. 그 후 그녀는 값진 방식을 통해 그를 명예롭게 하기로 결단한 여인으로 자신이 기억되리란 것을 알게 되었습니다. 그녀는 그녀의 영광, 즉 그녀의 명성, 명예, 영예를 그와 떼려야 뗄 수 없는 관계로 연결시킨 것입니다.

당국자들은 그를 위험한 체제 전복자, 더 심하게는 반역적인 신성모독자로 보고 하나님께 미움을 받고 죽어 마땅한 사람으로 여겼습니다. 하지만 그녀는 그를 정반대의 사람으로 여겼습니다. 좋은 소식을 전하는 이로 여겼습니다. 그녀는 그가 하나님으로부터 귀하게 여김을 받고 계심을 알았고, 자신이 그와 연결되면 하나님께서도 자신을 귀하게 여기실 것을 알았습니다.

그녀에게 그는 모든 가치가 있었습니다. 그녀는 그에게 기름을 부어 그리스도로 여김으로써, 그에 관한 자신의 충성을 드러냈습니다. 그녀는 그가 수치스러운 죽음을 맞이하려 할 때조차 메시아인 그를 향해 충성을 드러냈습니다. 이것이 그녀가 복음 이야기에 기록되기로 선택한 방식이었습니다. 그녀는 그녀의 행동으로 예수님이 가져오신 "좋은 소식" 안에 들어갔습니다. **옥합을 든 여인의 이름은 기록되지 않았지만 그럼에도 그녀는 복음으로 유명해졌습니다.**

복음으로 유명해진 도일

도일 캐나다Doyle Canada. 그는 이름이 밝혀져 있음에도 옥합을 든 여인보다는 훨씬 덜 유명합니다. 물론 그는 그것을 더 좋아할 수도 있지만요.

그는 인생의 대부분을 캘리포니아 버니Burney의 한 작은 벌목 마을에서 보냈습니다. 그는 연인 샌디Sandy와 고등학교 재학 중 결혼을 했습니다. 각각 17살과 15살에 불과했지만 그들은 더 이상 기다릴 수 없었습니다. 굳이 기다릴 이유가 있나요? 그들에게 대학은 먼 도시에 사는 엘리트들을 위한 곳일 뿐이었습니다. 그가 일하는 제재소는 길 바로 아래에 있었습니다. 그러고 보면 도일의 인생은 꽤나 잘 짜여져 있었습니다. 제재소에서 일하고, 공과금을 내고, 집을 사고, 사냥하고, 낚시하고, 캠핑하고, 파티를 하고, 자녀들을 키웠습니다.

우리가 버니로 이사갔을 때 도일은 제재소에서 감독으로 일하고 있었습니다. 저의 아버지도 제재소의 지역 산림 관리자로 고용되어 계셨는데, 두 분 다 야외 활동을 좋아해서 죽이 잘 맞았습니다. 두 분은 급속히 친해지셨고 우리 가족과도 자주 어울렸습니다. 우리는 주말마다 도일의 집 뒷마당에 있었습니다. 그의 가족이 우리 집 뒷마당에 더 자주 있었던 것 같기도 하네요.

교회? 그가 교회에 가기엔 삶이 너무 분주하게 돌아갔습니다.

제가 6학년이 되었을 때 커다란 비극이 닥쳤습니다. 당시 도일은 인근 마을에 있는 새로운 제재소로 옮겨가 일하고 있었는데요. 그곳에서 잘못 설치된 기계 때문에 통나무가 통과할 때 이따금씩 2x4인치 크기의 나무 조각이 불규칙하게 튀어나오는 일이 발생했습니다. 어느날 그 뾰족한 파편이 공중에서 30m 높이로 날아가 도일의 몸 한가운데 박혀 그의 내장과 척추를 찔렀습니다. 그는 중환자실로 급히 이송되어 몇 주 동안 아주 힘든 시간을 보냈습니다. 그렇게 절망적인 상황에서도 결국 도일은 회복되었습니다. 하지만 그는 다시는 걷지 못하게 되었습니다.

도일을 찾아갔을 때 저는 그가 낙담해 있을 것이라 예상했습니다. 사냥, 낚시, 말타기 등 그가 소중히 여겼던 모든 활동을 이제 못하게 되었으니까요. 하지만 우리는 그곳에서 새로운 사람을 만나게 되었습니다. 완전히 변화된 사람, 빛이 나는 사람 말이죠. 그는 눈에 띄게 더 **풍성한** 삶을 살고 있었습니다. 그가 결코 낙담하지 않거나 슬픔에 빠진 적이 없었다는 말이 아닙니다. 하지만 그는 이전과 전혀 다른 기쁨에 매여 있었습니다.

병원에서 도일은 예수님을 만났습니다. 그는 하나님께서 자신에게 인생의 두 번째 기회를 주셨다고 믿었습니다. 너무나 과분한 기회였죠. 그는 예수님을 우선시하는 새로운 삶의 방식으로 그 기회를 잡고자 했습니다. 그는 아내 샌디와 함께 차를 몰고 지역 교회로 향했습니다. 그의 기쁨은 전염성이 강했고 많은 사람들을 끌어당겼습니다. 결국 한 달도 채 지나지 않아서 우리 가족 역시 그 교회에 나가게 되었습니다.

그때 저의 가족이 가게 된 교회, 그레이스 커뮤니티 바이블 교회 Grace Community Bible Church에서 저는 결국 세례를 받게 됩니다. 저는 그 교회 청소년부에 출석하였고, 우리 주 예수님을 진정으로 사랑하는 사람들의 공동체를 보게 되었습니다. 아마도 은혜라고 말하는 것이 적절한 표현일 것 같습니다. 우리 가족도 그 은혜의 달콤한 유혹에 빠져들고 있었습니다. 당연히 도일도 은혜를 깨달은 사람이었고요.

도일은 13년 전에 세상을 떠났습니다. 사고 후에도 그는 사냥과 낚시를 자주 했습니다. 제 머릿속을 스치는 도일에 관한 수많은 장면들은 공통점이 하나 있었는데, 그것은 아버지가 항상 새벽녘에 도일을 데리러 가셨다는 것입니다. **말 그대로 그를 태우러 가셨습니다.** 아버지는 도일을 휠체어에서 내려 트럭 조수석에 태우곤 하셨습니다. 그리고 목적지에 도착하자마자 아버지는 도일을 배스 트래커Bass Tracker나 오리 보트의 의자에 앉히셨습니다. 그런 다음 우리는 함께 호수에 나가곤 했습니다.

사실 마비된 상태는 상당히 힘든 일이었습니다. 도일은 소변을 보기 위해 카테터를 삽입해야 했습니다. 아버지는 가끔 도일을 도와주고 내용물을 처리하셔야 했습니다. 아버지는 책과는 거리가 먼 활동적인 분이셨는데요. 이렇게 실천적이고 이타적인 방식으로 도일을 섬기는 법을 배운 일은 아버지에게도 은혜의 한 방편이었습니다.

제가 도일에 대해 하고 싶은 말은 이것입니다. 바로 그는 우리 주 예수님의 좋은 소식, 복음의 이야기 속으로 들어가기를 선택했다는 것입니다. 그는 "하나님의 형상이신 그리스도의 **영광을 선포하는 복음의 빛**"(고후 4:4 새번역)을 보았습니다. 그는 복음을 온전히 받아들였고 그 넘쳐흐르는 영광에 푹 **빠져들었습니다.** 이 때문에 도일은 복음의 유명인사가 되었습니다. **"나를 통해 세상 어디든지 복음이 전파되는 곳마다, 도일이 한 일도 자주 전해져서 사람들이 그를 기억하게 될 것이다."**(막 14:9 개인에게 적용)

도일은 옥합을 든 여인만큼은 이름이 알려지지 않았고 또 세상의 기준으로는 그녀보다 훨씬 유명하지도 않습니다. 하지만 예수님에 대한 그의 충성과 간증은 우리 가족에게, 우리 아버지에게 그리고 저에게 아주 중요한 의미를 가졌습니다. 그러니 2차적으로, 3차적으로 더 많은 사람들에게 영향을 미쳤을지 또 누가 알겠습니까?

도일은 저에게 복음으로 유명해진 사람입니다. 아니, 이보다 더 중요한 것은 그가 우리 주 예수님께도 복음으로 유명해진 사람이라는 사실을 제가 확신한다는 점입니다. 저는 도일의 간증을 통해 변화된 수많은 사람들을 목격했습니다. 복음의 핵심 목적은 무엇일까요? 하나님의 영광과 그분의 명성을 회복하는 것입니다. 그리고 우리가 그 영광을 공유하는 것입니다. 부활의 때 "영원하고 크나큰 영광"(고후 4:17 새번역), 즉 복음의 명성이 도일에게 있게 될 줄 누가 짐작이나 할 수 있었을까요? 도일은 예수님께서 그를 변화시키는 일을 수용했기 때문에, 우리 주 예수님 안에서, 그리고 우리 주 예수님을 통해서 유명해졌습니다.

카운팅 크로우즈Counting Crows의 리드 싱어인 아담 듀리츠Adam Duritz는 원하는 것을 얻었지만 결국 트라우마를 겪게 되었습니다. 명성이 그를 음악계의 최전선으로 이끌었을 때, 외로움은 더욱 극심해졌습니다. 듀리츠는 가끔 라이브 공연 중에 경고의 의미로 가사를 이렇게 바꾸곤 했습니다. "우리 모두는 크고, 크고, 크고, 큰 스

타가 되길 원하지만, 다시 생각해 봐. 모두가 너를 사랑한다면 너는 망한거나 다름없어."[6] 그는 관객들에게 명성의 공허함에 대해 심각한 경고를 던지고 싶어했습니다.

듀리츠에게 정신 건강 문제는 명성과 엮여 있었습니다. 그는 다른 사람들을 돕기 위해 공개적으로 그 문제를 제기해왔습니다. "매일 밤 10,000명 앞에서 무대를 마치고 홀로 호텔 방을 향해 간다고 생각해 봐." 이어서 듀리츠는 말합니다. "아주 힘든 상황이야. 우리 모두가 살아남기 위해 애쓰고 있지. … 그러다 서서히 무너지고 말지. 모든 사람이 명성을 얻길 바라는 세상에서 유명세는 가장 즐거운 일로 보일거야. 그렇게 모두가 유명해지기를 바라지만 때로 그것은 정말 정말 힘든 일이야."[7]

세상의 명성은 듀리츠의 기대와는 달리 그의 삶을 더 나은 방향으로 이끌지 못했습니다. 우리 모두는 남들로부터 높은 평가를 받길 원합니다. 실제로 우리는 명성을 얻기 위해 나만을 우선시하는 길을 추구하거나 이전과 다른 어떤 선택을 할 수도 있습니다.

여러분은 어떻게 생각하나요? 여러분은 앞으로 어떻게 살 생각인가요? 옥합을 든 여인과 도일에 대한 이야기를 기억하나요? 그들과 마찬가지로 여러분도 예수님을 만났습니다. 여러분은 그의 인격, 행위, 주장, 그리고 그를 둘러싼 오명과 직면했을 것입니다. 그렇다면 이제 여러분은 그의 복음 이야기에 여러분이 어떻게 기록되기를 바라나요?

옥합을 든 여인과 도일은 자신만의 명성을 추구함으로 유명해진 것이 아니라, 그리스도를 명예롭게 하고 또 그리스도의 영광이 자신들을 드높이는 것을 깨달았을 때 **부차적으로** 유명해졌습니다. 비록 느리더라도 확실한 방법이었죠. 결국엔 하나님의 명성이 이와 같은 방식으로 온 땅에 넘쳐나게 될 것입니다.

저는 여러분이 바람과 같이 허망한 것을 쫓아다님으로써 유명해지길 바라지 않습니다. 여러분이 왕께 충성할 때 그 부산물로 명예가 따라옴을 믿고 신뢰함으로써 유명해지기를 바랍니다. 여러분이 있는 곳에서 왕의 대리인으로 행동함으로써 유명해지기를 바랍니다. 그렇게 함으로써 여러분은 오래도록 지속되는 고결한 명성을 얻게 될 것이며, 왕과 왕의 다른 백성들과 함께 영광을 나눌 수 있게 될 것입니다.

1. 흔히 누구나 잠시라도 유명세를 누릴 때가 있다고 말합니다. 여러분이 여기 저기서 주목을 받았던 때를 이야기해 보세요. 그때 어떤 점이 좋았고 어떤 점이 싫었나요?

2. 아래 문장들에서 영광이라는 단어가 각기 어떻게 사용되고 있는지 말해보세요.

   "영광! 할렐루야. 제이슨이 무사하다니 기적이야!"

   "제이슨은 이제 영광을 누리고 있는 것 같아."

   "제이슨은 모든 영광을 원한다. 그러한 이유로 그는 좋지 못한 팀원이다."

3. 좋은 평판을 추구하는 것과, 부적절하게 명성을 얻기 위해 노력하는 것 사이에 경계선은 어디일까요?

4. 여섯 가지 기형적인 복음들 중 가장 명백하게 잘못되었다거나 위험하다고 생각되는 복음은 무엇인가요? 어떤 복음이 가장 불편하게 느껴지나요? 그 이유는 무엇인가요?

5. 여러분이 속한 더 큰 배경(예를 들어, 국가나 지역)에서 여섯 가지 기형적인 복음들 중 가장 자주 접하게 되는 복음은 무엇인가요? 그보다 작은 모임(예를 들어, 친구들 사이 혹은 지역 교회)에서 가장 흔하게 보게 되는 기형적 복음은 무엇인가요? 왜 그런 것 같은가요?

6. 여섯 가지 복음들이 기형적인 이유는 성경이 복음의 핵심으로 제시하는 네 가지가 (어떤 것은 더 많고 어떤 것은 더 적은 식으로) 결여되어 있기 때문입니다. 그 네 가지는 무엇이었나요? 네 가지 중 오늘날 문화에 복음을 적용하는 과정에서 가장 자주 누락되는 것은 무엇인가요?

7. 성경 안에서 복음의 목적에 대한 가장 단순한 설명은 곧 "모든 민족이 예수 그리스도를 향해 '충성을 다하는 순종'을 바치게 하는 것"입니다. 지금 여러분에게 복음의 목적은 무엇을 의미하나요? 그것은 여러분이 이전에 받아들였던 복음의 목적(들)과 어떤 관련이 있나요?

8. 이 책에서 옥합을 든 여인이 어떻게 "복음으로 유명하게" 되었는지를 설명했습니다. 복음으로 유명해진다는 것은 무슨 의미인가요?

9. 옥합을 든 여인 외에, 성경에서 다른 인물을 골라보세요. 그 사람이 어떻게, 그리고 왜 복음으로 유명하게 되었는지 설명해 보세요.

10. 이 책에서 우리는 도일의 이야기를 나누었습니다. 개인적으로 여러분에게 복음으로 유명해진 사람에 대해 이야기해 보세요. 그 사람의 이야기가 어떻게 왕이신 예수님의 이야기와 연결되나요? 여러분이 복음을 전할 때 그 사람에 대해서도 함께 언급할 수 있나요?

11. 도일을 섬기는 일은 저의 아버지에게 복음을 경험하는 중요한 일이었습니다. 여러분이 복음을 받아들이는 데 영향을 미친 경험들은 무엇인가요?

12. 복음의 이야기 속으로 들어가기 위해 현재 여러분이 삶에서 밟고 있는 과정은 무엇인가요? 그러한 과정을 통해 여러분의 삶의 여정이 복음으로 빚어지고 있나요?

Chapter 3
영광의 양면

제2장에서는 복음의 핵심 목적이 교회와 함께 우리를 유명하게 만드는 데 있음을 살펴보았습니다. 물론 그 일은 오직 예수님을 통해, 그리고 예수님과 함께 해야 가능한 일입니다. 이러한 주제가 흥미롭기는 하지만 또 한편으론 좀 모호한 게 사실입니다. 유명하게 되는 일은 과연 어떤 형태로 이루어지는 걸까요? 실제적으로 어떻게 그 일이 일어나는걸까요?

여기서 잠깐만요.

어쩌면 하나님께서 우리를 유명하게 만들고 싶어하시는 계획은 위험한 일일 수도 있습니다. 설령 유명해지는 일에 일말의 진리가 담겨 있다고 해도, 그런 시각은 **인간 중심적**이라는 문제가 있지 않을까요? 자랑하고 교만을 떨다가 하나님을 도용하고 침해하게 되는 인간의 성향은 복음의 해결책이 아니라 도리어 인간의 기본적인 문제 아닌가요?

분명히 복음의 진정한 핵심은 **하나님의 영광**을 높이는 것입니다. 하나님만이 홀로 가치 있는 분이시기 때문이죠. 우리가 가진 것이 있다면 그것은 오직 그분의 은혜 덕분입니다. 인간이 아닌 오직 하나님만이 모든 공로를 받으실 자격이 있습니다! 복음의 목적은 분명 우리의 영광이 아니라 오직 하나님의 영광입니다.

앞서 언급한 의문들은 정당한 우려입니다. 에베소서에서 바울은 복음과 연결된 왕 안에서 우리가 누리는 모든 유익을 두고 하나님을 찬양하는데요, "그[그리스도] 안에서 너희도 진리의 말씀 곧 **너희의 구원의 복음을 듣고** ⋯."(엡 1:13) 하지만 그 다음에 바울이 말하는 것에 주목해야 합니다. 복음의 목적과 관련이 있기 때문입니다. "⋯그리스도를 믿었으므로 약속하신 성령의 날인을 받았습니다. 이 성령은 하나님의 소유인 우리가 완전히 구원받을 때까지 우리의 상속의 담보이시며, 우리로 하여금 하나님의 영광을 찬미하게 하십니다."(엡 1:13-14 새번역) 성경 안에서 근본적인 복음의 목적은 인간이 하나님께 영광을 돌리는 것입니다.

복음의 목적은 하나님의 영광을 찬양하는 것입니다. 하나님께서 복음을 통해 구원을 이루시는 방식, 즉 전액 지불을 보장하는 계약금으로 성령을 하나님의 백성에게 선물로 주시는 방식은 하나님의 명성을 높이는 찬양으로 귀결됩니다. 복음은 진정으로 하나님의 명성을 목표로 합니다.

성경은 또 다른 곳에서도 복음의 목적이 하나님의 영광을 위한 것임을 드러냅니다. 예를 들어, 바울은 그리스도께서 종이 되신 이유가 자기 백성에 대한 하나님의 약속을 성취하기 위해서, 그리고 "이방인들도 그 긍휼하심으로 말미암아 **하나님께 영광을 돌리게**"(롬 15:9) 하기 위해서라고 말합니다. 예수님은 복음의 일부로서 하나님의 약속을 성취하기 위해 오셨습니다. 따라서 모든 민족이 마땅히 하나님을 경외하고 명예롭게 할 것입니다(롬 1:1-5; 15:16-20 참조). 분명 복음의 기본 목적은 인간이 하나님께 영광을 돌리는 것입니다.

물론 복음의 목적이 주로 인간의 영광이라고 말하는 것은 잘못된 방향으로 흘러갈 수도 있습니다. 복음의 최종 목적이 하나님께 영광을 돌리는 것임은 틀림없는 사실이기 때문입니다. 그러나 인간의 명성이나 영광이 높아진다고 해서 그것이 꼭 하나님의 명성이나 영광을 떨어뜨린다고 볼 수는 없습니다.

만약 하나님의 영광이 우리의 영광과 함께 엮여 있어서 다른 쪽의 영광 없이는 이 쪽의 영광도 온전히 높일 수 없다면 어떨까요? 실제로 구속받은 인간의 영광은 하나님의 온전한 영광에 꼭 필요한 요소이기 때문에 두 가지 영광이 **모두** 복음의 목적일 수 있습니다. 이처럼 우리가 성경의 의도를 온전히 이해하려면 그 뉘앙스를 주의 깊게 살펴봐야 합니다.

"**왜 복음이 필요한가요?**"라는 질문에 가장 잘 답하기 위해서는 성경 안에서 "영광의 순환"을 볼 수 있어야 합니다. 그러나 그 전에 먼저 우리는 C. S. 루이스Lewis를 통하여 우리의 신학적 상상력을 재훈련할 필요가 있습니다. 그러한 훈련을 통해 우리는 어떻게 하나님의 영광이 구속받은 인간의 영광에 의해 낮추어지지 않고 도리어 더 높아지게 되는지를 정확히 이해할 수 있게 됩니다.

아주 낯선 버스 한 대가 C. S. 루이스를 한 멋진 여인에게로 이끈 적이 있습니다. 루이스는 영국 거리의 허름한 회색 빛에서 출발하여 눈부신 광채를 뚫고 올라가는 버스에 탔습니다. 그 버스는 천국에 도착한 후에야 비로소 멈췄습니다.

대부분의 승객들은 예상치 못한 목적지에 그다지 만족하지 못했습니다. 천국의 주변 환경은 아름다웠지만 동시에 위협적이었습니다. 불만을 품은 승객들, 적어도 그 상황에 맞서고자 하는 승객들은 버스에서 내렸습니다.

루이스의 명작, 『천국과 지옥의 이혼』(홍성사, 2019 역간)에 나오는 이야기는 이처럼 진행됩니다. 루이스는 장래에 우리가 머물 곳을 자세히 밝히지 않습니다. 대신 우리가 어떤 사람이 되어야 하나님의 임재 앞에 살기에 적합한 사람이 될 수 있는지를 탐구합니다.

루이스는 천국에서 내리기로 결정합니다. 고통스럽지만 즐겁고 새로운 세상에 적응하기 위해 비틀거리며 헤매던 루이스는, 결국 견디기 힘들 정도로 눈부시게 아름다운 한 여인을 만나게 됩니다.

루이스는 그의 안내자에게 작게 속삭이며 물었습니다. "저 부인은 … 특별히 중요한 인물 같은데요?"

그녀의 이름은 사라 스미스Sarah Smith였고, 루이스 시대의 전형적인 런던 교외 지역, 골더즈 그린Golders Green 출신이었습니다. 요컨대,

인간적인 명성의 측면에서 볼 때, 그녀는 살아 생전에 딱히 뚜렷한 특징을 말하기 힘들 정도로 평범한 보통의 여성이었습니다. 하지만 루이스의 안내자는 이렇게 대답합니다. "물론이지. 부인은 위대한 인물일세. 이 나라에서 명성이 있는 것과 지상에서 명성이 있는 것은 완전히 별개의 일이라는 말은 자네도 들어 본 적이 있겠지." [1]

루이스의 첫 번째 교훈은 지상에서의 명성과 하나님으로 인한 명성은 별개라는 것입니다. 세상의 명성은 인색하고 배타적입니다. 내가 유명한데 타인의 명성이 커지면, 타인의 명성이 나의 명성을 가려서 내 영광을 빼앗을 수 있습니다. 따라서 하나님께서 우리의 관점을 바꾸시는 것과는 상관없이, 우리는 다른 사람들을 끌어내림으로써 우리 자신의 명성을 쌓으려고 애씁니다. 이 세상의 명성은 마치 각 개인들이 질투심에 휩싸여 사재기하는 한정 수량의 희귀한 상품과 같습니다. 플랫폼, 팔로워, 영향력에 대한 집착 등 오늘날 "크리스천" 셀럽celebrity 문화에 사로잡힌 사람들은 거기에 담긴 세속성과 위험성에 주의해야 합니다.

한편 하나님 스타일의 명성은 풍성하게 넘쳐흐르는 명성입니다. 루이스는 안내자와 대화를 나누면서 천국에서의 명성은 다른 사람들도 영광스럽게 되도록 돕는 데서 비롯된다는 사실을 알게 됩니다. 루이스가 "그러면 양쪽에 서 있는 소년 소녀들은요?"라고 물었을 때, 안내자는 이렇게 대답합니다. "저 부인이 낳은 아들 딸들이지." 루이스가 "굉장한 대가족이었나 보군요"라고 말하자, 안내자는 천국의 명성에 근거한 역학 관계를 설명합니다.

부인과 한 번이라도 마주친 청년이나 소년은 다 그녀의 아들이 되었다네. 뒷문으로 고기를 배달해 주었던 아이까지 말일세. 저 부인을 만난 소녀들도 모두 그녀의 딸이 되었고 … 부인의 사랑[모성애]을 받은 아이들은 자기를 낳아 준 부모에게 더 큰 사랑을 품고 돌아갔지. 또 부인을 바라본 남자들 중에, 어떤 식으로든 부인을 사랑하지 않게 된 사람은 거의 없었네. 그러나 그 사랑은 그들을 아내들에게 진실되지 못하게 만든 것이 아니라, 오히려 더 진실되게 만들었지. … 부인에게 다가간 짐승이나 새들은 전부 사랑을 얻었지. 짐승들은 부인 안에서 자기들의 본질을 되찾았다네. 그리고 이제 부인이 그리스도 안에서 하나님 아버지께 받은 풍성한 생명이 그들에게까지 흘러넘치고 있는 걸세.[2]

루이스는 사라 스미스가 어떻게 하나님으로 인해 유명해졌는지를 발견하고 깜짝 놀랍니다. 그리스도의 영광을 위해 살아감으로 그녀의 영광이 다른 사람들에게 퍼져나가기 시작했던 것입니다. 그러나 사라의 영광스러운 명성이 다른 사람들의 명성을 떨어뜨리지 않았습니다. 그녀의 명성은 끊임없이 밖으로 퍼져 나갔기 때문에 다른 사람들의 영광을 높여 주었습니다.

자네가 연못에 돌멩이를 던지면 물이 동심원을 그리며 점점 더 멀리 퍼져 나가는 것과 마찬가질세. 그 영향력이 어디까지 미칠지 누가 알겠는가? 갓 구원받은 인간은 아직 어려서 힘을 최대한 발휘할 수가 없네. 그러나 저 부인처럼 위대한 성인은 새끼손가락 하나에도 우주의 죽은 것들을 전부 살려 낼 수 있는 기쁨이 깃들어 있다네.[3]

앞으로 더 살펴보겠지만, 사라 스미스의 영광에 대한 루이스의 묘사는 몇 가지 기본적인 성경의 진리를 담고 있습니다.

먼저 복음의 핵심적인 목적은 우리에게 명성을 부여하는 데 있다는 것입니다. 하지만 이 명성은 결코 자기 중심적인 명성이 아닙니다. 또한 예수님의 왕권과 동떨어진 명성도 아닙니다. 오히려 복음이 부여하는 명성은 그리스도가 그 원천입니다. 그리고 그 명성은 점차 다른 사람들에게 넘쳐 흘러 그들이 더욱 하나님이 원하시는 사람들이 될 수 있게 합니다. 우리의 영광이 그리스도 안에서, 그리스도를 통해서 회복되는 동안 우리도 다른 사람들의 웅덩이를 가득 채워 그들의 영광을 회복시키는 것입니다. 이것이 곧 하나님께 영광을 돌리는 일입니다.

———————————

여러분은 충격적일 만큼 좋은 소식을 들을 준비가 되었나요? 대중의 생각과는 달리, 성경 속 하나님은 당신의 영광을 두고 인색하신 분이 결코 아닙니다. 하나님께서는 당신의 영광을 인간들과 함께 나누기를 원하십니다. 사실 하나님은 이미 그렇게 하셨고 또 더욱더 그렇게 하기를 원하십니다(요 17:10, 22; 롬 8:30). 그리고 그 모든 것이 우리에게만 영광이 되는 것이 아니라 또한 하나님께도 영광이 됩니다.

하지만 문제가 생겼습니다. 인간의 영광이 변색되고 타락하고 파산했다는 것입니다. 인간이 잃어버린 영광을 회복하려면 하나님께서 도와주셔야 합니다. 그런데 이 회복의 과정을 통해 궁극적으로 하나님께서 가장 큰 영광을 받으십니다. 이러한 일이 어떻게 가능할까요? 이것을 이해하기 위해서는 성경 안에서 영광의 순환을 볼 수 있어야 합니다.

복음의 근본적인 목적은 영광의 회복입니다. 바울이 복음을 가리켜 "하나님의 형상이신 그리스도의 **영광**을 선포하는 복음"(고후 4:4 새번역)이라고 설명했을 때, 그는 되는대로 아무렇게나 말한 것이 아니었습니다. 또한 그가 왕 안에서 현재 우리가 "그리스도의 얼굴에 나타난 하나님의 영광을 아는 지식의 빛"(고후 4:6 새번역)을 누리고 있다고 말했을 때, 그저 허투루 그렇게 말한 것이 아니었습니다. 우리는 이미 왕이신 예수님을 통해 하나님의 영광을 누리고 있기 때문입니다. 더욱이 우리가 지금 경험하고 있는 그 영광은 장래에 더욱 더 커질 것입니다(고후 3:18).

앞으로 살펴보겠지만, 이 모든 것이 서로 얽혀 있기 때문에, 복음은 피조 세계와 하나님의 명성뿐만 아니라 또한 인간의 명성을 목적으로 합니다. 하나님께서 복음을 통해 인간의 영광을 회복하기 시작하시면, 모든 피조 세계도 영광을 회복하는 순환이 일어납니다. 그리고 그와 동시에 하나님의 영광도 회복됩니다.

만약 모든 사람들이 하나님을 찬양하기를 그만둔다면 그로 인해 하나님의 영광도 줄어들까요? 이러한 질문은 영광이 가진 복잡한 성질을 이해하는 데 도움이 됩니다. 왜냐하면 영광은 진가, 가치, 명예, 평판과 연결되어 있기 때문입니다. 직관적으로 우리는 "아니야! 하나님의 영광을 훼손하는 것은 불가능해"라고 생각할지도 모릅니다. 하나님의 영광은 우리에게 달려 있지 않기 때문입니다. 반면에 우리는 만약 사람들이 하나님을 찬양하지 않는다면 하나님께서 마땅히 받으셔야 할 영광을 받지 못하고 계신 것이므로, 영광의 결핍을 초래할 수 있다고 생각하기도 합니다. 과연 어느 쪽이 맞을까요?

동전에 앞면과 뒷면이 있듯이 영광도 마찬가지입니다. 영광의 두 가지 측면이 서로 불가분의 관계에 있다는 것을 인식하지 못하면, 성경이 전하는 하나님의 영광과 인간의 영광을 온전히 이해할 수 없습니다.

본질적인 영광

본질적인intrinsic 영광이란 사람이나 사물이 여론이나 대중들의 인식과는 완전히 무관하게 그 본성이나 본질에 의해 갖게 되는 가치를 말합니다. 생물과 무생물을 막론하고 각 물질은 다른 물질들과 비교할 때 특유의 속성을 가지고 있기 때문에 선천적으로 고유한 가치를 지니고 있습니다. 이런 면에서 본질적인 영광은 어떤 사람이나 사물이 고유한 특성을 지니고 있기 때문에 갖는 가치를 가리킨다고 말할 수 있습니다. 심지어 아무도 그 특성을 인식하지 못하더라도 말입니다.

본질적인 가치를 더욱 쉽게 이해하기 위해서 먼저 물과 금이라는 물질에 대해 한 번 생각해 봅시다. 물과 금은 누군가의 개인적인 의견과는 무관한 고유의 특성이 있고 그 특성과 관련된 본질적인 가치를 지니고 있습니다. 다시 말해, 지구든 달이든 목성이든 어느 곳에서 측정하든지 간에, 심지어 아무도 측정을 하지 않더라도 금은 물보다 약 19배 더 무겁습니다. (지구에서 물의 무게는 1리터당 약 1kg이지만 금은 약 19kg입니다!) 이뿐만 아니라 물과 금은 다른 여러 측면에서도 본질적으로 구분됩니다. 예를 들어, 물은 상온에서 액체이지만 금은 고체입니다. 물은 용매이지만 금은 용매가 아닙니다. 또한 고체인 금은 깨지지 않고 늘어나는 성질이 있지만, 얼어붙은 물은 깨지고 부서지기 쉽습니다.

다시 말해, 물과 금은 주관적 혹은 사적인 판단과는 전혀 무관한 **객체**로서의 특징을 가지고 있습니다. 따라서 본질적인 가치는 영광의 **객관적** 측면이라고 말할 수 있습니다. 각 물질이 지니고 있는 특성이 고유하기 때문에 물과 금은 그들만의 본질적인, 혹은 객관적인 영광을 지니고 있는 것입니다.

인정되는 영광

제가 여러분에게 한 가지 선택할 수 있는 기회를 드리겠습니다. 여러분은 물 한 바가지와 금 중에서 무엇을 선택하겠습니까? 당연히 금을 선택할 것입니다. 우리는 금이 더 가치 있다고 여기기 때문입니다.

금은 물보다 더 높은 가치를 인정받습니다. 그런데 이것이 언제나 그런 것일까요? 만일 여러분이 사막에 2주 동안 고립된다면 그때도 과연 금의 가치가 더 높을까요? 만일 여러분이 화성으로 임무를 떠난다면 어떨까요? 미래에 새로운 행성에서는 물이 금보다 더 가치가 있을지도 모릅니다.

우리는 어떤 대상에 변하지 않는 본질적인 가치(영광)가 있다는 것을 배웠습니다. 이를테면, 물은 우리 몸의 갈증을 해소하는 데 있어서 언제나 금보다 더 영광스럽습니다. 반면에, 금은 내구재를 만드는 데 있어서 물보다 더 영광스럽습니다. 그럼에도 불구하고 종합적인 가치에 대한 우리 개인의 평가는 문화와 환경에 따라 달라집니다. 어떤 것이 얼마나 더 가치가 있는지를 결정하는 **주체**는 인간이기 때문입니다. 이렇듯 인정되는 영광은 영광의 **주관적** 측면이라고 할 수 있습니다.

요약하자면, 영광은 두 가지 측면을 가지고 있습니다:

1. **본질적인 영광** = 타고난(선천적) 가치, 진정한 가치를 가리킨다. 객관적이며 대상의 변하지 않는 고유한 특성에 토대를 둔 가치이다.

2. **인정되는 영광** = 상황적 가치, 인식되는 가치를 가리킨다. 주관적으로 부여된 가치를 뜻하며, 대상의 변하지 않는 고유한 특성이 나에게 혹은 내가 속한 사회에서 얼마나 바람직한 것으로 여겨지는지에 따라 부여되는 가치이다.

앞으로 더 자세히 보게 되겠지만, 성경 안에서 하나님과 인간은 서로 다르면서도 적합한 수준의 "본질적인 영광", 그리고 "인정되는 영광"을 가진 것으로 묘사됩니다.

그렇기에 **왜 복음이 필요한가?**라는 질문에 가장 잘 답하기 위해서는 반드시 이해하고 넘어가야 하는 것이 있습니다. 바로 성경 안에서 발견되는 영광의 순환입니다.

영광의 순환 소개

먼저 영광의 순환에 대한 간략한 개요부터 살펴보려고 합니다. 그런 다음 그 과정의 각 단계를 자세히 살펴볼 것입니다. 성경이 말하는 복음의 목적은 인간을 온전한 순환(그 이상)으로 인도하는 것입니다. 하지만 그것은 우리 자신만을 위한 일이 아닙니다. 성경을 보면, 영광의 하나님께서는 그보다 더 큰 목적들을 가지고 계심을 알 수 있습니다.

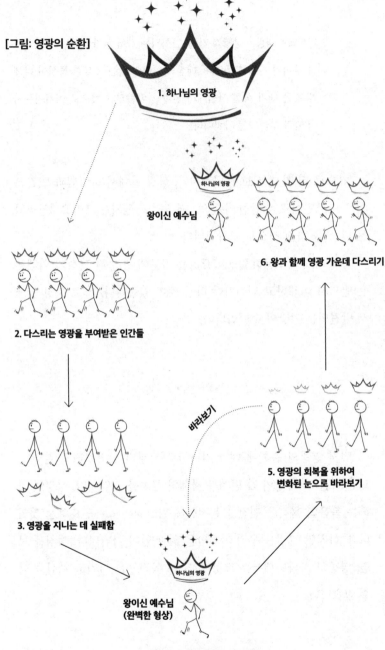

[그림: 영광의 순환]

1. 하나님의 영광

하나님의 영광
왕이신 예수님

6. 왕과 함께 영광 가운데 다스리기

2. 다스리는 영광을 부여받은 인간들

바라보기

5. 영광의 회복을 위하여 변화된 눈으로 바라보기

3. 영광을 지니는 데 실패함

하나님의 영광
왕이신 예수님
(완벽한 형상)

4. 복음은 영광의 회복을 일으킨다

영광의 순환은 여섯 단계로 구분됩니다. 이는 이 책이 주장하는 핵심 내용이기 때문에 각 단계를 나열하고 연결시킨 그림을 주의 깊게 살펴보시길 바랍니다. 영광의 순환은 역사 속에서 인류 전체와 연결이 되지만, 그보다 우선 우리 각 개인과 연관이 있음을 깨닫는 것이 중요합니다. 실제로 우리 각자는 그 순환 과정 어딘가에 속해 있습니다.

복음이 좋은 소식이라면 반대로 나쁜 소식은 무엇일까요? 그저 아담과 하와의 죄라고만 대답해서는 안 됩니다. 나쁜 소식은 오래전에 인류 전체가 영광을 잃고, 영광을 잃은 그 상태에 갇혀서 피조 세계와 하나님까지도 영광을 잃게 되었다는 것입니다.

그러나 좋은 소식이 있습니다! 복음이 명성의 회복, 즉 영광의 회복을 시작했다는 것입니다. 나중에 더 자세히 살펴보겠지만, 잃어버린 영광을 회복하기 위해서는 완전한 인간 왕이 필요했습니다. 단순히 죄에 대한 완벽한 희생 제물이 아니고요. 약 2천 년 전, 복음을 구성하는 사건들이 일어났을 때 몇몇 사람들이 구별되었고 그들로부터 예수님을 왕으로 섬기는 교회가 나타났습니다. 지금도 왕에게 충성을 바치는 새로운 사람들, 즉 "믿음"을 선언한 사람들이 다시 명예를 얻고 있습니다. 그리고 앞으로 모든 피조 세계가 하나님의 명성을 새로이 마주하게 될 것입니다.

왜 복음이 필요할까요? "영광을 회복하기 위해서"입니다. 인류의 영광과 하나님의 영광은 상호의존적입니다. 영광은 본질적인 가치와 인정되는 가치를 모두 포함하는 양면성을 지니고 있기 때문에 어느 한쪽이 다른 한쪽 없이는 온전히 존재할 수 없습니다. 하나님께서 복음을 통해 인간의 영광을 회복하기 시작하시면, 모든 피조 세계가 영광을 회복하는 순환이 일어납니다. 그리고 그와 동시에 하나님의 영광도 회복됩니다.

그런데 복음의 근본적인 목적은 하나님께로부터 나와서 하나님께로 돌아가는 영광의 회복과 관련이 있으므로, 우리는 좀 더 정확하게 그 내용을 파악할 필요가 있습니다. 영광이 순환되는 기초, 즉 출발점은 하나님의 영광입니다. 일단, 순환의 여섯 단계 모두를 함께 살펴보면서 다음과 같은 중요한 질문에 대한 답을 찾아야 합니다. "하나님의 영광은 그분의 성품의 특성들과 어떻게 연결되어 있는가?"

1단계: 하나님의 영광

하나님의 본질적인 영광. 영광의 순환은 하나님의 영광에서 시작됩니다. 하나님께서 설령 인간이나 다른 어떤 피조물을 창조하지 않으셨더라도, 그분의 본질적인 영광은 조금도 줄어들지 않았을 것입니다. 하나님의 본질적인 영광은 결코 줄어들거나 부족할 수 없습니다.

성경은 자주 하나님 고유의 영광, 즉 인간의 판단과 무관하고, 하나님의 본성에 필수불가결한 영광에 관해 이야기합니다. 예를 들어, 모세가 하나님의 영광을 보여 달라고 간구했을 때 하나님께서는 그의 간구를 들어주셨는데요(출 33:18). 하나님의 **영광**을 드러내는 신성한 이름, 곧 여호와(YHWH, 야훼)의 선하심이 선포되는 그 이야기 속에서 우리는 하나님이 얼마나 존귀한 분이신지를 보게 됩니다(출 33:22 참조).

이 모세 이야기를 주의 깊게 살펴 볼 필요가 있습니다. 이 이야기 속에서 하나님은 자기 계시를 통해 당신의 본질적인 영광을 드러내고 계십니다. 다음의 본문을 읽어 보세요. 그리고 하나님의 자기 계시를 설명할 만한 두 단어를 떠올려 보세요.

> ⁶ 여호와께서 모세 앞을 지나시며 선포하시되, "여호와, 여호와라, 자비롭고 은혜롭고 노하기를 더디하고 사랑과 신실하심이 풍성한 하나님이라. ⁷ 수천 대에 이르기까지 한결같은 사랑을 베풀며 악과 반역과 죄를 용서하는 하나님이라. 그러나 그분은 죄를 벌하지 않은 채 그냥 넘기지는 않으신다. 부모가 죄를 지으면 자녀들과 그들의 자녀들에게, 삼사 대 자손에게까지 벌을 내리신다."(출 34:6-7 NIV 참조)

"어떤 단어들이 떠오르나요?"

이 본문은 구약성경 안에서 하나님의 자기 계시의 핵심에 해당하기 때문에, 저는 종종 제가 가르치는 학생들에게 이 질문을 던집니다. 그러면 학생들은 대부분 **사랑**과 **정의**라고 대답합니다. 물론 이 외에 다른 좋은 대답들도 있었습니다. 그러한 대답을 듣고 나면 학생들에게 자비와 용서, 사랑을 베풀고자 하시는 하나님의 열망은 수천 대에 이르기까지 크다는 점을 다시 가르쳤습니다. 반면 악인에 대한 하나님의 처벌은 실제적이고 다급하지만 삼사 대까지만 미치므로 더 제한적임을 가르치고요.

출애굽기 34:6-7의 히브리어 원문은 반복을 통해서 특별히 하나님의 헤세드hesed를 강조하고 있습니다. 이 단어는 번역하기가 어렵지만 대개 "사랑"으로 번역됩니다. 영어 단어 사랑Love은, 히브리어가 의도하지 않은 감정적, 심리적, 개인주의적, 성적 색채가 강한데요, 하지만 사실 그 단어는 여러분의 심장이 터질 것 같든 말든, 홀딱 빠질 것 같든 말든, 여러분이 받는 느낌과는 하등 상관이 없습니다. 헤세드가 반드시 상대방을 좋아한다는 것을 의미하지도 않습니다. 헤세드는 충성loyalty, 약속에 대한 신실함faithfulness, 타인의 안녕에 대한 관심을 드러내는 실천적인 관심을 가리키는 단어입니다.

성경에 기록된 하나님의 자기 계시에 따르면, 하나님의 **본질적인 영광**에는 무엇이 포함될까요? 적어도 그분의 **언약적 사랑, 용서하시는 본성**, 그리고 **정의**가 포함됩니다. 이러한 특성들은 인간이 하나님을 존귀하게 대하지 않거나 마땅히 영광을 돌리지 않을 때조차 그분을 찬양 받기에 합당하신 분으로 만듭니다. 하나님 고유의 영광은 결코 부족하거나 감소하거나 퇴색하지 않습니다. 그러나 성경을 보면, 하나님의 본질적인 영광은 하나님의 영광의 총합도, 전부도 아닙니다. 왜냐하면 영광이 지닌 또 다른 측면이 있기 때문입니다.

인정되는 하나님의 영광. 하나님은 본질적으로 영광스러운 분이십니다. 그렇기 때문에 하나님의 백성이 그 실체를 마주할 때 그들은 이렇게 외칠 수밖에 없습니다. "영광의 왕이 누구시냐? 만군의 여호와께서 곧 영광의 왕이시로다."(시 24:10) 실제로 하나님의 명성을 접한 이들은 하나님을 찬양하는 것 외에는 다른 일을 할 수 없게 됩니다. 그리고 거기에 모든 피조 세계도 소환되어 강렬한 합창을 부르며 동참하게 됩니다. 다윗의 시편에는 "하나님이여 주는 하늘 위에 높이 들리시며 주의 영광이 온 세계 위에 높아지기를 원하나이다"(시 57:5, 11)라는 후렴구가 한 번도 아니고 두 번이나 나옵니다! 하나님의 명예를 바라보는 일에 사로잡힌 사람들은 해안선에 부딪히며 찰싹거리는 찬양의 물결에 반복해서 올라타게 됩니다. "영광의 하나님께서 천둥을 치시니, 여호와께서 큰 물 위에 천둥을 치신다."(시 29:3 NIV)

그러나 성경은 또한 인간이 개인적으로나 문화적으로나 하나님을 마땅히 존귀하게 여기지 않는다는 것을 알고 있습니다. 이러한 이유로 하나님께서는 다음과 같이 말씀하셨습니다. "나는 여호와이니 이는 내 이름이라! 나는 내 영광을 다른 자에게, 내 찬송을 우상에게 주지 아니하리라."(사 42:8) 이 구절에는 본질적인 영광과, 인정되는 영광 사이의 긴장이 드러나 있습니다. 이 이사야 본문에서 하나님은 우상에게는 전혀 없는 영광, 곧 자신의 이름(여호와)과 연결된 본질적인 영광과 가치가 당신에게 있음을 선언하십니다. 하지만 그와 동시에 사람들은 살아계신 하나님 대신 우상을 숭배하고 있습니다. 그들은 마땅히 여호와께 속한 영광을 아무런 가치도 없는 형상들에게 바치고 있습니다. 이러한 모습이 우리와 세상에 유익이 되지 않음을 아시는 하나님은 강력한 반대를 드러내십니다! 다시 말해, 하나님께서는 당신의 영광이 마땅히 인정받는 것을 지켜내기 위해 행동하십니다.

우리는 하나님의 성품의 특성들을 잘 인식(혹은 인정)하지 못하기 때문에, 하나님께서 마땅히 받으셔야 할 완전한 영광을 돌려드리는 일에 더욱 집중해야 합니다. 성경은 하나님의 본질적인 영광을 인식함으로써 하나님의 영광을 마땅히 인정하라고 우리에게 거듭 촉구합니다. "여호와께 그 이름에 합당한 영광을 돌리며 그분의 거룩함의 광채로 여호와께 예배할지어다."(시 29:2 저자 사역; 96:8 참조) 이 한 시구에서 우리는 영광이 지닌 양면성을 엿볼 수 있습니다. 시편 기자는 하나님께서 당신의 본질적인 가치, 즉 그분의 이름으로 인한 영광 때문에 마땅히 받으셔야 할 영광이 있음을 확언합니다. 그러나 우리는 그보다 우상을 숭배하는 데 더 끌리기 때문에 하나님의 무한한 가치를 잘 인식하지 못합니다. 그러한 인간의 실패로 인해 "인정되는 하나님의 영광"이 부족해집니다. 따라서 하나님의 온전한 영광이 충족되려면 인간이 하나님의 가치를 인정하는 자리로 나와야 합니다. 또한 하나님께 영광을 돌려야 하는 것은 인간만이 아닙니다. 모든 피조물도 마땅히 그래야 합니다. 그래서 성경을 보면, 천사들 역시 그러한 권고를 받는 장면이 나옵니다. "여호와께 돌릴지어다, 너희 하늘의 존재들아, 너희는 여호와께 영광과 능력을 돌릴지어다."(시 29:1 NIV)[4] 또한 하나님의 존전에서 날아다니는 여섯 날

개를 가진 스랍들도 이렇게 외칩니다. "거룩하다 거룩하다 거룩하다 만군의 여호와여 그의 영광이 온 땅에 충만하도다."(사 6:3) 이는 현재 다른 피조물들 역시 부패한 상태에 있음에도 불구하고 그들 또한 하나님의 영광을 끊임없이 선포하고 있음을 상기시켜 줍니다. "하늘이 하나님의 영광을 선포하고 궁창이 그의 손으로 하신 일을 나타내는도다. 날은 날에게 말하고 밤은 밤에게 지식을 전하니."(시 19:1-2) 이처럼 온 피조 세계가 하나님의 영광을 인정하라는 요구를 받고 있습니다.

요컨대, 영광은 양면성을 지니고 있기 때문에 하나님의 영광이 마땅한 인정을 받지 못하면, 하나님은 종합적으로 영광의 부족을 경험하시게 됩니다. 하나님의 본질적인 영광은 결코 줄어들 수 없지만, 인정되는 영광은 줄어들 수 있습니다. 성경적인 관점에서 볼 때, 인정되는 영광은 하나님께서 마땅히 받아야 할 최대치의 영광을 받으실 수 있도록 최적화되어야 합니다. 모든 피조물은 하나님의 본질적인 영광과 명성을 인정하고, 다른 이들에게 그것을 선포함으로써 마땅한 반응을 보여야 합니다. 그러나 이 모든 것은 결국 하나님으로부터 비롯되는 일입니다. 다시 말해, 인간과 피조 세계의 영광은 하나님의 영광으로부터 비롯됩니다. 또한 인간과 피조 세계의 영광은 영광의 순환을 가속화합니다.

2단계: 다스리는 영광을 부여받은 인간들

하나님께서는 왜 인간을 창조하셨을까요? 웨스트민스터 소요리 문답은 그 이유를 명쾌하게 설명합니다. "질문: 인간의 최고 목적은 무엇입니까? 대답: 인간의 최고 목적은 하나님께 영광을 돌리고 그분을 영원토록 즐거워 하는 것입니다."

교파나 전통에 관계없이, 인간의 목적에 대한 교리문답의 내용에 근본적으로 동의하지 않는 기독교인은 찾아보기 어려울 것입니다. 저를 포함해서 말이죠. 그렇지만 성경을 통해 이에 대해 더 자세히 알 수는 없을까요?

하나님께서 인간을 창조하신 목적을 찾기 위해 성경을 펼치면, 정작 그 목적이 무엇보다 먼저 하나님께 영광을 돌리는 것은 아니라는 사실을 발견하게 됩니다. 그것과 관련이 있기는 하지만 그럼에도 무언가 다른 내용이 더 강조됨을 알 수 있습니다.

> [26] 하나님이 말씀하시기를 "우리가 우리의 형상을 따라서, 우리의 모양대로 사람을 만들자. 그리고 그가, 바다의 고기와 공중의 새와 땅 위에 사는 온갖 들짐승과 땅 위를 기어다니는 모든 길짐승을 다스리게 하자" 하시고, [27] 하나님이 당신의 형상대로 사람을 창조하셨으니, 곧 하나님의 형상대로 사람을 창조하셨다. 하나님이 그들을 남자와 여자로 창조하셨다. [28] 하나님이 그들에게 복을 베푸셨다. 하나님이

그들에게 말씀하시기를 "생육하고 번성하여 땅에 충만하여라. 땅을 정복하여라. 바다의 고기와 공중의 새와 땅 위에서 살아 움직이는 모든 생물을 다스려라" 하셨다(창 1:26-28 새번역).

교리문답과는 달리, 성경이 말하는 하나님께서 인간을 창조하신 가장 근본적인 목적은 하나님을 영화롭게 하는 것이 아닙니다. 그것이 적어도 직접적인 목적은 아닙니다. 인간은 그보다 더욱 구체적인 목적을 위해 만들어졌습니다. 인간의 목적에 관한 창세기의 핵심 본문에서 형상image과 다스림rule이 반복적으로 언급되는 것을 주목해 보세요. 더욱이, 형상의 개념은 모양likeness이라는 용어를 통해, 다스림은 정복이라는 용어를 통해 더욱 강조되고 있습니다. 하나님께서는 인간이 다스리도록 하기 위해 당신의 형상대로 인간을 창조하셨습니다.

성경 안에서 하나님이 직접적으로 당신을 영화롭게 할 목적을 가지고 인간을 창조하신 것은 아니지만, 그럼에도 형상과 다스림은 분명 영광과 관련이 있습니다. 인간은 하나님을 대신하여 피조 세계를 다스리기 위한 목적을 가지고 하나님의 형상대로 창조되었습니다. 그리고 그 임무를 완수할 수 있도록 하나님은 하나님의 형상을 지닌 인간에게 하나님의 본질적인 영광으로부터 파생된 영광을 부여하셨습니다. 파생된 인간의 영광은 하나님에게서 비롯된 것이고 하나님으로부터 주어진 선물이기에 하나님께서 그 공로와 영광을 받으시지만 그렇다고 오직 하나님의 영광이라고만 말할 수는 없습니다. 하나님께서 피조 세계를 위해 인간들에게 영광을 나누어 주신 것이기 때문입니다.

사실 우리는 이에 대한 내용을 이미 알고 있습니다. 다른 성경 본문들도 인간이 피조 세계를 다스리도록 하나님께서 인간에게 당신의 영광을 나누어 주시는 내용을 언급하기 때문입니다. 예를 들어, 시편 8편은 여호와 하나님께서 어째서 인간을 높이기로 결정하셨는지에 대해 깊이 성찰합니다.

> [4] 사람이 무엇이기에 당신께서 생각하시며, 인자가 무엇이기에 당신께서 돌보시나이까? [5] 당신은 그를 천사들보다 조금 못하게 하시고 **영광(카보드)**과 **명예(하다르)**로 관을 씌우셨나이다. [6] 당신의 손으로 만드신 것을 다스리게 하시고, 만물을 그의 발 아래 두셨으니 [7] 모든 소와 양과 들짐승이며 [8] 공중의 새와 바다의 물고기와 바닷길에 다니는 것이니이다(시 8:4-8 NIV 참조).

하나님께서 인간을 피조 세계를 다스리는 자로 임명하실 때, 인간에게 **영광과 명예**로 관을 씌우셨습니다.

하나님의 영광은 하나님의 형상을 지닌 인간 안에 존재합니다. 또한 하나님의 영광은 인간이 하나님의 형상을 지니는 역동적인 과정을 통해 다른 인간들, 그리고 피조 세계에 전달됩니다. 인간이 하나님의 형상을 지니고 있다는 것은 곧, 하나님의 영광이 피조 세계 안에서 (그 형상을 지닌 인간에 의해) **국지적으로 현존함**을 의미합니다.

영광은 국지적으로 형상을 지닌 인간들을 통해 배가됩니다. 피조 세계가 하나님의 형상을 충만하게 지닌 인간을 통해 하나님의 본질적인 영광을 파생적으로 경험할 때, 하나님과 인간, 피조 세계 모두가 영광을 누리게 됩니다. 즉, 인간이 어떤 국지적인 장소에서 하나님의 형상을 지닌 자로 존재할 때, 그 인간은 하나님의 영광을 전달하는 매개체 역할을 함으로 영광을 누리게 됩니다. 그리고 그 인간이 선한 일의 궁극적인 원천으로 하나님을 가리킬 때, 하나님은 당신에게 합당한 영광, 궁극적으로 인정되는 명예를 누리시게 됩니다. 요컨대, 합당한 형상을 지니는 것은 인간과 피조 세계, 그리고 하나님의 영광을 모두 높이는 일입니다.

하나님의 영광을 향한 피조 세계의 갈망은 또한 창세기 안에서 생식이 인간의 근본적인 목적인 이유이기도 합니다. "생육하고 번성하여 땅에 충만하라, 땅을 정복하라."(창 1:28) 인간이 번식할 때, 하나님의 형상을 지닌 자들이 국지적으로 더 많이 세상에 나타나게 됩니다(창 5:3). 그러면 하나님의 형상을 지닌 인간들은 피조 세계 내의 특정 장소들로 하나님의 영광을 전달할 수 있게 됩니다. 하나님의 영광을 향한 피조 세계의 갈망을 충족시키는 것이죠.

인간들이 하나님의 창조 프로젝트 안에서 그들의 목적을 달성하려면 생식이 필요합니다. 인간들이 번성하면 하나님의 형상과 하나님의 영광이 피조 세계의 특정한 장소들로 더 많이 전달될 수 있습니다. 이는 곧 하나님께서 의도하신 창조의 목적을 달성하는 것입니다.

합당한 형상을 지니는 것은 인간과 피조 세계,
그리고 하나님의 영광을 모두 높이는 일입니다.

요컨대, 각각의 인간은 하나님의 형상을 지닌 존재로서 하나님의 본질적인 영광에 대하여 파생적인 지분을 가지고 있습니다. 인간은 국지적으로 하나님의 형상을 흠없이 지니고, 특정 장소에서 하나님의 본질적인 영광을 완벽하게 비추어 내도록 창조되었습니다. 이것은 특정한 결과를 가져올 것입니다. 즉, 인간과 하나님은 그 특정한 장소 내의 다른 인간들과 다른 모든 피조물로 인하여 유명해질 것이며, 영광을 얻게 될 것입니다.

따라서 웨스트민스터 교리문답에서 제기한 질문에 대한 더 나은(혹은 더 정확한) 대답은 다음과 같습니다. 질문: "인간의 최고 목적은 무엇입니까?" 대답: "하나님께서 당신을 대신하여 피조 세계를 다스리도록 당신의 형상대로 인간을 창조하셨고, 피조 세계는 인간의 국지적 통치를 통해 하나님의 영광을 파생적으로 경험할 수 있게 되었습니다. 그 최종적인 결과는 곧 피조 세계, 인간, 그리고 무엇보다도 하나님의 영광입니다."

우리는 인간의 목적에 대한 교리문답의 진술이 진리를 담고 있기는 하지만 더 선명하게 다듬어야 하는 이유를 알게 되었습니다. 교리문답의 진술을 보면, 하나님의 영광은 마치 그분에게만 속한 희귀 상품처럼 보입니다. 일방적이죠. 그러한 진술이 함축하는 바는 곧 하나님을 경외하는 모든 사람은 하나님의 영광을 아무도 훔쳐

가지 못하도록 경계하고 보호해야 할 의무가 있다는 것입니다.

그러나 우리가 성경 안에서 그 진술의 정확성을 높이려면, 하나님의 영광은 본질적인 영광과, 인정되는 영광이라는 두 가지 측면이 있음을 지적해야 합니다. 또한, 하나님은 당신의 영광을 뺏길까 경계하며 따로 쌓아두는 분이 아니심을 깨달아야 합니다. 하나님은 인간들이 본질적으로 그 영광에 참여할 수 있도록 그들을 창조하셨습니다. 중요한 것은 하나님은 모든 영광을 혼자 독차지하기를 원하시는 것이 아니라, 인간들이 당신의 영광을 점점 더 많이 공유하기를 원하신다는 것입니다. 하나님은 영광의 근원이자 최종 목적이시므로, 인간이 영광을 회복하는 것은 하나님의 영광의 회복을 더욱 가속화합니다.

요약하면, 하나님의 본질적인 영광을 공유하는 것은 하나님의 형상을 지닌 인간에게 주어지는 역할입니다. 하나님께서 **인정되는 영광**이 온전히 충만해지려면 인간들은 (그 영광을 축소시키지 말고) 하나님의 **본질적인 영광**을 비추어야 합니다. 인간이 하나님의 영광을 최대한 발산하여 가능한 많은 인간과 피조물이 하나님을 명예롭게 할 수 있도록 돕지 않는다면, 하나님은 온전한 영광—가치, 진가, 명예, 명성—을 받으실 수 없습니다. 물론 **하나님의 본질적인 영광은 결코 줄어들 수 없습니다. 하지만 하나님의 인정되는 영광이 온전히 성취되려면 인간의 영광이 최대한 회복되어야 합니다.**

3단계: 영광을 지니는 데 실패함

이제 영광의 순환은 어두운 방향으로 전환됩니다. 우리 모두는 아담과 하와의 불순종에 대한 이야기를 알고 있습니다. 게다가 우리 모두는 히브리어로 인간을 의미하는 "아담 안에" 있으므로, 우리 역시 동일한 선택을 했다는 사실을 인정해야 합니다. 여러분과 저는 하나님의 지혜로운 통치를 받아들이지 않았고, 선과 악을 스스로 결정함으로써 선악과를 먹었습니다. 그 결과 아담과 하와와 마찬가지로 우리 역시 죄에 따른 형벌과 죽음을 받아 마땅한 존재가 되었습니다.

죄로 인해 형벌과 죽음을 받아 마땅한 존재가 되었다는 것이 인간이 마주하게 된 기본적인 문제입니다(롬 1:32; 6:23). 우리 모두는 죄로부터 우리를 깨끗하게 해줄 대속자substitute를 필요로 합니다. 그래야 하나님과의 올바른 관계로 다시 회복될 수 있습니다. 이러한 맥락에서 사람들은 우리의 죄책guilt을 지우는 것이 복음의 근본적인 목적이라고 말합니다. 정말 그럴까요? 천만에요.

우리는 지나치게 우리 자신에게만 몰두할 때가 많아서 정작 하나님 중심의 관점에서 구원을 바라보지 못합니다. 우리의 문제는 다음과 같습니다. 우리가 **근본적인** 문제, 즉 근본적으로 가장 나쁜 소식이 **우리의 죄**를 두고 하나님 앞에서 갖게 되는 **우리의 죄책**이라고 가정할 때, 실은 상당히 이기적인 관점에서 문제를 바라보고 있는 것입니다. 습관적으로 우리는 우리 자신을 중심적인 위치에 두고 있습니다. 즉, 우리는 습관적으로 우리 개인의 곤경("나는 나의 죄 때문에 벌을 받아 마땅하고 죽어 마땅하다")과 그 해결책("나는 예수님이 나의 대속자라는 사실을 믿는다")을 중심에 두고 있습니다. 오해하지 마시길 바랍니다. 물론 우리는 모두 죄가 있습니다. 거룩하신 하나님과의 관계를 회복하기 위해서는 정말로 구원이 필요합니다.

덜 자기 중심적인 구원

하지만 우리가 구원을 덜 자기 중심적인 방식으로 생각해보면 어떨까요? 구원의 중심에 우리의 문제가 아니라 **하나님의 문제**를 두면 어떻게 될까요? 그리고 부차적으로 **피조 세계의 문제**를 두면 어떻게 될까요?

창조 프로젝트에 왜 구원이 필요하게 되었는지를 두고 하나님이 겪으시는 근본적인 딜레마를 상상해 봅시다.

나는 피조 세계가 인간들의 다스림을 받도록 설계하고 창조했다. 나는 나의 형상을 따라 인간들을 만들었고, 그들에게 나의 본질적인 영광을 비추어 낼 수 있는 능력을 부여했다. 나는 그들이 이 땅 저 땅으로 퍼져 나가 모든 곳에서 그 영광을 최대한으로 나타내는 길을 선택하기를 바랐다. 그러나 인간들은 나와 그들 자신, 그리고 모든 피조 세계의 영광을 떨어뜨리고, 나를 불명예스럽게 하는 길을 택했다. 이제 피조 세계는 마땅히 필요한 명예(와 영광)를 얻지 못하게 되었기에 그저 하강하는 소용돌이에 빠지게 되었다. 내가 본래 의도한대로 피조 세계가 인간들의 다스림을 통해 나의 영광을 경험하려면, 그리고 그것을 위해 인간들 가운데서 나의 영광이 회복되려면, 내가 어떻게 해야 하는가?

간단히 말해, 하나님의 구원과 관련된 문제는 다음과 같습니다. "어떻게 하면 인간들을 위해, 피조 세계를 위해, 그리고 나 자신(하나님)을 위해, 인간들 사이에서 나의 영광(명예)을 회복할 수 있는가?"

우리가 (좋은 소식에 대비되는) 나쁜 소식을 개념화하는 방식―즉, 모든 것을 인간의 죄와 죄사함에 관한 이야기로만 치환하는 방식―이 실은 자기 중심적이라는 점을 깨닫는다면, 복음이 가장 시급하게 필요한 이유를 더욱 분명히 볼 수 있습니다. 무엇보다도, 나쁜 소식은 단순히 우리가 죽음과 형벌을 받아 마땅하다는 소식이 아니라는 것, 그리고 실제 상황은 그보다 훨씬 더 심각하다는 것을 명확히 인식해야 합니다.

하나님의 창조 프로젝트 전체가 죄로 인해 위협을 받게 되었습니다. 죄 때문에 인간은 하나님께서 인간에게 맡기신 일을 제대로 하지 못하게 되었기 때문입니다. 즉, 인간은 죄 때문에 하나님의 형상을 지닌 채 생식reproductin을 통해 모든 피조 세계에 하나님의 영광을 전파하는 일을 하지 못하게 되었습니다. 하나님께서는 단순히 우리의 죄책만 지우려고 하시는 것이 아닙니다. 손상을 되돌리고 명예(영광)를 회복하려고 하시는 것입니다. 또한 하나님께서는 특별히 선택된 특정 인간들은 구원하여 하늘의 영광을 누리게 하고, 그

외 인간들은 저주를 받게 하시려는게 아닙니다. 그 과정을 통해 모든 영광을 독점적으로 얻으시려는 것도 아닙니다. 이것은 성경 속 하나님의 이야기에서 영광이 어떻게 기능하는지를 오해한 것입니다. 하나님께서 회복하고자 하시는 영광은 피조 세계의 영광, 우리의 영광, 그리고 하나님의 영광이며, 이 모든 영광은 상호 의존적으로 서로 긴밀히 얽혀 있습니다. 그리고 이것이 바로 하나님께서 복음을 통해 해결하시는 중에 있는 문제입니다.

하나님의 문제가 확대되었다

나쁜 소식에 관한 하나님의 관점을 가지고 성경으로 돌아가 봅시다. 그러면 문제의 심각성을 더 자세히 알 수 있게 됩니다. 로마서 1:18-31은 하나님의 관점에서 문제를 더 자세히 볼 수 있게 도와주는 돋보기와 같습니다.

로마서 1:18에서 바울은 인간이 처한 곤경에 대하여 설명하기 시작하는데요. 일단 우리가 성경이 말하는 나쁜 소식을 깨닫고 나면, 가장 심각한 문제는 인간의 죄(책) 그 자체가 아님을 알 수 있습니다. 문제는 인간의 죄가 모든 피조 세계를 위태롭게 하는, 영광의 결핍을 초래한다는 것입니다.

다시 말해, 문제는 어리석은 교환으로 인하여 벌어진 영광의 상실입니다. 바울은 인간이 하나님에 관한 진리를 억압하는 악한 행동을 했기 때문에, 하나님의 진노가 하늘로부터 나타나고 있음을 설명합니다(롬 1:18). 하나님의 영원하신 능력과 신성은 만물 곧 피조 세계에 분명하게 드러났지만(롬 1:19-20)—그래서 인류 전체가 하나님을 영화롭게 하거나 감사하지 못한 일에 변명의 여지가 없음에도 불구하고(롬 1:21)—인간은 결국 하나님을 무시하는 길을 택했습니다.

왜 그랬을까요? 이제 인간이 된다는 것은 곧 선악을 알게 하는 나무의 열매를 먹겠다는 것을 의미하기 때문입니다. 우리는 인간이 어떻게 행동해야 하는지에 대해 계시된 하나님의 지혜에 복종하기보다는, 스스로 옳고 그른 것을 선택하고 "스스로 지혜 있다"(롬 1:22)고 주장하는 길을 택했습니다. 우리의 이기적인 욕망에 따르면 하나님의 행동과 진리들이 불편하게 느껴지기 때문에, 우리는 하나님에 관한 진리를 억압합니다. 그렇게 미혹된 어리석음 속에서 우리는 하나님의 통치를 따르기보다 우리 스스로가 통치하는 것이 더 낫다고 착각합니다.

바울에 따르면, 인간들이 (그들 눈에 보기에) 스스로 지혜로워지기로 한 선택은 그저 일반적인 죄로 이어질 뿐만 아니라, 또한 특정한 상황으로, 즉 우상 숭배로 인한 **영광의 상실**로 이어졌습니다. "사람들은 스스로 지혜가 있다고 주장하지만, 실상은 어리석은 사람이 되었습니다. 그들은 썩지 않는 하나님의 영광을, 썩어 없어질 사람이나 새나 네 발 짐승이나 기어다니는 동물의 형상으로 바꾸어 놓았습니다."(롬 1:22-23 새번역) 바울의 말은 이스라엘 백성들이 금송아지를 만들었을 때 일어난 일에 대해 묘사한 말씀을 반향합니다. "그들은 **그들의 영광을 풀을 먹는 소의 형상과 바꾸어 버렸습니다.**"(시 106:20 저자 사역) 선교 신학자 잭슨 우Jackson Wu의 말처럼, "하나님의 영광은 또한 그들의 영광이기도 했습니다."[5] 따라서 이스라엘 백성들이 그들의 영광을 바꾸었을 때, 즉 하나님을 우상과 바꾸었을 때 그 결과는 그들 자신을 향한 영광도 잃는 것이었습니다. 이러한 영광의 교체는 우리가 형상을 지니는 일과 관련하여 우상 숭배가 어떻게 영광의 실패를 초래하는지를 보여줍니다.

영광의 교체에 따른 결과들

우리 인간은 하나님의 형상대로 지음을 받았으며 이것이 곧 우리의 존엄성입니다. 그러나 우리가 겪게 된 부끄러운 수치는 하나님의 형상대로 지음을 받은 우리에게 주어진 영광이 우상 숭배로 인해 훼손되었다는 것입니다. 우리가 비인간적이고 공허한 우상을 숭배할 때—사실 우리 모두는 그렇게 해왔습니다—영광의 교체가 발생합니다.

우상 숭배는 우리를 우리가 숭배하는 그 끔찍한 우상처럼 되게 만듭니다(시 115:5-8; 왕하 17:5; 렘 2:5). 안정된 관계를 숭배하는 연인은 질투에 사로잡힙니다. 돈을 숭배하는 직원은 탐욕에 잡아 먹힙니다. 도덕적 자율성을 숭배하는 사람은 관용에 무릎 꿇습니다. 최종 결과는 영광의 파산입니다. 그러나 우리가 우상 대신 참된 하나님—성부, 성자, 성령—을 경배할 때, 우리의 영광은 새롭게 충전되고 회복됩니다. 그레고리 빌Gregory Beale은 이 상황을 한 마디로 이렇게 설명합니다. "우리는 우리가 예배하는 존재가 된다."[6]

이것이 오늘날 성경을 읽는 사람들이 자주 놓치는 부분입니다.

하지만 바울은 영광의 상실이 복음으로 해결되어야 하는 근본적인 문제임을 선포하였습니다. 로마서에서 바울은 이후 세 장에 걸쳐서 인간이 겪게 된 곤경을 자세히 설명한 후, 근본적인 문제는 죄와 영광 상실의 관계에 있음을 지적합니다. 하지만 안타깝게도 우리는 바울의 진짜 관심사가 다른 데 있는 것처럼 행동해 왔습니다.

바울은 단도직입적으로 이렇게 요약합니다. "모든 사람이 죄를 범하였으매 **하나님의 영광에 이르지 못하더니**."(롬 3:23) 우리는 이 지점에서도 바울을 잘못 읽는 경향이 있습니다. 일단 바울이 말하지 않은 것에 주목해 봅시다. 바울은 "모든 사람이 죄를 범하였으매 거룩함에 대한 하나님의 완벽한 기준에 이르지 못하더니"라고 말하지도 않았고, 혹은 "모든 사람이 죄를 범하였으매 율법에 대한 하나님의 공의로운 요구에 미치지 못하더니"라고 말하지도 않았습니다. 물론 인간들은 하나님의 완벽한 도덕적 기준과 공의로운 요구에 미치지 못하기 때문에 구원이 필요한 것도 사실입니다. 하지만 엄밀히 말하면 여기서 바울이 말하고자 한 것은 그런 내용이 아닙니다. 바울은 구원의 문제를 하나님의 관점에서 바라봅니다. 그는 죄가 피조 세계를 향한 하나님의 계획을 어떻게 방해하고 있는지를 바라보고 있습니다.

바울은 인류의 **영광**이 실패한 것을 두고 비탄에 빠졌습니다. 다시 말해, 죄의 문제는 죄 그 자체가 문제가 아닙니다. 죄와 우리의 죄책을 지우는 것이 구원의 최종 단계가 아닙니다. 오히려 죄의 근본적인 문제는 죄가 영광의 상실을 초래했다는 것입니다. 바울이 우리의 죄와, 우리가 "하나님의 영광에 이르지 못하"게 된 것이 어떻게 연결되어 있는지를 강조한 이유는, 인간이 하나님의 형상을 지닌 자로서 받은 소명 앞에서 얼마나 부족한 존재인지를 구체적으로 강조하고 싶었기 때문입니다.

인간은 하나님 대신 우상을 숭배하여 하나님의 영광을 잃어버렸습니다. 죄는 인간이 피조 세계 안에서 하나님이 원하시는 일을 하지 못하게 방해했습니다. 인간의 불명예는 모든 피조물의 불명예를 초래했으며, 이로 인해 하나님 역시 불명예를 얻게 되셨습니다. 바울은 말합니다. "율법을 자랑하는 여러분은 율법을 범함으로써 하나님을 **불명예스럽게** 하고 있습니다. 성경에 기록된 바 '너희 때문에 하나님의 이름이 열방 가운데서 모독을 받는다' 한 것과 같습니다."(롬 2:23-24 저자 사역) 즉, 하나님의 특별한 선택을 받은 백성들조차 우상 숭배와 불순종의 함정에 빠져(롬 2:18-22 참조), 하나님의 이름이 모든 민족들에게 비방을 당하고 있다는 것입니다. 인간의 영광이 줄어듦에 따라 하나님의 영광과 영예 역시 줄어들고 있습니다.

정리해 봅시다. 나쁜 소식은 무엇일까요? 우리가 하나님의 형상을 지닌 자로서 하나님의 영광을 드러내는 일에 실패한다면, 하나님, 인류, 피조 세계 모두가 함께 영광을 잃게 된다는 것입니다. 그렇다면 복음이란 무엇일까요? 바울은 복음을 가리켜 "하나님의 형상이신 그리스도의 영광의 복음"(고후 4:4 저자 사역)이라고 설명합니다. 복음은 곧 하나님의 영광스러운 형상을 온전히 지니신 예수님께서 영광의 회복을 시작하셨다는 것입니다.

1. 여러분을 지지하거나 도와준 다른 사람에게 마땅한 명예(영광)를 돌리지 않고, (공개적으로가 아니라면 적어도 마음속에서) 그들의 공을 가로챘던 때가 있다면 이야기해 봅시다.

2. 지난 10년 동안 여러분이 이룬 가장 큰 성공이나 성취 세 가지를 말해 봅시다. 그것들을 두고 어떻게 하나님께 영광을 돌렸나요? 그렇게 영광을 돌림으로써 정말로 세상에서 하나님의 명예를 높인 적이 있나요? 우리가 하나님께서 마땅히 받으셔야 할 영광(명예)을 그분에게 잘 돌리지 못하는 이유는 무엇일까요?

3. 천국행 버스에 대한 C. S. 루이스의 묘사는 우리의 인격과 미덕의 약점(결점)에 대해 생각하게 만드는 이야기입니다. 하나님께서 여러분 안에서 발전시키기를 원하시는 영원한 특성에 적합하지 못한 약점 두 가지를 이야기해 보세요. 그것을 개선하기 위해 어떤 실제적인 조치를 취할 수 있을까요?

4. 루이스가 사라 스미스에게 놀란 이유는 무엇인가요? 여러분의 삶에서 사라 스미스를 떠올리게 하는 사람은 누구인지 말해보세요.

5. 여러분이 특별히 만나 보고 싶은 "셀럽"(유명인)에 대해 이야기해 보세요. 셀럽 문화는 언제나 나쁜 것일까요? 특정 기독교 목사, 음악가, 작가를 셀럽처럼 여기는 경향에 대해 우리는 어떻게 반응해야 하나요?

6. 성경의 틀 안에서 하나님의 온전한 영광이 우리에게 달려 있는 이유는 무엇인가요?

7. 아보카도와 장미를 떠올려 보세요. 각각의 본질적인 영광을 설명해 보세요. 친구들 사이에서 인정되는 영광은 무엇인가요? 여러분 개인의 영광에 대해서도 이야기해 봅시다.

8. 마음에 떠오르는 하나님의 특성이나 속성 일곱 가지를 나열해 보세요. 어떤 특성(속성)이 본질적인 것이고 어떤 특성(속성)이 인정되는 것인가요? 그 중에서 여러분은 개인적으로 어떤 특성(속성)을 가장 소중하게 여기나요? 어떤 것에 더 감사해야겠다고 느끼나요?

9. 성경은 인간이 만들어진 목적에 대해 뭐라고 말하나요? 그것은 영광과 어떤 관련이 있나요?

10. 솔리 데오 글로리아("오직 하나님께만 영광을")는 인기 있는 슬로건입니다. 성경의 관점에서 볼 때, "이 슬로건은 사실이지만 올바로 요건을 갖추지 못한다면 도리어 혼란을 일으키거나 오해의 소지가 있다"고 말할 수 있습니다. 그 이유가 무엇일까요?

11. 구원이 필요한 이유를, 덜 자기중심적으로 설명할 수 있는 방법은 무엇인가요? 그렇게 새로 재구성된 방식이 교회의 전도와 선교에 중요할 수도 있는 이유는 무엇인가요?

12. 여러분의 삶에서 텅 빈 우상을 숭배함으로써, "영광의 교체"를 저질렀던 영역이 있었다면 이야기해 보세요. 그때 어떤 문제가 발생했나요? 하나님의 영광을 전할 기회가 어떻게 사라졌나요?

Chapter 4
복음은 회복을 일으킨다

"왜 복음이 필요한가?"를 묻는 질문에 대한 가장 최고의 대답은 하나님께서 우리에게 가장 필요한 것, 즉 왕을 주셨다는 것입니다. 하지만 부차적으로, 왜 우리에게 구원을 주시는 왕이 필요한지—그 왕이 우리에게 어떤 유익을 주는지—는 성경 속 영광의 순환을 통해 가장 잘 설명할 수 있습니다.

제3장에서는 영광의 순환 1-3단계에 초점을 맞추었는데요(순환 전체에 대한 개요는 118쪽을 참고하세요). 인간이 하나님의 형상으로 창조된 것은 곧 하나님의 영광을 피조 세계에 전달하고 하나님을 대신하여 피조 세계를 다스리기 위함이었습니다. 그러나 인간이 살아계신 하나님을 경배하지 않고 대신 돈, 권력, 성sex, 관용, 다양성 등 파산한 우상들을 숭배하자 영광에 혼란이 생겼습니다. 그러자 인간과 피조 세계는 제 기능을 하지 못하게 되었습니다. 물론 하나님의 본질적인 영광은 축소될 수 없고 손상될 수 없습니다. 그러나 인간이 하나

님의 진가를 온전히 인정하지 않았기 때문에 인정받는 하나님의 영광이 부족해졌습니다. 그 결과 하나님과 인간, 그리고 모든 피조 세계에 영광의 결핍이 발생했습니다.

인간에게는 목적이 있습니다. 칼은 자르기 위해 만들어지고, 신발은 신기 위해 만들어지듯이 말이죠. 물론 칼을 국자로 사용하거나 신발을 커피포트로 사용할 수도 있을 것입니다. 그렇지만 그 결과는 썩 좋지 못할 것입니다. 피조물이 제대로 작동하려면 올바른 형상을 지녀야 합니다. 하지만 모든 인간들을 대표하는 아담과 하와가 하나님의 계획을 거부했을 때 피조 세계는 부패할 수밖에 없었습니다.

피할 수 없는 피조 세계의 타락 앞에서 하나님께서 내리신 선택은 무엇이었을까요? 하나님은 창조 프로젝트 전체를 포기하는 선택을 하실 수도 있었습니다. 아니면 창조된 인간들을 버리는 선택을 하실 수도 있었습니다. 그러나 당신을 내어주는 사랑의 울타리 안에서 하나님이 정말로 그러한 선택들을 내리실 수 있었을까요? 다른 방법이 있었다면요?

하나님께서 벌거벗은 아담과 하와(의 죄책)에게 가죽옷을 입히기로 결정하셨다는 사실은, **우리를 향한** 하나님의 약속과 관련된 많은 부분을 시사합니다. 이후에 하나님께서는 아브라함의 후손과 다윗의 후손을 통해 모든 민족을 축복하시겠다는 깨지지 않는 약속을 하셨습니다(창 12:3; 22:18; 삼하 7:12-14; 눅 1:32-33; 갈 3:16).

이번 장은 이 책의 핵심입니다. 영광의 순환 4단계, 곧 **복음**이 어떻게 영광의 회복을 일으키는지에 초점을 맞추기 때문입니다. 우리는 영광 회복을 일으키기 위해 하나님께서 역사 속에서 이미 행하신 일을 살펴볼 것입니다. 구원을 이루는 은혜는 주로 값없이 주신 선물에 관한 것입니다. 다시 말해, 인류 전체가 받을 자격이 없었음에도 하나님께서 과거 역사 속 특정 시기에 주기로 택하신 선물—즉, 복음을 구성하는 사건들—에 관한 것입니다(행 14:3; 20:24, 32; 갈 1:6; 골 1:6). 다음 장에서 우리는 어떻게 복음의 목적이 각 개인들—여러분과 저, 또한 아직 구원받지 못한 우리의 친구들—에게 영향을 미치는지 살펴볼 것입니다. 그래서 각자가 어떻게 복음에 참여할 수 있는지 말이죠. 일단 분명한 것은 복음이 변화를 가져온다는 점입니다.

4단계: 복음은 영광의 회복을 일으킨다

『복음에 충성하기』Gospel Allegiance, 『복음을 정확하게』The Gospel Precisely에서 저는 성경 안에서 일련의 사건들이 복음의 일부로 여러 차례 언급되는 방식을 소개하면서, 복음의 내용에 대한 10가지 요점을 제시한 적이 있습니다.[1] 그것을 참고할 수 있도록 이 책에도 포함시켰는데요. 이 책에서 저는 10가지 요점을 다루었던 이전의 연구를 넘어서고자 합니다. 그러한 시도의 일환으로 복음 안에서 세 가지 기초 신학을 발견할 수 있음을 제시하고자 합니다. 이 세 가지 신학(의 움직임)은 왜 복음이 필요한지 문제와 연결됩니다. 이를 명확히 볼 수 있도록 저는 영광을 회복하는 데 있어 왕이신 예수님의 역할에 대해 이야기하는 문장을 추가했습니다.

복음은 곧 구원을 베푸시는 왕이신 예수님을 통해 하나님께서 영광을 회복하시는 과정 중에 계시다는 것입니다.

1. 성육신
1. 성자 하나님으로 선재하셨다.
2. 성부 하나님에 의해 보냄을 받으셨다.
3. 다윗에게 하신 하나님의 약속을 성취하기 위해 인간의 육신을 취하셨다.

2. 죄에 대한 죽음
4. 성경에 따라 우리의 죄를 위해 죽으셨다.
5. 무덤에 묻히셨다.

3. 통치를 위한 부활
6. 성경에 따라 사흘 만에 부활하셨다.
7. 많은 증인들에게 나타나셨다.
8. 통치하는 그리스도로서 하나님 우편 보좌에 오르셨다.
9. 그의 통치를 시행하기 위해 자신의 백성에게 성령을 보내셨다.
10. 최종 심판자로 다시 오셔서 통치하실 것이다.

예수님의 성육신, 죄에 대한 죽음, 왕권으로의 부활에 대한 신학을 탐구할 때, 우리는 근본적으로 복음이 필요한 **이유**를 발견하게 됩니다. 피조 세계는 하나님의 설계에 따라 다스릴 인간들을 필요로 하기에, 복음은 온전한 통치를 위해 태어난 "한 인간"이라는 선물로 시작됩니다. 다시 말해, 복음은 왕의 성육신에서 시작됩니다.

1. 성육신

지금 소개할 구절은 성경에서 가장 유명한 구절들 중 하나입니다. 아마 여러분은 이 구절을 외워본 적이 있을 수도 있습니다. 이전의 여러분에게 **영광**이라는 단어가 모호했고, 또한 그 단어와 하나님의 중요한 계획을 연결시키지 못했다면, 성육신이 왜 복음인지 이해하기 어려웠을 것입니다. "그 말씀은 육신이 되어 우리 가운데 사셨다. 우리는 그의 **영광**을 보았다. 그것은 아버지께서 주신, 외아들의 **영광**이었다. 그는 은혜와 진리가 충만하였다."(요 1:14 새번역)

성육신은 인간의 육신 속으로 들어오는 것을 의미합니다. 성자 하나님은 성부, 성령과 함께 영원한 분이십니다. 성자는 성부 하나님과 함께 선재하셨고 세상을 창조하는 활동도 하셨습니다. 하지만 성자는 계속해서 완전한 하나님이시면서도, 주후 1세기 특정한 시기에 완전한 인성을 취하기로 결정하셨습니다.

성육신이 복음의 기초가 되는 이유는 하나님께서 해결하고자 하시는 문제가 곧 피조 세계 가운데 그분의 **영광**이 결여된 문제였기 때문입니다. 즉, 인간들이 하나님의 형상을 가진 존재로서 하나님의 영광을 피조 세계에 전달하지 못하여 발생한 영광의 결여가 문제였습니다.

물론 참된 복음은 이스라엘의 율법이나 이스라엘의 이야기와 무관하지 않습니다. 오히려 복음은 하나님의 백성을 향한 하나님의 의도를 성취하는 것입니다. 이스라엘은 하나님의 영광을 열방에 전달해야 했지만 그 일을 완벽하게 해내지 못했습니다. 그래서 하나님께서는 이스라엘의 그 소명을 성취하기 위해 행동하셨습니다. 곧 그 아들을 보내신 것입니다. 예수님께서 인간의 육신을 입고 오신 것입니다. 카르멘 조이 아임스Carmen Joy Imes의 말처럼 "예수님은 여호와Yahweh의 이름을 지닌 자로서 하나님의 백성의 소명을 받아들이셨습니다."[2] 그 아들이 인간의 육신을 입고 하나님의 형상을 완벽하게 구현할 때, 파산했던 인류는 아무런 방해 없이 하나님의 영광을 볼 수 있는 기회를 갑작스레 얻게 되었습니다. 인간이신 예수님은 하나님께서 모든 인간들에게 맡기신 일을 정확히 행하셨습니다.

영광을 비추다

성육신을 통해 그 아들은 다른 모든 인간들과 모든 피조 세계에 하나님의 영광을 비추기 시작하셨습니다. 모두가 그를 통해 하나님의 명성을 경험할 수 있게 된 것입니다. 다르게 표현하면, 왕이신 예수님은 **인류의 패러다임**이 되셨습니다. 사실 예수님이 가장 선호하셨던 칭호인 인자the Son of Man는 "인간"이라는 부류(범주)를 가장 잘 나타내는 사람을 의미합니다. 그런데 그 칭호는 또한 하나님 우편에서 이루어지는 왕의 통치와도 관련이 있습니다(시 80:17; 단 7:13-14; 마 26:64). 이처럼 예수님은 최적의 인간인 동시에 인류를 대표하는 최적의 인물이십니다.

사도 바울 역시 성육신이 복음의 시작임을 분명히 밝히고 있습니다. 바울의 가장 유명한 편지인 로마서는 복음에 대한 설명으로 시작되는데요. 바울은 복음을 가리켜 "하나님의 복음"(롬 1:1)이라 부르고 하나님께서 성경에 "미리 약속"(롬 1:2)하신 것이라고 말합니다. 그리고 바울은 복음이 다윗의 씨를 통해 "나신"(롬 1:3) 하나님의 아들에 관한 것이라고 덧붙입니다. 이것은 그 아들이 선재하셨음을 가리킴과 동시에 다윗 가문에서 마리아를 통해 인간이 되신 것을 가리킵니다.

복음을 설명할 때 바울은 분명 성육신을 고려하고 있었습니다. 왜냐하면 바울은 하나님의 아들의 "나심"이 모든 의미에서의 나심이라고 말하지 않기 때문입니다. 그가 말한 "나심"은 오직 "육신"에 관한 것이었습니다(롬 1:3). 이러한 성육신은 영광의 회복을 시작하는 좋은 소식이었습니다.

바울이 분명히 밝혔듯이, 성육신은 그 자체가 목적이 아닙니다. 성육신은 복음으로 규정되는 또 다른 사건들—예수님의 부활과, "권능으로 하나님의 아들로"(롬 1:4) 확정되신 사건들—로 이어졌습니다. 즉, 성육신은 가장 기본적인 복음의 목적을 목표로 하는 사건이었습니다. 그 목적은 곧 예수님께서 우주적인 권능을 지닌 궁극적인 위치에 즉위하시는 것이었죠. 모든 민족이 예수님에게 "충성을 다하는 순종"(롬 1:5 저자 사역)에 이르도록 말입니다.

성육신과 왕의 궤적

신비롭게도 하나님은 창조 이전부터 이미 한 왕을 통해 당신을 위한 특별한 백성을 만들기로 결심하고 계셨습니다. 사도 바울은 이 신비에 대해 자세히 설명하는데요. "곧 창세 전에 그리스도 안에서 우리를 택하사 그 앞에 거룩하고 흠이 없게 하시려고."(엡 1:4) 여기서 미래의 왕이신 그리스도는 **창조 이전부터** 등장하고 계십니다.

바울은 다른 편지에서 미래의 그 왕이 어떻게 선재하는 패턴이 될 수 있는지 설명합니다. 바울은 아담을 가리켜 "장차 오실 분의 모형"(롬 5:14)이라고 부릅니다. 어쩌면 우리는 바울이 아담을 가리켜 최초의 인간이라 말하고, 미래의 왕은 이후에 피조 세계를 구하기 위해 인간이 되었다고 말할 것이라 예상했을지도 모릅니다. 이상하게 들릴지 모르지만, 실은 그렇지 않습니다. 미래의 이상적인 왕, 즉 "장차 오실 분"은 인간의 원형입니다. 하나님께서 그 원형을 토대로 아담을 만드셨고요. 비록 아담이 더 먼저 등장하긴 했지만, 아담은 미래에 올 인간 모델, 즉 왕을 그리며 만들어졌습니다.

선재하는 왕이자 육신을 입고 오신 예수님이 인간의 원형orginal 이고, 아담은 그보다 못한 모형copy입니다. 이것은 마치 하나님께서 모형 로켓을 먼저 세상에 보내신 다음, 실제로는 그 모형 로켓이 이미 설계된 환상적인 NASA 우주선을 기반으로 만든 것이며 그 우주선은 미래에 보낼 것이라고 발표하신 것과 같습니다. 아담의 창조는 하나님이 미래에 보내실, 이상적인 인간 왕을 기반으로 이루어진 일인 것입니다.

여하튼 성육신은 일어났을 것이다

성경은 이러한 내용과 함께, 아담과 하와가 설령 죄를 짓지 않았더라도, 여하튼 성육신은 일어났을 것을 가리킵니다. 타락 이전부터, 삼위일체 하나님(성부, 성자, 성령)은 이미 성자를 보내어 그로 하여금 인간의 육신을 입고 이상적인 왕으로서 피조 세계를 다스리게 하려고 작정하셨습니다.

하나님은 타락 이전부터 인류 문명의 발전과 확산을 계획하셨습니다. "생육하고 번성하여 땅에 충만하라, 땅을 정복하라"와 같이 인간에게 주어진 사명은, 아담과 하와가 불순종하기 전에 주어졌다는 사실을 기억하세요. 따라서 인류와 피조 세계는 에덴동산 안에서 발전의 여지가 남아 있는 상태로 시작되었습니다. 하나님은 새 예루살렘이라는 도시를 향하여 가는 발전을 작정하신 것입니다.

안타깝게도 타락은 이 발전 과정을 오염시키고 부패시켰습니다. 그러나 설령 타락이 일어나지 않았더라도, 여하튼 성육신은 일어났을 것입니다. 피조 세계가 하나님이 작정하신 발전의 최종 곧 완성에 이르도록 그분은 궁극적인 왕이라는 선물을 주셨을 것입니다. 성육신과 왕권은 성경의 중요한 줄거리 안에서 타락 이전에 해당하는 이야기이기 때문에, 십자가와 부활보다 더 복음의 기초가 되고 근본이 되는 이야기입니다. 그러나 아담과 하와의 불순종으로 인하여 성육신 역시 구원의 활동이 되었습니다. 그러자 십자가와 부활 또한 복음의 필수 요소가 되었습니다.

2. 죄에 대한 죽음

성육신은 구원이 "-로부터from"일 뿐만 아니라 또한 "-를 위한for 것"임을 보여줍니다. 성육신이 정말로 십자가만큼이나 복음과 관련 된 사건임을 깨닫지 못한다면, 십자가를 오해하거나 온전히 그 의 미를 이해하지 못할 수밖에 없습니다. 십자가만 따로 떼어놓고 보 면, 십자가가 오로지 죄책, 죄, 죽음으로부터의 구원에 관한 것이라고 오해하기 쉽습니다. 물론 십자가는 그런 것에 관한 게 맞습니다. 그 러나 성육신으로 복음을 시작하는 성경의 목소리를 따르게 되면, 복음의 틀 전체가 곧 왕에 관한 내용임을 알 수 있습니다. 다시 말 해, 성육신은 십자가 역시 영광의 회복을 위한 것임을 알려줍니다. 성육신은 완전한 인간의 통치를 드러내고 또한 그러한 통치를 향하 는 것입니다. 따라서 구원은 부정적인 결과들로부터의 구원만이 아 니라 또한 온전한 영광으로의 회복을 위한 구원이기도 합니다.

그렇다고해서 십자가를 소홀히 대해서는 안 됩니다. 물론 성육 신과 그리스도 왕의 오심이 십자가보다 더 복음의 기초가 되는 일 입니다. 성육신과 그리스도 왕의 오심은 타락과 관계없이 일어났을 일이기 때문이죠. 하지만 그렇다고 해서 십자가가 복음에 덜 중요 하다거나, 복음에 덜 본질적인 요소는 아닙니다. 당치도 않습니다! 예수님께서 우리를 위해 십자가에서 성취하신 일은 복음의 근본적인 목적에 해당합니다.

성경은 예수님의 죽음이 어째서 좋은 소식인지를 이해하는 데 도움이 되는 몇 가지 이미지들을 제시합니다. 학자들은 이것들을 두고 **속죄**atonement**의 모델들**이라고 부릅니다. 조슈아 맥널Joshua McNall 이 우리에게 일깨워 주었듯이, 이 모델들은 서로 경쟁하는 것이 아니라 더 큰 그림에 각기 기여하는 것으로 보는 게 가장 좋습니다.[3] 이 모델들을 함께 나란히 놓고 볼 때에야, 십자가가 어떻게 구원을 이루는지에 대한 메시지 전체에 각 모델들이 기여하는 방식을 이해할 수 있습니다.

다음 네 가지 속죄의 모델들을 자세히 살펴봅시다. 하나님께서 복음을 주신 목적을 더욱 잘 이해하는 데 도움이 되는 도구들이 될 수 있습니다.

(1) 대리(대속)

대리(대속)substitution는 한 사람이나 사물이 다른 사람이나 사물을 대신하거나 대체하는 것을 말합니다. 대리 속죄의 중심에는 단순하지만 심오한 성경의 진리가 있습니다. 바로 왕이 우리의 죄를 위해 우리를 대신해 십자가에서 죽으셨다는 것입니다. 하지만 여기에는 다양한 하위 이론들—속량ransom, 형벌penal, 정부governmental, 만족satis-faction 등—이 있으며, 그 이론들은 이 단순한 진리를 구분하고 미묘한 차이를 만들어 내려 애씁니다. 이러한 하위 이론들은 유용하긴 하지만, 일부 논란의 여지가 있는 것도 사실입니다.

대리(대속)는 복음의 일부입니다. 사도 바울은 복음의 윤곽을 그리면서 그리스도께서 "우리 죄를 위하여[hyper] 죽으"(고전 15:3)셨다고 선언합니다. 그리스어 **휘페르**hyper는 보통 대리 개념을 포함하므로, 우리는 그리스도께서 "우리 죄를 위하여"뿐 아니라, "우리 죄를 대신하여" 죽으셨다고 번역할 수도 있습니다(갈 1:4 참조). 그러나 대리(대속)를 이해하려면 그 의미를 보다 분명하게 그려내는 성경의 다양한 은유들을 알아야 합니다.

① 속량 이론

예수님께서는 대리 속죄에 대해 직접 말씀하신 적이 있습니다. "인자는 섬김을 받으러 온 것이 아니라 섬기러 왔으며, 많은 사람을 위하여 치를 **속량**ransom으로 자기 목숨을 내주러 왔다."(막 10:45 NIV) 그리스어 **뤼트론**lutron(속량)은 전쟁 포로나 빚에 묶인 사람을 풀어주는 데 필요한 값을 의미합니다.[4]

대리(대속)는 예수님께서 다른 사람들을 대신하여 자신을 바치셨기 때문에 가능한 일입니다. 예수님은 자신의 목숨이 엄청나게 가치 있는 것임을 우리가 깨닫길 바라십니다. 그래서 많은 생명을 사는 데 사용될 수 있다고 말이죠. 이처럼 예수님은 자신의 생명을 내어주면서, 다른 사람들을 해방시킬 대가를 지불하기 위해 기꺼이 "손해"를 감수한 분이십니다.

속죄의 속량 이론은 논쟁의 여지 없이 성경적인 이론입니다. 하지만 그 한계도 존재합니다. 이 이론의 한계는 무엇일까요? 예를 들어, 만일 우리가 속량의 은유를 받아들인다면 과연 그 속량은 누구에게 지불되는 것일까요? 성부 하나님에게? 아니면 사탄에게?

오리게네스Origen와 같은 일부 초대 교회 교부들은 예수님께서 마귀에게 값을 치러야 했다고 생각했습니다. "우리를 붙잡고 있었던 것은 바로 마귀였다. 우리는 우리의 죄로 인해 마귀에게 끌려 갔었다. 그러므로 마귀는 그리스도의 피를 우리에 대한 값으로 요구했다."[5] 오리게네스의 생각에 마귀는 그리스도의 피라는 확실한 화폐를 받기 전까지는 포로들을 풀어주길 거부하는 존재였습니다. 한편, 키프리아누스Cyprian와 같은 교부들은 십자가에 달리신 예수님은 마치 미끼를 던진 함정과 같았다고 생각했습니다. 그리고 사탄이 그 미끼를 물었을 때 예수님이 우리의 대속(물)이 되셨다는 것입니다. 그렇게 우리는 "마귀의 입"에서 겨우 빠져나왔고, 속량은 성부 하나님에게 드려졌다는 것이죠.[6] 이런 식으로 예수님은 마귀 즉, 속이는 자를 속였다고 여겨졌습니다.

하지만 사탄에게 값을 치렀을 가능성은 희박합니다. 제가 알기로 많은 고대 신학자들, 그리고 거의 모든 현대 신학자들은 마귀에게 속량을 지불한다는 생각에 문제가 많다고 판단합니다. 예를 들어, 한 분 하나님—성부, 성자, 성령—만이 정당한 주권자이시고, 사탄은 그저 속이며 기만하는 강탈자에 불과한데, 그런 사탄에게 적법하게 속량을 받을 권한이 있다고 가정하는 것은 잘못된 일이기 때문입니다. 성자 예수님도 성부 하나님도 사탄에게 빚진 것이 없습니다.

그렇다면 우리에게 최선은 예수님께서 다른 사람들을 대신하여 자신의 목숨을 바치심으로 수많은 죄수들을 풀어 주셨지만, 속량을 정확히 누구에게 빚진 것인지에 대한 의문에는 답하지 않으셨다고 남겨두는 것입니다. 예수님은 굳이 자세히 설명해야 할 필요를 느끼지 않으셨던 것입니다. 우리의 속죄 이론들은 결국 신학적인 실체들realities을 가리키는 은유라 할 수 있습니다. 그러나 그 은유들은 신학적인 실체들을 남김없이 다 설명하지도 않고, 그 실체들과 일률적으로 연결되지도 않습니다.

그렇다면 속량 은유에 대한 최선의 반응은 더 이상의 추측을 멈추고 그것이 담고 있는 기본적인 진리—즉, 예수님께서 우리를 속박으로부터 해방시키시고 구원하시기 위해 자신의 목숨을 바치신 것—를 경건하게 기념하는 일이 될 것입니다.

② 형벌 대리 속죄

속량ransom을 지불하는 사람은 포로로 잡힌 사람들을 풀어주기 위해 "재정적" 손실을 감내합니다. 따라서 속량 은유는 자신의 목숨이 대가payment의 역할을 하도록 자발적으로 예수님께서 죽음에 이르는 고난을 받으셨다는 것, 곧 인간들을 구원하기 위해 손실이나 형벌penalty을 기꺼이 받아들이셨다는 것을 함축합니다. 이처럼 예수님께서 공식적인 거래의 일환으로 다른 사람들을 대신하여 자발적으로 책임과 형벌을 받아들이신 것을 **형벌 대리 속죄**라고 부릅니다.

그러나 **형벌 대리 속죄**라는 표현 모두를 사용하는 신학자들 사이에서 세 단어가 각기 완전히 다른 의미로 사용될 수 있습니다. 바로 이런 점 때문에 이 주제와 관련된 대화를 파악하기 어렵습니다.

형벌이라는 용어는 특별히 더 파악하기 어렵습니다. 예를 들어, 형벌은 손실을 의미할까요? 고통을 의미할까요? 아니면 그저 일반적인 의미에서 처벌을 의미할까요? 또한 공식적인 법적 집행이 있어야 형벌로 간주될 수 있는 걸까요? 만일 그렇다면 정확히 무엇이 집행되고, 어떤 당사자가 관련되며, 어떤 방식으로 집행이 이루어져야 효력이 있는 것일까요? 또한 어떤 법규를 고려해야 할까요? 그것은 각 당사자와 세계에 어떤 결과를 초래할까요? 이러한 이유들로, **형벌** 대리 속죄에 대한 정확한 정의 없이 그것을 무작정 긍정하거나 혹 부정하는 것은 현명한 태도가 아닙니다.

형벌을 정의하고 그 정의를 설명하는 작업은 이 책이 다룰 수 있는 범위를 벗어납니다. 하지만 그것에 개의치 않고 그보다 더 중요한 과제, 즉 성경 속에서 관련된 이미지를 인식하는 작업은 간략하게나마 수행할 수 있습니다. 우리는 이미 속량에 대해 논의했습니다. 이에 더해 이 주제를 다루는 사람이라면 누구나 반드시 고려해야 할 성경 속 이미지들 몇 가지를 간략하게 살펴봅시다.

사도 베드로는 예수님을 이사야가 선포한 고난 받는 종으로 여겼습니다. 이사야는 고난 받는 종을 생생한 표현들로 묘사한 바 있습니다. "그가 찔림은 우리의 범죄 때문이고, 그가 상함은 우리의 죄악 때문이다. 그가 처벌을 받음으로 우리가 평화를 누리고, 그가 상처를 입음으로 우리가 나음을 얻었다"(사 53:5 NIV), "그가 맞음은 내 백성의 범죄 때문이다."(사 53:8 저자 사역) 베드로는 이사야를 인용하여 예수님이 십자가에서 우리의 죄를 그의 몸에 짊어지셨음을 이야기 합니다. "그가 친히 우리 죄를 자기의 몸에 지시고 십자가에 달리심 은 우리로 죄에 대하여 죽고 의에 대하여 살게 하려고 하신 것이다. 그의 상처로 너희가 나음을 얻었다."(벧전 2:24 저자 사역) 이 종은 하나 님의 도를 어긴 이들을 위하여 자기 몸에 상처를 받고, 또한 그들을 치유하기 위하여 대리자 역할을 합니다(벧전 3:18 참조).

이와 유사하게 사도 바울도 그 아들the Son을 인간의 죄를 짊어지 고 그 결과를 감당하는 대속자로 제시합니다. 예를 들어, 하나님께 서는 "자기의 아들을 죄 있는 육신의 모양으로 보내셔서 죄에 대하 여(페리 하마르티아스*peri hamartias*)"(롬 8:3 저자 사역) 율법이 할 수 없는 일을 행하셨다는 바울의 주장을 생각해 봅시다. 예수님께서 "죄 있는 육 신의 **모양**"을 취하신 것은 죄가 없으심에도 우리 자리에 서심으로, 어떤 식으로든 죄 있는 육신에 가깝게 되셨음을 의미하기 때문에, 대리(대속) 개념과 연결됩니다.

그 아들은 죄가 없으심에도 죄 있는 육신과 같이 되셔서 우리의 죄를 짊어지셨습니다. 왕이신 예수님께서 그렇게 하신 이유는 우리 가 하나님 보시기에 의롭게 되도록 하기 위함이었습니다. 그리고 그와 동시에 하나님의 정의justice를 지키기 위함이었습니다(고후 5:21 참조). 바울의 논리는 다음과 같은 방식으로 전개됩니다. "하나님의 의righteousness는 죄에 대한 심판의 진노를 요구한다(롬 1:17-18; 2:5; 3:5). 인간들은 죄를 만든다. 그래서 죄가 통제할 수 없는 우주적 괴물이

된 것이라도 인간들은 죄에 대한 책임을 가지며 죽음이라는 처벌을 받아 마땅하다(롬 1:32; 6:23)."

그러나 하나님께서는 우리가 죄(책) 한가운데 있을 때조차 우리를 향한 끝없는 사랑을 품고 계셨습니다. 그래서 그 사랑으로 일하셨습니다. "우리가 아직 죄인이었을 때에, 그리스도께서 **우리를 위하여 죽으셨다. 그리하여 하나님께서는 우리를 향한 자기의 사랑을 확증하셨다.**"(롬 5:8 NIV 참조) 전통적으로 **형벌 대리 속죄**라고 불리는 개념의 핵심이 무엇인지 놓치지 마세요. 핵심은 **하나님의 사랑입니다. 우리를 향한 하나님의 사랑 말이죠.**

그 아들은 죄가 없으심에도 죄 있는 육신과 같이 되셔서
우리의 죄를 짊어지셨습니다.

사랑 때문에 하나님의 아들이신 예수님은 우리가 받아야 할 죽음의 형벌을 짊어지고 그의 육신에 죄를 지셨습니다. 그리고 하나님께서는 십자가를 통해 "육신에 죄를 정죄하셨습니다."(롬 8:3 저자 사역) 즉, 하나님께서는 십자가에서 예수님의 육신이 짊어진 죄에 대해 단호한 판결을 내리셨습니다. 이는 왕께서 우리를 자유롭게 하시기 위하여 우리를 대신하여 고난을 받으셨고, 그 결과 율법의 정당한 요구가 우리에게서 완전히 충족되게 하셨음을 의미합니다(롬 8:4). 요약하자면, 예수님의 육신에 죄가 정죄되었을 때, 죄가 없으신 예수님은 우리 인간의 죄를 자신의 육신에 짊어진 대속자였다는 것입니

다. 즉, 예수님은 우리가 마땅히 받아야 할 죄와 사망의 형벌을 대신 짊어지셨습니다. 이에 더해 바울은 우리가 죄를 씻는 자유를 얻으려면 그 영the Spirit으로 충만한 공동체에 들어가야 한다고 말합니다. 그러면 육신이 아닌 그 영의 인도를 받게 된다고요(롬 8:5-14).

왕의 즉위 가운데 십자가의 기능

예수님께서 "다 이루었다"(요 19:30)고 말씀하셨음에도, 십자가의 기능은 예수님께서 부활하시고 하늘에 오르시기 전까지는 우리에게 완전히 효력을 발휘하지 못했습니다. 예수님은 하나님에 의해 **힐라스테리온**hilasterion, 즉 속죄소—매년 대제사장이 정결하게 하는 피를 뿌리는 언약궤의 뚜껑—로 세워지셨습니다(롬 3:25; 레 16:14-15 참조). 부활하신 예수님께서 육신을 입고 하나님 우편에 오르셨을 때, 그는 왕이 되셨을 뿐만 아니라 또한 우리의 제사장으로서 중보자가 되셔서(롬 8:34) 천상의 하나님의 임재 앞에서 속죄를 이루셨습니다. 패트릭 슈라이너Patrick Schreiner가 우리에게 말했듯이, 승천은 "그리스도의 사역을 확증했을 뿐만 아니라 또한 그리스도의 사역에 기여했습니다. 그리고 심지어 그러한 역할을 계속해서 하고 있습니다."[7]

부활하신 예수님은 대제사장의 자격으로 하늘의 영역에서 그의 정결하게 하는 피를 영원히 단 한 번 바치셨습니다(히 9:11-12). 이 피 곧 대제사장의 제물은 왕이라는 지위 안에서—그리고 왕을 통해서— 인간의 과거, 현재, 미래의 죄를 깨끗하게 합니다. 그로써 인간은 하나님과 올바른 관계를 다시 맺을 수 있게 되었고, 그와 동시에 죄에 대한 하나님의 정의로운 형벌도 유지되었습니다(롬 3:25-26).

이 속죄 사역의 결과는 무엇일까요? 왕 안에서 인간은 더 이상 죄에 대한 하나님의 정의로운 진노 아래에 있지 않게 되고, 도리어 하나님과 화목하게 됩니다(롬 5:9-10). 우리를 위한 십자가의 기능은 예수님이 승천하셔서 왕과 대제사장으로 즉위하시기 전까지 끝나지 않았습니다.[8] 왕이신 예수님께서 우주적 왕좌에 오르신 후에야, 그의 구원이 주는 유익들이 (그의 통치와 중보, 성령을 보내심을 통해) 하나님의 백성에게 주어질 수 있게 되었습니다. 이것이 바로 복음과, 복음에 대하여 우리가 반응하는 문제에 있어 왕이 첫 번째 주제가 되어야 하는 이유입니다.

형벌의 정당성

앞서 어떤 사람들은 형벌 대리 속죄라는 용어가 양면적이라는 이유로 그것의 사용을 거부한다고 지적한 바 있습니다. 제 생각에는 앞서 설명한 성경의 이미지를 부정하지 않는 한 그러한 태도도 괜찮다고 봅니다. 그러나 또 어떤 사람들은 명백히 잘못된 이유로 형벌 개념을 거부하기도 합니다. 그들은 형벌이라는 단어가 하나님께서 당신의 진노를 그 아들에게 내리심으로 폭력적인 복수를 수행하신다는 것을 암시한다고 생각하기 때문에 형벌이라는 개념을 거부합니다. 혹은 성부 하나님께서 그 아들을 포기하고 버리셨다는 것을 암시한다고 생각하기 때문에 형벌 개념을 거부합니다. 그들은 형벌 대리 속죄의 이론 속 하나님은 부도덕하고 조야하다고 생각합니다. 그래서 그 교리는 틀릴 수밖에 없다는 결론을 내립니다. 그러나 그러한 함의를 도출하는 것은 잘못된 일입니다.

형벌이 꼭 복수심에 불타며 폭력적으로 자녀를 버리는 하나님을 의미한다고 생각하는 것은 그저 가벼운 캐리커처에 불과합니다. 그러한 캐리커처는 성부와 성자와 성령 사이의 참된 관계를 오해하고 있습니다. 속죄 이론이 어떻게 삼위일체 내부의 분열을 암시할 수 있겠습니까. 마치 성자가 우리의 형벌을 감당하고 싶진 않지만 인정없고 학대적인 아버지에 의해 강요당하는 것처럼, 삼위일체의 한 위격을 다른 위격들과 대립시켜서는 안 됩니다. 더욱이, 성부 하나님이 십자가에서 그 아들을 버리셨다는 생각은 성경 말씀에도 위배됩니다. 예수님께서 동산에서 제자들에게 하신 말씀은 그러한 생각과 정면으로 대조됩니다. "너희가 나를 혼자 버려 두고, 제각기 자기 집으로 흩어져 갈 때가 올 것이다. 그 때가 벌써 왔다. 그런데 아버지께서 나와 함께 계시니, 나는 혼자 있는 것이 아니다."(요 16:32 새번역) 예수님은 수난과 십자가 처형 때에 제자들이 자신을 버릴지라도 그의 아버지께서는 언제나 자신과 함께하실 것을 알고 계셨습니다.

물론 십자가에서 그 아들은 버림을 받았다고 **느꼈습니다.** 그는 "내 하나님이여, 내 하나님이여, 어찌 나를 버리셨나이까"(시 22:1)의 말씀으로 자신의 고통을 표현하셨습니다. 하지만 우리는 압니다. 인간의 감정이 언제나 실재reality를 대변하는 것은 아니라는 사실을요. 예수님은 일시적인 감정 너머로, 하나님께서는 충성을 다하여 신뢰하는 의인을 버리지 않으신다는 것을 알고 계셨습니다. 예수님은 자신이 죽임을 당할 것이며, 그러고 나서 죽은 자들로부터 다시 살아날 것을 세 차례 이상 말씀하셨습니다(막 8:31; 9:31; 10:34). 시편 22편의 나머지 구절들(4-5절, 21-31절)에서도 알 수 있듯이 하나님 아버지께서는 그 아들의 부르짖음을 들으시고 그를 구원하실 것입니다. 예수님의 승귀 즉, 그 아들의 높아짐exaltation을 바라보며 그의 몸을 희생 제물로 삼는 것은, 심지어 예수님의 성육신 이전부터 이루어진 삼위일체 하나님의 계획이었습니다(요 17:4-5; 히 10:5-7 참조). 예수님은 성부 하나님께서 정말로 자신을 버리신 것이 아님을 알고 계셨습니다.

형벌이라는 용어를 선호하든 선호하지 않든, 거기에서 드러나는 신학적인 결론은 다음과 같습니다. 바로 성부 하나님은 우리를 사랑하신다는 것입니다. 하나님은 변함없이 정의로운 분이시기에 정의의 행위로서 죄에 대한 진노를 반드시 쏟아 부으셔야 했음에도 말이죠. 그 아들도 완전한 하나님이시기 때문에 성부 아버지—그리고 성령—와 똑같은 정의와 사랑의 기준을 가지고 계십니다. 성부와 영원한 성자, 그리고 성령은 모두 하나이시기 때문에—그리고 창조 질서를 향한 그들의 행위들은 궁극적으로 분리될 수 없기 때문에—깊이 있는 신학적 관점에서 볼 때, 인간의 죄에 대해 정당하게 부어지는 것은 성부 하나님의 진노만이 아닙니다. 영원한 성자의 진노, 그리고 성령의 진노 또한 함께 부어지는 것입니다. 삼위일체의 위격들은 성자 예수님께서 대리자로서 우리의 죄를 대신 짊어지도록 함으로써 우리의 구원을 위해 함께 일하십니다.

③ 정부 이론

왕은 자신의 백성들을 대표합니다. 이러한 맥락에서 대리 속죄—많은 사람들이 형벌을 추가하는 것을 선호하는 대리 속죄—의 강점을 인정하면서도, 성경이 미묘하게 다른 이야기를 할 때도 있음을 발견한 사람들이 있습니다. 정부 이론governmental theory은 형벌 대리 속죄의 한 형태이지만, 예수님께서 겪은 고난의 분량에 한계를 둔다는 차이점이 있습니다.

정부 속죄 이론에 따르면, 예수님께서 감내하신 형벌에는 마치 국회의원이 자신의 유권자들을 대표하는 것과 같은 개념이 담겨 있습니다. 정부 이론은 예수님께서 각 사람의 모든 죄에 대한 형벌을 정확히 받으신 것은 아니라고 주장합니다. 인류의 정확한 죄의 분량은 헤아릴 수 없으며, 실은 예수님께서 받은 단시간의 고난보다 더 많은 것이 요구된다고 주장합니다. 요컨대, 예수님은 인류의 수장으로서 인류가 마땅히 받아야 할 (형벌)분량에 어울리는 형벌—즉, 정확히 대응하진 않지만 그럼에도 충분한 형벌—을 짊어지셨다는 것입니다. 하지만 정확한 형벌은 아니었다는 것이죠. 정부 이론 지지자들에 따르면, 하나님은 이런 방식으로 모든 인류를 향한 우주의 도덕적 질서를 유지하십니다.

④ 만족 이론

형벌 대리(대속)는 속죄의 만족 이론satisfaction theory과 밀접한 연관이 있습니다. 중세 신학자 안셀름Anselm과 가장 밀접한 관련이 있는 만족 이론은, 하나님께서 인간의 죄로 인해 **노하셨기** 때문에 하나님을 불명예스럽게 만드는 죄를 없애기 위해서는 반드시 인간이 그에 합당한 보상을 해야 한다고 주장합니다.

죄는 하나님을 불명예스럽게 만듭니다. 죄는 열방들 가운데서 하나님의 선하심과 정의와 명예에 의문을 제기합니다. 만족 이론에 따르면, 완전한 신이면서도 완전한 인간만이 하나님의 명예를 회복시킴으로써 완전한 하나님을 만족시킬 수 있습니다. 만족을 제공하는 그러한 메커니즘에 꼭 형벌 대리가 포함될 필요는 없지만, 오늘날에는 두 속죄 이론을 뒤섞는 것이 일반적입니다.

대리 속죄의 다양한 뉘앙스를 고려해 볼 때 요점은 다음과 같습니다. 어떤 모델이 발전하든지 간에 우리는 그 아들이 자발적으로 인간의 육신을 취하셨고, 인간의 본성 안에서 진정으로 고통을 당하셨으며, 우리의 죄를 위해 죽으셨고, 기꺼이 희생 제물이 되셨다는 사실을 명심해야 합니다(히 10:5-10 참조). 그렇게 하심으로써 예수님은 우리 각자에게 삼위일체 하나님과 화목할 수 있는 기회를 주신 것입니다. 성부, 성자, 성령은 우리의 구원을 위해 한편으로 일하십니다.

또한 대리 속죄는 그 범위 전체가 오랫동안 감춰져 있었음에도, 다른 모든 복음의 목적들 이면의 목적이 그저 하나님의 놀라운 사랑임을 분명히 보여줍니다. 십자가는 하나님의 사랑의 놀라운 높이와 깊이와 넓이를 드러냅니다. 성부, 성자, 성령 하나님은 우리의 죄에도 불구하고 우리를 사랑하십니다. 믿을 수 없을 정도로 우리를 사랑하십니다. 잔혹한 방법으로 기꺼이 고통을 당하실 정도로 우리를 사랑하십니다.

왜 복음이 필요할까요? 다른 무엇보다도, 복음은 우리를 향한 하나님 사랑—십자가의 사랑, 자기 비움의 사랑—에서 비롯된 것이기 때문입니다.

(2) 승리의 왕권

속죄의 두 번째 모델은 승리의 왕권을 특징으로 합니다. 대리(대속)는 보통의 기독교인들의 머릿속에서 십자가와 가장 쉽게 연결되지만, 정작 성경은 다른 이미지를 전면에 내세웁니다. 바로 **크리스투스 빅토르**Christus Victor! 이 라틴어 문구는 "메시아는 정복자시다!"라는 뜻입니다.

크리스투스 빅토르!

크리스투스 빅토르는 신약성경 안에서 속죄에 대한 지배적인 이미지입니다. 부활하시고 즉위하신 예수님에게 **그리스도**라는 용어가 적용될 때마다, 승리하신 왕이라는 예수님의 이미지가 드러나기 때문입니다. 승리는 더 큰 범주이고 대리(대속)는 그 안에 있는 하위 범주입니다. 물론 두 가지 모두 중요하고 필수적이지만, 신약성경 안에서는 우리의 대리자(대속자)로서의 예수님보다, **승리자 그리스도로서의 예수님**이 훨씬 더 강조됩니다. 십자가는 왕이 승리를 거두는 주요 수단으로 그려지고요.

예수님께서는 십자가에서 그의 적들을 정복하셨고, 그 결과가 바로 왕권입니다. 여기에는 인간의 죄에 대한 대리적인 정(결)화 작업이 포함되긴 하지만, 십자가의 승리는 그러한 대리적인 성격을 넘어 섭니다. 예를 들어, 예수님의 죽음은 마귀들, 악한 영들, 사탄의 죄를 대리하거나 정결하게 하진 않았습니다. 그럼에도 불구하고 그들을 패배시켰습니다. 바울은 이를 두고 이렇게 말합니다. "그리고 그[그리스도]가 모든 통치자들과 권세들을 십자가로 이기시고, 무장 해제시키시고, 구경거리로 삼으셨다."(골 2:15 NIV)

진짜 적들

예수님은 악한 인간들에 의해 죽임을 당하셨지만, 그럼에도 그들은 예수님의 궁극적인 적은 아니었습니다. 물론 인간들은 그들의 죄에 대해 책임이 있습니다. 하지만 인간의 악함은 그보다 더 악한 세력들, 곧 사탄과 사탄의 하수인들에 의해 힘을 얻습니다. 바로 이 사탄과 사탄의 하수인들이 예수님에게 더욱 근본적인 적들입니다. 이들이 인류를 덫에 빠뜨리는 악한 지상의 정권들과 망가진 시스템에 잘못된 영감을 줍니다. 이것이 바울이 말했던 "통치자들과 권세들"의 의미입니다(골 2:15; 엡 6:12 참조). 십자가는 이 적들을 무장해제 시켰습니다. 하지만 이 악한 영적 권세들은 패배했음에도, 일시적으로는 활개를 치는 것이 허용되었습니다. 바울이 "그리스도의 십자가의 원수로 살아가는 사람이 많이 있습니다"(빌 3:18 새번역)라고 말했던 것은, 그러한 세력들이 인간의 악함에 계속해서 힘을 불어 넣기 때문입니다. 그리고 이것이 바로 예수님의 왕권에도 불구하고 세상에 악이 여전히 만연한 이유입니다.

그러나 하나님께서 때가 무르익었다고 판단하시면 "그때가 마지막"입니다. 그때 메시아는 "모든 통치와 권세와 능력을 멸하시고 그 나라를 아버지 하나님께 바치실 것"(고전 15:24 NIV)입니다. 즉, 악한 영적 권세들은 이미 패배했으며, 결국에 그들의 권위는 완전히 폐하여 질 것입니다.

승리의 통치

부활하신 그리스도는 악한 영적 세력들 위에 계십니다. 다시 말해, 메시아는 하나님 우편에 계시며, "모든 통치와 권세와 능력과 주권과 이 세상뿐 아니라 오는 세상에 일컫는 모든 이름 위에 뛰어나"(엡 1:21)십니다. 그 높아지신 위치에서 예수님은 모든 원수들이 정복될 때까지 승리 가운데 통치하십니다. "모든 원수를 그의 발 아래에 둘 때까지 그가 통치하셔야"(고전 15:25 NIV) 합니다.

그리고 "맨 마지막으로 멸망 받을 원수는 죽음입니다."(고전 15:26 새번역) 악한 영적 권세들과 마찬가지로, 마지막 대적인 죽음 역시 승리하신 그리스도에 의해 이미 정복되었습니다. 다만 아직 멸망하진 않았을 뿐입니다. 하지만 결국에는 예수님께서 죽음까지도 멸하실 것입니다. 이러한 맥락에서 바울은 성부 하나님을 제외한 모든 것이 만왕의 왕, 만유의 주님께 복종하게 될 것이라고 말합니다(고전 15:27-28).

(3) 도덕적 감화

속죄의 도덕적 감화moral influence에 대한 이론은 예수님의 죽음이 우리에게 구원의 모범pattern을 보여준다는 것과, 우리는 그 모범을 받아들임으로 구원을 받는다는 것을 주장합니다. 예수님의 죽음은 의도적이었기에, 그 죽음의 의미를 온전히 알기 위해서는 그의 삶과 가르침을 알아야 합니다. 따라서 우리가 구원을 받으려면 예수님의 전인적인holistic 도덕적 모범을 따라 행동하는 방법을 배워야 합니다. 즉, 구원에 들어가기 위해서는 예수님의 제자가 되어야 합니다.

제자됨이 곧 구원입니다

구원에 들어가고 구원의 최종 목표에 도달하려면 우리의 선생되시는 예수님의 삶의 방식과 가르침을 따르고 적용할 것을 결단해야 합니다. 속죄를 통한 하나님의 구원은 예수님께서 모범을 보이신 생명에서 죽음으로, 죽음에서 새 생명으로 나아가는 패턴을 따를 때 일어납니다.

속죄의 도덕적 감화 이론에 대한 성경적인 토대는 견고합니다. 예를 들어, 예수님은 "… 누구든지 나를 따라오려거든 자기를 부인하고 자기 십자가를 지고 나를 따를 것이니라. 누구든지 자기 목숨을 구원하고자 하면 잃을 것이요 누구든지 나와 복음을 위하여 자기 목숨을 잃으면 구원하리라"(막 8:34-35)고 말씀하셨습니다.

예수님께서 보이신 행동의 모범을 따르는 일은, 우리가 우리의 죄악된 상태로부터 구원을 받는 데 있어서 선택할 수 있는 사항이 아닙니다. 예수님께서는 우리가 구원을 받는 데 있어서 십자가로 빚어진 제자의 삶을 사는 것이 필수불가결하다고 말씀하십니다. 우리는 예수님을 향하여 충성해야 하고, 예수님의 삶의 방식에 충실해야 합니다. 더욱이, (마가복음 본문에서) 예수님은 일시적인 구원이 아닌 최종적인(궁극적인) 구원에 대해 말씀하고 계심을 분명히 밝히고 계십니다. 예수님께서 마지막 심판을 내리기 위해 다시 오실 때 중요한 것은 바로 본질적인 우리 자신(프쉬케[*psyche*], 전통적으로 "영혼"[soul]으로 번역됨)과 개인적인 증명입니다(막 8:36-38).

제자들이 예수님에게 "주님, 구원받을 사람은 적습니까?"(눅 13:23 새번역)라고 물었을 때, 예수님은 "그래, 죄에 대한 나의 죽음을 전적으로 믿은 소수의 사람들만 구원을 받는다"라고 말씀하지 않으셨습니다. 그 대신 예수님은 "너희는 좁은 문으로 들어가기를 힘써라"(눅 13:24 새번역)고 말씀하셨습니다. 예수님은 자신을 따르는 자들에게 자신의 삶의 방식을 따라하기 위해 애쓸 것을 강조하셨습니다. 예수님은 위대한 왕국의 잔치 날에 많은 사람들이 자신을 안다고 주장하겠지만, 실상 그들은 "악한 행동을 한 자들"이기에, 자신은 그들을 부인할 것이라고 경고하셨습니다(눅 13:26-27; 마 7:13-27, 특히 23절 참조). 그러한 자들은 예수님의 왕국 잔치에서 쫓겨나게 될 것입니다(눅 13:28).

제자됨의 진정성은 행동을 통해 드러납니다. 심판의 날에 예수님께서는 추운 사람, 병든 사람, 나그네와 같은 사람, 감옥에 갇힌 사람, 헐벗은 사람을 가리키며, "내 형제 중에 지극히 작은 자 하나에게 행한 것이 곧 내게 행한 것이니라"(마 25:40)고 말씀하실 것입니다. 이러한 행함을 토대로 예수님은 양과 염소를 구분하시고, 우리에게 유리하거나 혹은 불리한 판결을 내리실 것입니다(마 25:31-46).

최종적인 구원은 진정한 제자됨에 달려 있습니다. 우리는 왕이신 예수님에게 배움으로써 우리의 믿음이 순종하는 행동으로까지 확장되도록 힘써야 합니다. 우리는 왕에 대한 충성으로 구원을 받습니다. 충성은 왕(그리고 그가 주실 유익들)과 우리를 하나로 묶어주기 때문입니다.

개인의 칭의가 먼저인가요?

최종적인 구원을 위해서는 자신의 삶의 모범을 따르는 제자도가 필수불가결하다는 예수님의 가르침에도 불구하고, 어떤 사람들은 개인의 믿음에 의한 칭의justification by faith가 도덕적 감화보다 더 주요한 토대이자 기초라고 주장합니다. 그들은 우리를 거듭나게 하는 하나님의 능력을 먼저 경험해야 할 필요가 있다고 주장합니다. 그래야 우리가 그리스도에 대한 믿음을 표현할 수 있고, 개인적으로 의롭다 하심을 받으며(혹은 의롭다고 선언될 수 있으며), 그 후에야 비로소 예수님의 주되심에 복종함으로 그의 도덕적 감화 아래서 성공적인 지도를 받을 수 있다고 주장합니다. 그들은 만일 우리가 예수님을 구세주Savior로 믿기 전에 먼저 왕으로 그에게 복종하려고 노력한다면, 결국 우리 자신의 도덕적 노력을 통해 자기 구원을 시도하는 죽음의 덫에 빠지게 된다고 단호히 주장합니다.

다시 말해, 어떤 사람들은 우리가 먼저 그리스도께서 구세주로서 십자가에서 이루신 사역에 대한 믿음을 가져야 한다고 주장합니다. 그 후에야 우리가 왕이신 그에게 복종하려는 시도를 할 수 있다고 말이죠. 그러나 성경에 따르면, 이는 100% 거꾸로 되었습니다. 그들은 "믿음"(피스티스)의 의미, 그리고 그것이 복음의 일부로서 그리스도와 어떻게 관련되어 있는지를 완전히 오해하고 있습니다. 예수님의 왕권을 떠나서는 결코 구원이 없습니다. 구원은 오직 예수님의 왕권을 통해서만 오기 때문입니다.

도덕적 감화에 의한 칭의

우리는 예수님의 도덕적 감화influence와 별개로 의롭다 하심을 받는 것이 아니라, 오히려 그것을 통해 의롭다 하심을 받습니다. 예수님의 도덕적 감화는 그가 그리스도로 즉위하신 과정을 통해 우리에게 힘을 발휘하는데요, 그 영향력은 우리가 칭의justification를 구할 때 믿음을 갖는다는 것이 어떤 의미인지를 말해줍니다. 반대로 말하면, (왕권과 연결된) 예수님의 도덕적 선택들과 분리될 수 있는 복음이라면 우리가 "믿을" 왕이 없게 됩니다.

도덕적 감화는 대리 속죄만큼이나 기초적인 토대입니다. 예수님은 충성을 통해 의롭다 하심을 받으셨고, 또한 충성을 통해 그리스도가 되셨기 때문입니다. 예수님께서 그렇게 하신 덕분에 우리 또한 그리스도이신 그에게 충성하여 의롭다 하심을 받을 수 있게 되었습니다. 예수님 자신의 "믿음 혹은 충성"(피스티스)에 의한 칭의는 우리의 칭의보다 우선하며, 우리의 칭의를 일으키려는 목적을 가지고 있습니다. 바울은 이를 두고 "복음에는 하나님의 의가 나타나서 피스티스로 말미암아by *pistis* 피스티스에 이르게 하나니for *pistis*, 기록된 바, '의인은 피스티스로 말미암아 살리라'"(롬 1:17 저자 사역)고 말합니다. 그리스도의 피스티스는 그리스도를 향한 우리의 피스티스를 일으킵니다(롬 3:21-22; 갈 2:16; 3:22). 즉, 복음 안에서 칭의는 왕의 피스티스(믿음 또는 충성)에 의해 드러나며, 그것은 우리의 피스티스(믿음 혹은 충성)를 일으켜 생명을 얻게 하기 위한 목적을 가집니다. 예수님은 믿음으로 사는 의인이시며, 또한 그리스도 되십니다. 따라서 우리가 예수님을 그리스도로 믿는 믿음을 선포할 때 우리 역시도 의인이 되어 살아갈 수 있습니다.

여기서 우리를 향한 예수님의 도덕적 감화가 믿음에 의한 칭의에 기초가 되는 이유를, 바울의 논리를 통해 보여드리겠습니다.

- 구원에 들어가기 위해 인간은 예수님이 그리스도(왕)이심을 믿음(신뢰하며 충성함)으로 받아들임으로써 복음에 응답해야 합니다.
- 역사 속에서 그리스도가 되신 과정 가운데 예수님은 우리에게 도덕적 감화를 주셨고, 이는 우리가 그러한 그리스도를 믿는다는 것이 어떤 의미인지를 결정짓습니다.
- 예수님이 그리스도가 되시면서 우리에게 행사하신 도덕적 감화(중 일부)는 우리에게 다음과 같은 사실을 알려줍니다. 곧 예수님의 십자가로 드러난 하나님을 향한 순종하는 믿음(신뢰하며 충성함)

이 그의 칭의로 이어졌고, 그의 부활의 생명에서 절정에 이르렀다는 것입니다.

• 예수님에게 일어난 일, 곧 예수님께서 자신의 믿음으로 의롭다 하심을 받고 생명을 얻으신 일에 비추어 볼 때, 오늘날 칭의를 구하는 사람들이라면 누구나 예수님께서 행하신 모범에 도덕적으로 감화를 받았다고 할 수 있습니다. 왜냐하면 그 사람들은 예수님께서 "믿음으로" 보이신 모범이 하나님을 기쁘시게 하고, 또한 그것이 칭의와 부활의 생명으로 이어졌다는 증거를 가지고 있기 때문입니다.

• 이제 모든 인간은 그리스도에 대한 믿음을 맹세함으로 하나님께 대한 믿음(충성)을 맹세해야 합니다. 다시 말해, 인간은 예수님이 행하신 모범을 따라해야 합니다. 그래야 의롭게 된 공동체에 들어가 부활의 생명을 누릴 수 있습니다.

우리를 덮는 예수님의 도덕적 감화는 우리가 믿음으로 얻는 칭의보다 앞서며, 실제로 우리의 칭의에 기초가 됩니다. 우리는 그냥 아무개 그리스도를 믿는 믿음으로 의롭다 하심을 받는 것이 아니라, 특정한 그리스도께 충성을 맹세함으로 의롭다 하심을 받습니다. 바로 직접 "믿음으로" 살다 죽으신 그리스도 말이죠. 오늘날 누군가 믿음으로 의롭다 하심을 받는다면, 그 사람은 예수님의 도덕적 모범을 따르고 있는 것입니다. 예수님께서 그보다 먼저 믿음으로 의롭다 하심을 받으셨기 때문입니다. 대리(대속)와 **크리스투스 빅토르** 못지 않게, 도덕적 감화 역시 온전히 속죄를 이해하는 일에 꼭 필요한 주제입니다.

(4) 총괄 이론

속죄에 대한 또 다른 이론이 있습니다. 이 이론은 다른 모든 이론들을 하나로 모으는 것을 추구하는데요, 그러면서도 각 이론들의 부분 합 그 이상을 이야기합니다. 바로 총괄recapitulation 모델인데요.

야구 경기나 영화의 요약 장면을 보면 주요 사건들, 플롯의 급전개, 최종 결말 등을 짧은 형식으로 볼 수 있습니다. 속죄의 총괄 모델도 이와 비슷합니다.

왕권을 가지신 예수님은 인간과 하나님의 관계 가운데 인간 편에서 중요한 모든 것을 한데 모은 하이라이트 장면(즉, 총괄)과 같습니다. 바울이 말했듯이, "모든 것이 … 메시아 안에서 **총괄됩니다.**"(엡 1:10 저자 사역) 그리스어 **아나케팔라이오오**anakephalaioō는 주요한 것들을 셈하고 요약해서 다시 표현한다는 뜻입니다.

총괄 모델은 왕이신 예수님께서 재구성된 인류의 머리이심을 확증합니다. 예수님은 두 번째 아담이자 마지막 아담이십니다(고전 15:45). 또한 예수님은 부활하시고 승천하신 몸으로 죽은 자들 가운데서 맏아들이 되셨습니다. 이는 부활의 몸으로 예수님과 함께 새로운 피조 세계를 다스릴 형제자매가 예수님에게 수없이 생기게 될 것을 암시합니다(골 1:18; 롬 8:29). 속죄의 총괄 모델을 확증하는 것은 곧 왕이신 예수님께서 재구성된 피조 세계의 머리가 되셔서 우리를 구원하신다고 주장하는 것입니다. 하나님께서 옛 피조 세계 안에서 인류를 향해 의도하신 모든 것을 총괄하면서 말입니다.

속죄의 측면에서 말하자면, 총괄은 성경의 핵심 진리들—왕이신 예수님께서 "하나님과 인류의 관계"에 대한 이야기를 어떻게 요약해서 재표현하는지에 관한 진리들—을 포착할 뿐만 아니라, 또한 그 자체가 유용한 은유이기도 합니다. 우리가 예수님의 죽음 이면에 놓인 **이유**를 완전하면서도 간결하게 이해하려면, 다양한 속죄의 모델들을 하나의 복합적인 이미지로 통합하는 총괄 작업이 필요합니다. 화해를 이루려는 하나님의 의도를 요약하고 재표현하는 이미지 말이죠.

성경 안에서 속죄의 대리 모델, 승리하신 왕 모델, 도덕적 감화 모델은 서로 경쟁하지 않습니다. 오히려 함께 하나님이 우리를 어떻게 구원하시는지를 요약합니다. 승리하신 왕 모델은, "그리스도"라는 칭호가 부활하신 예수님에게 적용되는 모든 곳에 전제되어 있습니다. 물론 초기 기독교인들은 모두 이 승리가 주로 대리(대속), 즉 우리의 죄를 위해 십자가에서 죽임을 당하신 왕을 통해 이루어졌다는 사실을 알고 있었습니다.

하지만 속죄의 도덕적 감화 이론 역시 개인 구원의 토대가 됩니다. 오늘날 각 개인의 믿음으로 인한 칭의는 예수님의 삶의 모범을 본받는 데 달려 있습니다. 예수님께서 먼저 믿음으로 의롭다 하심을 받으셨기 때문입니다. 그리고 이것이 예수님께서 살아계신 그리스도 왕—우리를 의롭게 하실 수 있는 왕—이 되신 방식입니다.

총괄 모델은 하나님께서 왕이신 예수님을 새로운 피조 세계 안에서 새로운 인류의 머리로 세우셨다는 사실을 상기시켜 줍니다. 또한 총괄 모델은 다른 속죄 모델들이 각기 전체 그림에 기여하는 바를 볼 수 있게 합니다. 그로 인해 우리는 속죄의 모델들을 모두 붙잡을 수 있게 되었습니다. 그리고 하나님의 놀라운 구원을 최고조로 찬양할 수 있게 되었고요.

3. 다스리기 위해 살아나시다

여러분이 한 직장 동료에게 복음을 전하고 있는데, 그녀가 복음을 나름 잘 받아들이는 상황을 가정해 봅시다. 여러분은 과거에 경험한 실패들과 현재 하나님을 따르려고 노력하는 시도들에 대해 이야기한 후, 복음(의 일부)을 열정적으로 전할 것입니다. "저는 왕이신 예수님께서 우리 죄를 위해 죽으셨고 다시 살아나신 것을 믿습니다!" 좋습니다. 이러한 내용은 분명 기쁨으로 함께 나누어야 할 복음의 핵심적인 부분입니다.

그 동료는 하나님에 대한 필요와, 삶의 변화에 대한 필요를 깨닫게 됩니다. 그래서 여러분이 복음을 전할 때 그녀는 대체로 동의합니다. 하지만 그럼에도 여전히 의심과 의문을 갖게 됩니다. 그녀는 말합니다. "저는 제가 죄를 지었고 그에 대해 하나님의 용서가 필요하다는 것을 이해해요. 또한 예수님의 가르침과 생애에 감탄합니다. 분명 십자가는 저에게 의미가 있어요. 저는 예수님의 죽음을 믿고 그의 제자가 될 준비가 되었습니다. 두렵지만 그의 길이 제가 그동안 시도해 온 길보다 더 나을 수도 있을 것 같습니다."

하지만 그녀는 계속해서 이야기합니다. "하지만 저는 하나님께서 정말로 예수님을 죽은 자들로부터 살리셨다고 믿지 않아요. 저는 과학을 믿습니다. 3일 동안 죽은 사람이 다시 살아날 수 있다는 분명한 증거가 나오기 전까지는 믿을 수가 없습니다. 저는 물론 그것이 사실이기를 바라지만, 그렇다고 그렇게 터무니없는 내용을 억지로 믿을 수는 없습니다."

이제 그녀는 낙담한 표정을 짓습니다. 그러다 갑자기 이런 말을 덧붙입니다. "그런데 부활을 믿는 것이 그렇게 중요한가요? 부활은 믿지 않더라도 예수님께서 저의 죄를 위해 죽으신 것을 믿고 그분을 따르려고 한다면 저도 구원을 받을 수 있는 것 아닌가요?"

여러분이라면 어떻게 대답할 건가요? 부활은 복음에 정말로 꼭 필요할까요? 예수님의 십자가 속죄 사역을 믿는 것만으로는, 예수님의 삶의 방식을 받아들이는 것만으로는 하나님과 올바른 관계를 맺을 수 없는 걸까요?

어려운 질문들입니다. 만일 여러분이 누군가와 복음에 관한 이야기를 나눈다면, 바로 이 지점에서 여러 방향들로 논의를 진행할 수 있습니다. 이를테면, 기적, 과학, 기독교에 관하여 세밀한 이야기를 나누어 볼 수도 있겠죠. 분명한 것은 적어도 성경은 "부활이 복음에 정말로 꼭 필요할까요?"라는 질문에 확실한 답을 준다는 것입니다. 성경은 아주 단호하게 대답합니다. "꼭 필요합니다."

부활의 중요성

성경은 그리스도의 부활의 역사적 실재를 복음과 하나님의 구원 사역에 필수적인 것으로 제시합니다. "그리스도께서 살아나지 않으셨다면, 여러분의 믿음은 헛된 것이 되고, 여러분은 아직도 죄 가운데 있을 것입니다."(고전 15:17 새번역) 바울은 우리의 죄 문제가 해결되기 위해서는 왕의 부활이라는 실재, 다시 말해 실제 역사적 사건으로 일어난 왕의 부활이 필요하다고 이야기합니다.

부활은 분명 복음의 일부입니다. 그렇다면 죄에 대한 예수님의 죽음의 효력은 믿지만 부활의 실재는 믿지 않는 사람이 과연 (부활에 대한 불신과 상관없이) 예수님의 부활의 역사적 실재를 통해 구원을 받을 수 있을까요?

아무도 알 수 없습니다. 부활을 믿지 않는 사람도 구원받을 수 있다고 단언하기는 어렵습니다(예를 들어, 로마서 10:9-10을 보세요). 하지만 저는 압니다. 우리의 복음이 예수님이 어떻게 그리스도가 되셨는지에 관한 것이 아니라, 오로지 십자가에 달리신 예수님에 관한 것이라면, 우리는 다른 사람들에게 왜 부활이 중요한지 설득하기 어려울 것이라는 사실을요.

만약 우리가 복음은 십자가가 전부라고 생각한다면 부활을 추가로 보태진 기적, 즉 깔끔하게 정리된 증거로 만들기 쉽습니다. 하지만 좀 더 깊이 생각해보면 그러한 이해 방식에 결함이 있음을 알 수 있습니다. 만약 하나님께서 예수님을 살리신 주된 목적이 예수님의 신성, 십자가의 능력, 죽음의 패배를 기적적으로 증명하는 데 있었다면, 왜 그 후에 굳이 하나님께서는 예수님이 높임을 받게 하신 걸까요? 차라리 예수님을 이 땅에 살아계신 채로 남겨두셔서 영원히 살아 있는 증거가 되도록 하는게 더 낫지 않았을까요? 게다가 단순히 예수님의 영(혼)만 높임을 받은 것이 아닙니다. 예수님은 **부활하신 몸으로 승천하셨습니다**(행 1:9-11).

예수님은 다시는 죽지 않는 부활을 이루신 후에, 영원토록 군중들의 시선을 받으며 손을 흔드는 유명인처럼 돌아다니지 않으셨습니다. 물론 40일 동안 부활하신 예수님을 직접 보고 부활의 실재를 증거한 증인들이 있기는 하지만 그것이 핵심은 아닙니다(물론 아주 중요한 사안이기는 합니다).

복음이 그저 십자가에 관한 것이 아니라, 예수님께서 어떻게 하늘과 땅의 왕이 되셨는지에 관한 것임을 깨닫게 되면, 예수님의 부활은 피조 세계에 대한 당신의 영광을 회복하시려는 하나님의 계획 안에서 꼭 필요한 단계로 이해됩니다. 예수님의 부활은 꼭 필요합니다. 피조 세계는 진정한 인간의 통치를 필요로 하기 때문입니다.

통치를 위한 부활

예수님의 부활의 주된 목적은 죽음을 이기는 하나님의 기적적인 능력을 알리거나, 혹은 예수님의 신성을 증명하는 데 있지 않습니다(그것들도 부차적으로 유효한 목적이긴 합니다). 예수님의 부활의 주된 목적은 예수님께서 지금 하고 계신 일, 곧 예수님이 최고의 **인간 왕**으로서 성부 하나님 우편에서 통치하실 수 있도록 하는 데 있습니다.

베드로는 예수님께서 부활하신 목적을 통치를 위한 높아지심(승귀)으로 설명합니다. "이 예수를 하나님께서 살리셨습니다. 우리 모두는 이 일의 증인입니다. 하나님 오른쪽에 높임을 받으신 예수님은 아버지로부터 약속된 성령을 받아서 우리에게 부어 주셨습니다. 여러분은 지금 이 일을 보기도 하고 듣기도 하고 있는 것입니다."(행 2:32-33 새번역 참조)

예수님은 몸을 입고 승천하셔서 피조 세계를 다스리는 인간 통치자로서의 직분을 맡기 위하여 부활하셨습니다.

예수님이 태어나실 때 예기적인 의미에서 그리스도라고 적절히 불릴 수 있으셨음에도 불구하고(눅 2:11, 26), 하나님께서는 예수님이 승천하시기 전까지는 (지금은 예수님이 앉아서 통치하고 계신) "왕위를 그에게 주시"(눅 1:32-33)지 않았습니다. 이러한 이유로 베드로는 예수님께서 하나님 우편에 즉위하신 後에야 비로소 다음과 같은 결론을 내릴 수 있었습니다. "그러므로 이스라엘 온 집안은 확실히 알아두십시오. 하나님께서는 여러분이 십자가에 못박은 이 예수를 주님 그리고 메시아가 되게 하셨습니다."(행 2:36 새번역 참조) 부활하신 예수님은 높임을 받으셨을 때 궁극적인 의미에서 그리스도 왕이 되셨습니다.

왕에게 몸이 필요한 이유

예수님께서 그리스도로서 온전히 권위 있게 역할하기 시작하신 것은, 부활한 인간의 몸을 입고 성부 하나님 우편에 오르셨을 때 입니다. 기억하세요! 하나님께서는 신의 통치뿐만 아니라 몸을 가진 인간의 통치도 필요로 하는 피조 세계를 설계하셨습니다. 하나님께서 완전한 영광을 받으시기 위해서 말이죠. 피조 세계는 부활하신 예수님께서 공식적으로 그리스도로 세워지시기 전까지는 "그 이상적인 인간"의 영광을 받지 못합니다. 왕이신 예수님은 몸을 입은 인간으로서 피조 세계를 새롭게 하실 수 있습니다. 이러한 갱신은 "그 이상적인 인간", 곧 왕이신 예수님을 바라봄으로써 변화될 때 일어납니다.

실제로 예수님의 부활과 피조 세계에 대한 그의 회복된 통치는 성경에서 그 결과를 놓고 "새 창조"(고후 5:17; 갈 6:15)라고 부를 정도로 이 땅을 뒤흔들고 재구성한 놀라운 사건입니다. 피조 세계의 부적절한 옛 요소들이 새롭게 창조되는 사건인 것이죠(골 2:20; 또한 골 2:8; 갈 4:3, 9). 예수님은 부활하신 왕으로서 또 완전한 인간(그리고 완전한 신)으로서 남아 계시므로, 피조 세계를 향한 영광의 분배를 조율하고 새롭게 하실 수 있습니다.

그렇다면 예수님은 지금 어디에 계실까요? 예수님은 우주에서 가장 권위 있는 위치에 계십니다. 즉, 부활하신 몸으로 성부 하나님 우편에 계시며 그곳에서 우리의 왕이자 대제사장으로서 일하고 계십니다. 그러한 공식적인 역할들을 통해 인간의 영광의 회복을 조율하며 지휘하고 계십니다. 그 영광이 피조 세계에 최고조로 도달할 수 있도록 말이죠. 이것이 바울이 복음을 가리켜 "그리스도의 영광의 복음"(고후 4:4)이라고 부르는 이유입니다. 왕의 영광은 또한 하나님께서 피조 세계로부터 영광을 받으시는 방식이기도 합니다. 왕이신 예수님은 피조 세계를 통해서 점점 더 영광을 받으십니다. 따라서 이것은 하나님께서 최고조로 영광을 받으시는 방식이기도 합니다.

그 위치에서 왕이신 예수님은 하나님의 백성에게 내주하시기 위해 성부 하나님과 함께 성령을 보내십니다. 성령의 임재는 예수님의 왕권이 하나님의 백성 가운데서 기능적으로 작동하는 방식입니다. 언제 어디서나 예수님을 진정으로 주님Lord 혹은 왕으로 고백하는 곳이면, 바로 그곳에서 예수님이 통치하십니다. 예수님은 모든 적들이 그의 궁극적인 권위에 굴복할 때까지—적들은 이미 패배하고 무장 해제되었지만—계속해서 통치하실 것입니다. 피조 세계를 향한 예수님의 인간으로서의 통치, 그리고 신으로서의 통치는 결코 끝이 없을 것입니다. 그의 왕위는 영원하기 때문입니다. **예수님은 통치하시기 위해 부활하셨습니다.**

우리는 복음이 우선적으로 개인의 구원을 목적으로 한다는 생각을 머릿속에서 지워버려야 합니다. 물론 하나님은 각 사람을 사랑하십니다. 하나님의 헤아릴 수 없는 사랑이 복음의 가장 큰 동력입니다. 하지만 하나님은 또한 다른 피조물들도 사랑하십니다. 물론 각 개인은 하나님의 사랑 안에서 복음으로 인하여 구원을 받습니다. 그러나 각 개인은 부분적인 차원에서 구원을 받습니다. 왜냐하면 하나님께서 피조 세계 전체를 구원하시는 일에 인간들을 필요로 하시기 때문입니다.

이번 장의 주요 주제들을 한 가지 비유로 정리하면 도움이 될 것 같습니다. 구원을 가리켜 아픈 환자를 회복시키기 위해 고안된 **심장 수술**이라고 생각해 보세요.

하나님은 아픈 환자를 지극히 사랑하시며 그 사랑은 그분을 움직입니다. 그 환자를 구원해 주시기 위해 심지어 십자가를 향해 가시기까지 합니다. 하지만 여기서 헷갈리면 안 됩니다. 환자를 보며 하나님께서 복음을 통해 구원하시려는 "개별적인 사람"으로 생각해서는 안 됩니다. **아픈 환자는 피조 세계 전체입니다.**

이 비유 속에서도 인간들은 여전히 중요합니다. 하나님은 인간을 **당신의 창조 프로젝트의 핵심**이자, 가장 위대한 업적으로 여기시며 특별히 사랑하십니다. 하지만 하나님의 사랑은 모든 피조 세계를 향합니다. 수술의 목적은 피조 세계 전체를 구원하는 것입니다. 여기에 요구되는 수술은 너무나도 급진적인 것이어서 수술 후의 모습을 **새로운 창조**라고 부르는 것이 가장 잘 어울립니다.

하나님께서는 모든 곳에 영광을 분배하기 위해 건강하지만 아직 다 성숙하지 않은 인간을 피조 세계의 중심에 세우셨습니다. 아담은 피조 세계가 충분히 완성되었을 때 성부, 성자, 성령께서 보내려고 작정하신 미래의 왕을 본떠서 만들어졌습니다. 차후 피조 세계는 그 왕의 리더십을 통해 최상의 영광의 상태에 도달하게 될 것입니다.

그러나 불순종을 선택한 인간은 치명적인 감염 매체가 되었고, 그 결과 피조 세계는 예상치 못한 영광의 실패를 맛보게 되었습니다. 아담의 실패 곧 죽음을 부르는 실패는 너무나도 끔찍했기에 환자(피조 세계 전체)는 병에 걸려 부패한 상태가 되었습니다. 아직 미래의 왕이 도착하기 전이었지만 하나님께서 깊이 개입하지 않고는 피조 세계가 결코 완성될 수 없었습니다. 급진적인 수술, 즉 심장 이식—새로운 인간—이 필요하게 되었습니다. 하나님께서는 이 이식 수술을 미리 약속하셨고, 특별히 아브라함의 가족과 다윗의 왕조를 통해 수술을 준비하셨습니다.

그러므로 복음은 피조 세계를 구원하기 위해 오랫동안 기다려 온 심장 수술의 시작입니다. 복음은 피조 세계의 중심에 새로운 인간을 세우는 심장 이식 수술입니다. 그 수술은 성육신으로 시작됩니다. 피조 세계를 향한 하나님의 뜻을 이루기 위해, 예수님께서 이상적인 왕으로 보냄을 받으셨습니다. 그리고 찬란하게 빛나는 하나님의 영광을 드러내심으로 진정한 인간이 되는 것이 어떤 의미인지를 보여주셨습니다.

그러나 성육신만으로는 필요한 이식 수술에 성공할 수 없습니다. 왕은 순종하는 삶을 통해 하나님께서 이전에 인간에게 의도하신 모든 것을 이루심으로 대체 심장이 되어야 합니다(총괄). 그는 더 나은 "충성"의 길을 보여줌으로써(도덕적 감화), 그리고 죄에 빠진 인류가 겪는 심장 질병을 대신 짊어짐으로써(대리[대속]) 십자가를 통해 승리해야 합니다(크리스투스 빅토르).

왕이 이러한 일들을 행한 후에, 하나님께서는 그를 의롭다 하시고, 죽은 자들로부터 일으키셨습니다. 많은 이들 중 맏아들로 삼으셨습니다. 그는 하나님 아버지 우편에서 육신으로 좌정하고 계십니다. 이제 거기에서 살아 있는 인간 왕이자 대제사장으로서 일하고 계십니다.

예수님의 부활과, 계속해서 진행 중인 **인간으로서의** 통치는 심장 이식 즉, 새로운 창조의 근원과 같습니다. 지금 왕이신 예수님은 하나님을 대신하여 피조 세계를 올바로 통치하고 계십니다. 옛 피조 세계의 부패 속에 새로운 피조 세계의 영광을 전파함으로써 인류를 향한 하나님의 뜻을 회복하고 계십니다. 다시 말해, 성령이 오셨습니다. 왕께서 이미 승리를 거두셨습니다. 그렇지만 또한 점점 더 많은 사람들이 충성을 통해 변화됨에 따라 왕의 승리는 더욱더 견고해집니다.

묵상과 나눔을 위한 질문

1. 복음이 오늘날 각 개인을 어떻게 구원하는지에 대해 생각하기 전에, 먼저 복음을 구성하는 사건들이 모두 과거의 역사 속 특정 시기에 일어났다는 점을 고려하는 것이 어째서 중요한가요?

2. 복음이 십자가가 아니라 성육신에서 시작된다는 것을 깨닫는 것이 어째서 중요한가요?

3. 성육신은 성경의 중요한 줄거리 안에서 왕권과 어떻게 연결이 되나요? 또한 타락이 성육신과 왕권에 미친 영향은 무엇인가요?

4. 어째서 십자가는 복음에 있어서 타협할 수 없는 필수 요소인가요?

5. 무언가에 갇혀 있던 여러분을 예수님께서 구출하신 일에 대해 이야기해 보세요. 또한 현재 여러분을 가두고 얽매는 것들은 무엇인가요? 어떤 부분에서 구출이 필요한가요? 여러분의 현재에 도움이 될 만한 과거의 교훈이 있나요?

6. 오늘날 "형벌 대리 속죄" 이론에서 형벌이 특히 더 논란이 되는 이유는 무엇인가요? 사람들이 이 용어를 지지하거나 혹은 거부하는 이유에 대해 말해보세요.

7. 그 아들이 십자가에서 죽어가고 있을 때 하나님 아버지께서 그를 버리신 것이라고 주장하는 것은 어째서 잘못된 것입니까?

8. 속죄 모델들 중 크리스투스 빅토르 모델은 무엇입니까? 어째서 이 모델이 대리(대속)보다 더 큰 범주입니까?

9. 여러분이 승리하기 위해 고군분투하고 있는 삶의 영역을 떠올려 보세요. 크리스투스 빅토르 모델이 여러분 개인에게 어떻게 다가오나요?

10. 도덕적 감화 이론을 여러분 자신의 언어로 설명할 수 있나요? 그리스도의 도덕적 감화(영향력)가 각 개인의 믿음에 의한 칭의의 기초가 되는 이유는 무엇입니까?

11. 십자가를 지나 예수님의 몸의 부활이 복음에 필수적인 이유는 무엇인가요? 그것은 예수님의 현재 상태와 어떤 관련이 있나요? 이 주제가 오늘날 복음에 온전히 응답한다는 말의 의미를 어떻게 바꾸나요?

12. 저자는 심장 수술의 비유를 사용하여 속죄의 모델들이 어떻게 상호 연관되어 있는지 설명했습니다. 네 가지 모델의 이름을 말해보고 그에 대해 간략하게 설명해 보세요. 각 모델들을 서로 연관시킬 수 있는 여러분만의 비유를 생각해 보세요.

Chapter 5
왕처럼 변화하기

"나는 갱스터가 제일 좋아요. … 내가 직접 저렇게 할 수 있다면 얼마나 좋을까! 저게 바로 제가 말한 삶이에요." 마이크 티비Mike Tea-vee가 우연히 티켓을 구했을 때 기자들은 인터뷰를 요청했습니다. 하지만 거대한 스크린 앞에 앉아 갱스터 쇼를 보고 있던 마이크는 방해받고 싶지 않았습니다. TV 프로그램이 끊임없이 반복 재생되는 동안 그는 18개의 장난감 총을 몸에 차고 총알을 발사했습니다.¹

이후에 윌리 웡카Willy Wonka는 마이크에게 거대한 초콜릿 바를 찢고 전파에 흩뿌려 특별한 TV 안에 작은 식용 버전으로 재구성할 수 있음을 보여줬습니다. 그러자 마이크는 가만히 있을 수 없었습니다. "나를 보세요. … 나는 세계 최초로 텔레비전을 통해 송출되는 사람이 될 거예요!"라고 외쳤습니다. 마이크는 경고에도 아랑곳 하지 않고 스스로 뛰어들어 그 TV 안에서 미니어처 형태로 재구성되었습니다. 마이크는 손가락만 한 크기로 줄어들었지만 집에 가서

TV를 시청하는 데는 지장이 없었기에 별로 신경쓰지 않았습니다. 겁에 질린 마이크의 부모님이 앞으로는 그가 달라질 것이라고 말했지만, 마이크는 그저 반복해서 소리를 지를 뿐이었습니다. "나는 TV를 보고 싶어요!" [2]

마이크 티비의 운명이 암울해 보일 수 있습니다. 하지만 쉘 실버스타인Shel Silverstein은 끝없는 TV 시청이 그보다 훨씬 더 큰 변화를 일으킴을 보여주는 지미 제트Jimmy Jet의 이야기를 들려줍니다. 그는 눈이 얼어 붙기 전까지 하루 24시간 동안 TV를 시청했습니다. 그러자 외형의 변화가 일어났습니다. "그의 뇌는 TV 브라운관으로", "그의 얼굴은 TV 화면으로" 변했습니다. 결국 그의 가족들은 지미 제트를 콘센트에 연결하고, 새 것이지만 이상하게도 익숙한 TV 수상기로 그들이 좋아하는 프로그램을 시청하기 시작합니다. [3]

―――――――――

우상들은 오늘날 우리와는 무관한 고대의 추상적인 대상으로 보이기도 합니다. 우리가 깨어 있는 대부분의 시간을 어떻게 보내는지 깊이 살펴보지 않는다면 말이죠. 성경 안에서 우상의 동의어는 곧 이미지(형상)입니다.

스마트폰을 단 2분만 스크롤해도 수백 가지의 다양한 이미지들을 보게 됩니다. 그 수효가 너무 많기 때문에 끊임없이 바뀌는 다양한 이미지들 중 일부만 파편적으로 기억할 수 있죠. 우리는 정말 마이크나 지미보다는 나은 걸까요? 하루 동안 화면을 통해 이미지들을 보는 데 얼마나 많은 시간을 쓰는지 한 번 따져 보세요. 할 수 있다면 말이죠. 죄책감을 느끼기 위해서가 아니라 실제 현실을 점검하기 위해서 한 번 해보세요.

여러분이 (때로는 다른 사람들과 함께, 대개는 혼자서) 자주 소비하는 이미지 기반 콘텐츠를 떠올려 보세요. TV 프로그램, 영화, 비디오 클립, 메시지, 밈, 이모티콘, 스냅샷과 같은 다양한 미디어를 떠올려 보세요. 또한 페이스북, 인스타그램, X(전 트위터), 스냅챗, 텍스트, 유튜브, 틱톡, 아마존, 넷플릭스와 같은 플랫폼을 생각해 보세요.

콘텐츠를 선택해서 보고 난 뒤 후회한 경우가 셀 수 없이 많을 것입니다. 섹스, 탐욕, 폭력의 강렬한 이미지들이 우리 눈 앞에 나타나는 순간 이를 "지우는" 것은 불가능합니다. 우리가 새롭게 다시 시작하길 바란다고 해서 의도적으로 그 기억을 지울 수는 없습니다. 한 번 본 강렬한 이미지들은 우리에게 계속해서 영향을 미칩니다. 대개 의식적으로 통제할 수 없는 무의식적인 방식으로 말이죠.

화면에서 끝없이 흘러나오는 이미지들은 우리로 하여금 세상에 대해 어떻게 **생각하도록**, 이보다 더 중요하게는 어떻게 **느끼도록** 훈련시키고 있는 걸까요? 우리는 분명 우리가 보는 이미지들에 의해 변화되고 있습니다.

심지어 우리가 선하고 덕이 되는 콘텐츠를 선택하여 본다고 하더라도, 그 콘텐츠는 수많은 광고들 사이에 배치되어 있습니다. 광고주들은 이미지들을 사용하여 우리의 환상을 자극하는 데 능숙합니다. 그들은 우리가 광고 장면처럼 산다면 삶이 어떻게 변화될지

상상하도록 유도합니다. 그러한 이미지들이 표준으로 삼는 도덕성은 과연 어떤 모습일까요? 소셜 미디어와 여타 이미지들의 경우, 어떤 행동에 보상을 주나요?

이미지들이 우리를 제자로 삼고 있습니다.

이미지들은 욕망desire을 불러일으켜 우리를 제자로 삼습니다. 욕망이 곧 예배는 아니지만, 예배와 아주 밀접한 관계가 있습니다. 실제로 그것은 영적 건강 상태를 보여주는 지표입니다. 철학자이자 신학자인 제임스 스미스James K. A. Smith가 말했듯이, "당신이 사랑하는 것이 바로 당신입니다."[4] 우리는 우리가 간절히 원하며 바라보는 이미지들과, 그 이미지들이 강화하는 습관들로 변화되고 있습니다.

우리가 먼저 예수님께 **나아가지** 않는다면—즉, 그의 영광스러운 이미지에 근본적으로 정신적, 정서적 관심을 쏟지 않는다면—우리는 하나님이 우리에게 원하시는 변화를 가져오는 데 필요한 체험적 방식을 결코 볼 수 없을 것입니다. 우리는 예수님으로 빚어진 습관들을 통해 아름다움과 선함과 진리에 대한 우리의 시각을 변화시켜야 합니다. 그리고 제자도를 통해 그런 변화를 구현해내야 합니다.

이것이 바로 복음이 세상의 진짜 이야기와 결합되는 방식입니다. 즉, 우리가 사는 실제 시공간의 역사 속에서 하나님은 우리의 인성을 취하신 구원의 왕을 보내셨습니다.

그는 십자가에서 승리하셨고 부활의 몸을 입고 다시 살아나셨습니다. 피조 세계의 영광을 새롭게 회복하시기 위해 인간을 변화시키는 일에 앞장서셨습니다. 그렇게 변화를 일으키는 예수님의 왕권은 위에서 아래로 세상을 변화시키고 있습니다.

그러나 … 여전히 한숨이 나옵니다.

승리로 인한 변화는 과연 어디에 있는 걸까요? 주위를 둘러보면 전쟁, 해로운 관계들, 총에 맞은 아이들, 성적 착취, 의료 서비스 실패, 마약 문제, 학대, 인종 차별, 빈곤만이 보입니다. 좋은 소식을 이루는 사건들이 2천여 년 전에 일어났는데도, 오늘날 세상은 왜 이렇게 추악한 것일까요?

또 다시 그러나 … 와우!

하지만 완전히 추악하기만 한 것은 아닙니다. 엔지니어가 자신의 동료가 아픈 아내를 돌볼 수 있도록 야근을 자원하고, 간호사가 환자의 개를 대신 돌봐주고, 학생이 따돌림을 당하는 친구에게 좋은 친구가 되어주고, 청소부가 상사가 보지 않는데도 청소를 깨끗이 잘하고, 음악가가 찬양팀을 격려하기 위해 시간을 희생하고, 구호 요원이 전쟁 지역에 의료 지원을 가는 등, 그리스도를 닮은 아름다움의 흔적들이 깨진 세상 가운데 곳곳에 드러나고 있습니다. 이러한 흔적들은 제가 지난 한 달 동안 관찰한 일부분에 불과합니다. 보이지 않는 선함이 차곡차곡 쌓이는 모습을 어찌 다 상상할 수 있을까요? 그 어떤 악함도 예수님 백성의 빛나는 행적은 무너뜨릴 수 없습니다.

왕이신 예수님은 세상을 변화시키고 계십니다. 흥미진진한 일입니다. 그러나 세상 속에서 느리지만 조금씩 영광이 회복되는 과정의 일환으로, 예수님의 왕권이 각 개인들을 의미 있게 변화시키시는 방식을 깨닫지 못하면, 복음이 필요한 이유 역시 결코 깨달을 수 없습니다.

5단계: 변화된 눈으로 바라보기

우리는 영광의 순환을 살펴보고 있습니다(이에 대한 개요는 제3장, 118쪽을 참고하세요). 지난 장에서 우리는 그 절정인 복음에 도달했습니다. 하나님께서는 이미 **역사 속에서** 당신의 영광을 회복하기 위한 일련의 사건들을 성취하셨습니다. 복음은 시대와 무관한 진리가 아닙니다. 복음은 하나님께서 우리가 언제나 그분을 믿기를 바라고, 우리가 우리의 구원을 위해 애쓰는 것을 멈추길 바라시는 것이 아닙니다. 물론 하나님은 그런 일들을 바라시지만, 그럼에도 그것이 복음은 아닙니다. 복음은 하나님께서 **예수님의 왕권을 통해 당신의 영광을 회복하시기 위해** 약 2천 년 전에 이 세계 안에 인류에게 베푸신 은혜이며 받을 자격 없는 이들에게 주어진 은혜입니다. 또한 복음은 지금도 성령을 통해 하나님께서 행하고 계신 변화의 사역입니다.

영광의 순환 5단계는 영광의 회복을 위해 **변화된 눈으로 바라보기**입니다. 이번 장에서는 어떻게 개인의 변화가 일어나는지, 그리고 그것이 세계 역사를 향한 하나님의 더 큰 목적에 어떻게 부합하는지를 다룰 것입니다. 영광의 순환 5단계는 더욱 세분화될 수 있는데요, 마침 이 역시 5가지 과정으로 이루어져 있습니다. 이 5가지 과정을 바라봄으로써 어떻게 개인의 변화가 일어나는지 알 수 있습니다.

변화된 눈으로 바라보기 5가지 과정

1. 흠이 없는 형상image이 나타난다.
2. 이상적인 형상을 바라본다.
3. 변화를 위한 힘을 얻는다.
4. 이상적인 형상으로 다같이 변화한다.
5. 그 형상을 따르고 순응한다.

변화된 눈으로 보는 단계는 각 개인과 관련이 있지만 동시에 전 세계적으로 진행되는 점진적 과정입니다. 한편으로, 우리는 하나님의 변화 사역이 역사 속에서 어떻게 전개되고 있는지를 깨달아야 합니다. 다른 한편으로, 우리에게는 실제적인 지침이 필요합니다. 우리 각자가 오늘날 그 과정에 온전히 동참할 수 있도록 말이죠.

1. 흠이 없는 형상이 나타난다

예수님이 왕권을 향한 여정에서 인간의 육신을 입으셨을 때, 그는 하나님의 영광을 흠잡을 데 없이 드러내셨습니다. "그 말씀이 육신이 되어 ⋯ 우리는 그의 **영광**을 보았다."(요 1:14 새번역) 우리는 하나님 아버지께서 그 아들을 보내어 인간의 육신을 입게 하셨을 때, 복음이 시작되었다는 사실을 이미 분명히 깨달았습니다. 성육신은 역사의 회복 과정과 개인의 회복 과정, 모두의 시작점입니다. 하나님의 **영광**이 완전한 인간이신 예수님 안에서 가시적으로 드러났을 때, 각 개인과 세상에 진정한 변화가 가능해졌습니다.

어떻게 흠이 없나요?

하지만 먼저 우리는 예수님이 어떻게 하나님의 영광을 온전히 드러내시는지 좀 더 자세히 알아볼 필요가 있습니다. 사도 바울은 말합니다. "그 아들은 보이지 않는 하나님의 형상image이시요."(골 1:15 새번역) "하나님께서는 그분의 안에 모든 충만함을 머무르게 하시기를 기뻐하시고."(골 1:19 새번역) 바울 시대 문화에서 형상은 동상과 같은 시각적인 표현을 가리켰기 때문에, 바울의 은유는 예수님이 시각적으로 성부 하나님과 **정확히** 똑같이 보인다는 것을 시사합니다. 이는 예수님께서 검은 머리, 검은 눈에 키가 172센티미터였으면 성부 하나님 역시 그와 같았을 것이라는 말이 아닙니다. 심지어 우리는 예수님이 정확히 어떤 모습이셨는지조차 모릅니다.

바울의 말은 예수님의 성품의 특성들이 성부 하나님의 성품의 특성들을 완벽하게 반영했다는 뜻입니다. 하나님의 자비와 정의, 선하심과 같은 특성들 말이죠. 그래서 예수님 또한 이렇게 선포하신 것입니다. "나를 본 사람은 아버지를 보았다."(요 14:9) 누군가 예수님을 진정으로 바라볼 때—즉, 겉으로 드러나는 육체적 특징이 아니라 내면의 덕을 바라볼 때—그 사람은 성부 하나님의 모든 특성들을 정확하고 구체적으로 보게 됩니다.

물론 이전에도 단서들이 있었지만 그럼에도 삼위일체가 인류에게 처음으로 계시된 곳은 곧 복음을 구성하는 사건들입니다.[5] 복음의 일환으로 성부 하나님께서는 성자를 보내셨고, 이후 둘은 성령을 보내셨습니다. 성부와 성자와 성령은 세 위격입니다. 하지만 하나님은 한 분이십니다. 삼위는 동일한 실체 또는 본질이기에 한 하나님이십니다. 즉, 하나님이 된다는 것이 무엇을 의미하든지 간에, 삼위는 모두 그 의미를 완전히 충족시킵니다. 한편, 예수님은 인간이자 신이시며 완전하게 그 둘 모두입니다. 각각의 본성을 가지고 계시기 때문입니다. 성자의 영원히 변하지 않는 하나님 "되심"은 성육신 안에서 완전한 인간의 본성을 취한 것이기 때문에, 곧 예수님 안에 성부 하나님의 모든 충만함이 거합니다.

동적인 표현

우리는 형상들images을 정적으로 생각하는 경향이 있습니다. 하지만 성경 안에서 형상은 영광을 드러낸다는 이유로 그것이 만들어지는 과정이 동적으로 묘사됩니다. 히브리서 저자는 말합니다. "그는 하나님의 영광의 광채시요, 하나님의 본체대로의 모습이십니다."(히 1:3 새번역) 여기서 "광채"로 번역된 그리스어 **아파우가스마**apau-gasma는 광휘 혹은 반사를 의미하기도 합니다. 마치 그림을 보는 듯

한 이 말씀에서 성부 하나님은 압도적일만큼 찬란한 영광의 원천이시고, 성자 예수님은 그 찬란함이 우리에게 도달하게 하는 매개체—광선이든 반사된 이미지든—입니다.

이처럼 성자를 뚜렷이 영광스럽게 묘사하는 것은, 그를 "하나님의 본체대로의 모습"(히 1:3 새번역)이라고 부름으로써 강조됩니다. 이 표현의 그리스어는 카라크테르 테스 휘포스타세오스*charaktēr tēs hypostaseōs*인데요. 카라크테르는 동전 주조와 관련된 단어입니다. 어떤 이미지를 동전에 찍기 위해서는 도장을 가지고 부드러워진 금속에 시각적으로 정확히 본을 떠야 했습니다. 성자가 바로 이 카라크테르입니다. 즉, 성부 하나님으로부터 나타난 본이자, 그분의 정확한 시각적 모습입니다.

그렇다면 예수님은 성부 하나님을 정확히 나타내고 표현한다고 할 수 있습니다. 구체적으로 어떤 부분에서 그렇다는 것일까요? 성부 하나님의 **휘포스타시스***hypostasis* 즉, 성부의 근본적인 본질 혹은 구성적 실재에 있어 그렇다는 것입니다. 히브리서는 성부 하나님의 근본적인 실체가 무엇이든—즉, 성부의 신 "되심"이 무엇이든—성자는 정확히 그 각인을 이루심을 이야기합니다.

성자 곧 그 아들은 영원부터 완전한 하나님이십니다. 삼위일체라는 교리를 완전히 공식화하려 할 때, 우리는 이 히브리서 구절을 성경의 다른 본문들, 즉 성부께서 특정한 시점에 그 아들을 발산하거나 주조하지 않으셨음을 보여주는 구절들과 함께 읽어 조화를 이루어야 합니다. 니케아 신조Nicene Creed는 그 아들, 성자는 성부에 의해 특정 시점에 나신 피조물이라고 주장한 이단 아리우스주의를 막기 위해 주후 4세기에 작성되었습니다.

아리우스주의가 정확히 이단으로 판정된 이유는 성경이 성부가 성자를 아버지의 모습으로 **영원히 낳으시고**, 성자도 성부와 함께 그 **자신의 영원한 영광**을 누림을 증거하기 때문입니다(예: 시 2:5-9; 요 1:1-3, 14; 16:28; 17:5; 히 1:5; 5:5). 그렇기에 니케아 신조는 성부가 성자를 영원히 낳으시지만, 성부와 성자는 동일한 본질(호모우시오스*homoousios*)을 지니고 있다고 주장합니다. 성부, 성자, 성령은 항상 한 분이셨고 앞으로도 항상 한 분이실, 참 하나님이십니다.

앞서 살펴본 성경 본문들은 우리가 성자 예수님을 바라볼 때 (그는 완전한 하나님이시므로) 그 형상image이 완전하다는 것을 상기시켜 줍니다. 따라서 우리가 성자 예수님을 바라볼 때 성부 하나님의 충만함도 볼 수 있습니다.

2. 이상적인 형상을 바라본다

이제 실천적인 영역으로 들어가 봅시다. 어떻게 하면 예수님의 내적 특성들을 볼 수 있을까요? 어떻게 하면 변화된 관점을 얻을 수 있을까요? 무엇보다 우리는 제자가 되겠다는 의지를 가지고 그의 임재 안에 들어가야 합니다.

임재 안에 들어가서 보기

예수님의 사역 초기에 두 사람이 예수님을 따르기 시작했습니다. 예수님은 이를 눈치채시고 돌아서서 돌연히 그들을 마주하셨습니다. "무엇을 구하느냐?" 그들은 "랍비여, 어디 계시오니이까?"(요 1:37-38)라고 말하며 가르침을 받고 싶다는 의사를 표시했습니다. 그들은 예수님의 길을 따르기 위해서는 그저 그 뒤를 황급히 뒤따르는 정도가 아니라, 그의 임재 안에 머무는 것이 필요하다는 점을 정확히 인식했습니다. 그들은 예수님의 삶 전체를 보고 또 경험해야 했습니다.

이후 예수님께서 그들에게 하신 대답은 그의 제자가 되고자 하는 모든 이들을 향한 초대이기도 합니다. "와서 보라."(요 1:39) 예수님의 제자가 되려면 그의 임재 안에 들어가서 볼 수 있는 습관을 길러야 합니다. 인격적인 변화는 예수님의 제자가 되려는 의지를 가지고 예수님께 다가갈 때 시작됩니다. 예수님께 다가가 그의 생애를 볼 수 있어야 합니다.

의도적으로 바라보기

의도적으로 예수님을 보는 일은 세 가지 이유에서 꼭 필요합니다. 첫째, 분명한 의도 없이는 우리가 이미 선호하는 예수님만 찾게 되기 때문입니다. 우리는 가치관, 도덕성, 사회적인 선택들, 그리고 정치라는 영역에 있어 우리—그리고 우리가 존경하는 사람들—가 항상 옳았다는 사실을 보기를 간절히 바랍니다. 하지만 우리 안에 확증 편향과 자기 중심적인 합리화는 끝이 없습니다. 결국 분명한 의도 없이는 우리를 변화시키기를 갈망하는 예수님이 아닌, 우리가 원하는 예수님만 찾게 될 것입니다. 즉, 우리에게 변화를 요구하지 않는 예수님만을 찾게 될 것입니다.

둘째, 예수님을 바라보는 분명한 의도가 없다면, 진짜 예수님은 세속적인 문제들에 묻혀 사라질 것입니다. 세상은—그리고 슬프게도 교회의 많은 부분들이—예수님에게 수천 겹의 옷을 입혀 마치 미라처럼 그를 감추는 데 성공했습니다. 모든 사람들이 그들의 문제를 위하여 예수님을 동원했습니다. 오늘날 우리는 애국적인 예수, 목가적인 예수, 성소수자LGBTQ 예수, 페미니스트 예수, 깨어 있는 예수, 총기 권리 옹호자 예수, 관용의 예수 등 수많은 예수상을 찾아볼 수 있습니다. 만일 그러한 옷을 벗겨내려고 한다면 아주 신중해야 합니다. 서로 상충하는 내용이 굉장히 많기 때문에 그 속에서 진짜 예수님을 찾는 일은 결코 쉽지 않습니다.

셋째, 우리가 예수님을 바라볼 때 각별히 의도가 없다면, 우리의 감정이 변화될 만큼 충분히 예수님을 보지 못하게 될 것입니다. 만일 우리가 예수님의 제자가 **되고 싶지 않다면**, 되지 않을 것입니다. 간단합니다. 만일 우리가 변화되고 싶지 않다면—만일 우리가 예수님이 가리키고 계신 더 높은 선good을 바라보지 못한다면—변화되지 않을 것입니다. 분명한 의도를 가지고 예수님을 바라보는 일은 꼭 필요한 일입니다. 우리에게 분명한 의도가 없다면, 우리는 예수님께서 무엇을 **사랑하시는지**, 왜 사랑하시는지에 대해 결코 알 수 없을 것입니다. 그렇게 되면 우리의 갈망도 거짓되이 다시 만들어 질 것입니다.

　의도를 가지고 예수님을 바라보는 일이 반드시 필요하다는 것과 그렇지 못할 경우 어려움이 발생한다는 점을 고려할 때, 어떻게 하면 우리는 그 의도를 가질 수 있을까요? 성경만이 답입니다. 성경이 묘사하는 예수님으로 되돌아가야 합니다. 되돌아가고 또 되돌아가야 합니다. 언제나 성경으로 되돌아가서 우리가 가진 예수님의 이미지를 정교하게 가다듬어야 합니다. 그렇지 않으면 결국 또 왜곡된 예수님만을 보게 될 것입니다. 다행히도 예수님과 사도들은 제자도를 위한 초석들을 신중하게 쌓아 두었습니다. 이후 세대가 와서 볼 수 있도록 말이죠.

만일 우리가 예수님의 제자가 되고 싶지 않다면,

되지 않을 것입니다. 간단합니다.

　성경 외에도 우리를 도와줄 안내자들이 있습니다. 저는 이 책에서 이미 C. S. 루이스Lewis, N. T. 라이트Wright, 스캇 맥나이트Scot McKnight, 카르멘 아임스Carmen Imes 등 우리에게 유용한 많은 목소리들을 언급한 바 있습니다. 이레나이우스Irenaeus, 아우구스티누스Augustine, 토마스 아 켐피스Thomas à Kempis 같은 예수님의 고대 제자들도 여전히 유용합니다. 달라스 윌라드Dallas Willard와 리처드 포스터Richard Foster의 작품은 이미 현대의 고전이 되었습니다. 팀 켈러Tim Keller, 티

쉬 해리슨 워렌Tish Harrison Warren, 에사우 맥컬리Esau McCauley, 존 마크
코머John Mark Comer, 리처드 빌로다스Richard Villodas 같은 현대 작가들
도 우리에게 필요한 많은 지식을 사려 깊게 전달해 줍니다. 또한 창
의적인 기독교인들이 더 많은 청중들에게 다가가기 위해 새로운 미
디어를 활용하고 있습니다. 앤드류 피터슨Andrew Peterson(음악과 책), 팀
맥키Tim Mackie와 존 콜린스Jon Collins(더 바이블 프로젝트 동영상 및 팟캐스트),
필 비셔Phil Vischer와 스카이 제타니Skye Jethani(더 홀리 포스트 팟캐스트), 존
딕슨John Dickson (언데셉션 팟캐스트), 저스틴 브라이얼리Justin Brierley(프리미
어 크리스천 라디오 언빌리버블) 등이 그 예입니다.

요컨대, 예수님을 의도적으로 그리고 정확하게 바라보는 일은
제자도를 향한 첫걸음입니다. 우리는 성경 안에서 이상적인 인간은
어떤 삶을 살았는지를—즉, 그의 가르침과 실천과 삶의 궤적을—열
심히 바라봐야 합니다. 그래야 우리가 그의 형상image으로 다시 빚어
질 수 있다는 희망을 가질 수 있습니다. 우리가 예수님의 임재 안에
선다면, 과연 무엇을 보게 될까요?

관계적 지혜와 제자 만들기

변화할 준비가 된 마음으로 예수님을 바라볼 때 우리는 규칙이
아니라 관계적 지혜를 발견하게 됩니다. 예수님의 관계적 지혜로 훈
련받게 되면, "진정한 인간 번영"이라고 불리는 단계—조나단 페닝
턴Jonathan Pennington이 예수님의 산상수훈을 다룬 책에서 명명한 단
계—로 나아갈 수 있습니다.[6] 깨지고 부서진 세상 속에서도 이 번영

은 우리를 비롯한 모든 사람에게 가능합니다.

우리가 예수님으로부터 배워야 하는 것이 너무나도 많습니다. 이를테면, 기도하고, 가르치고, 이끌고, 섬기고, 용서하고, 불의에 맞서고, 원수를 대하는 방법과 같이 말이죠. 그 목록은 끝없이 늘어날 수 있습니다. 예수님의 대안적 가치alternative values들은 우리가 체제 전복적으로 지혜로워지는 방법을 가르쳐 줍니다.

그러나 우리의 목표는 예수님을 따르는 제자가 되기 위해 와서 보는 것이기 때문에, 우리는 예수님께서 제자도에 대해 명시적으로 가르치신 내용에 특히 더 주목해야 합니다. 이제 제자가 된다는 것이 구체적으로 무엇을 의미하는지 집중적으로 다루려고 합니다.

십자가의 길

예수님은 누구든지 자신의 제자가 되고자 하는 사람은 "자기를 부인하고 자기 십자가를 지고 나를 따를 것"(마 16:24; 또한 막 8:34; 눅 14:27 참조)이라고 말씀하셨습니다. 이는 근본적으로 다른 사람을 섬기기 위해 자신의 권리, 특권, 안락함을 포기하는 것을 의미합니다. 심지어 죽음에 이르기까지 말이죠. 또한 누가는 자기 십자가를 지는 것이 일생에 단 한 번 하는 결단이 아니라, "매일" 해야 하는 일임을 알려줍니다(눅 9:23).

예수님의 첫 제자들에게 십자가를 지는 것은 다음과 같은 일들을 의미했습니다. 그들은 일시적으로 노숙을 받아들였고(마 8:19-20), 기본적인 율법의 의무나 예의를 다할 수 없는 상황에서도 예수님을 따라야 했으며(마 8:21-22), 가족보다 예수님을 더 소중히 여겨야 했고 (마 10:34-39), 하나님께서 선교 가운데 매일의 필요를 채워주실 것을 계속해서 신뢰해야 했습니다(마 10:9-10).

또한 예수님의 제자가 된다는 것은 곧 모든 사람을 섬기는 것을 의미합니다(마 9:35). 여기에는 하나님께서 적절한 때에 당신의 종들을 높이실 것을 신뢰하면서 스스로를 낮추는 일, 다시 말해 가장 낮은 자리, 가장 끝자리를 취하는 일도 포함됩니다(눅 14:7-11). 이는 비천한 종들에게나 어울리는 세족식과 같이, 아주 작고 하찮은 일도 기꺼이 수행하는 것을 의미합니다(요 13:1-17).

제자가 되기 위한 기본 요건은 의식적으로 행하는 충성과 자기 부인의 행동입니다. 십자가를 향한 왕의 발자취를 따라 걷는 것입니다. 그리고 그것이 자신과 다른 사람들에게 참된 생명의 길이 될 것이라는 점을 굳게 신뢰하는 것입니다.

예수님을 위한 자기 부인

하지만 절대 속지 마세요. 자기 부인 그 자체를 목적으로 삼게 되면 결국 막다른 골목에 서게 됩니다. 자기 부인이 정말로 자기 부인을 위한 것이어서는 안 됩니다. 바울은 왕이신 예수님께 뿌리를 두지 않은 자기 부인은 얼핏 보면 지혜의 모양을 띠고 있는 것 같지만 결국엔 실패한다고 말합니다. 그 목적이 잘못되었을 뿐만 아니라 동력도 부족하기 때문입니다(골 2:20-23). 성령의 주도로 이루어지는 일이 아니기 때문에 우리 육신의 욕망을 멈추지 못하는 것입니다. 자기 부인의 목표가 올바르게 설정되지 않으면 결코 진정한 변화로 이어지지 않습니다.

다르게 표현하자면, 십자가의 길은 **보통의** 자기 부인이 아니라, 보다 구체적으로 예수님을 위한 자기 부인이어야 합니다. 십자가를 진다는 것은 우리 모두가 남에게 베푸는 것을 잊지 말아야 한다거나, 남을 도와야 한다거나, 너그럽게 행동하면서 불쾌한 사람들을 참아내야 한다는 뜻이 아닙니다. 오히려 십자가를 진다는 것은 예수님께서 베푸셨기 때문에 우리도 베풀어야 한다는 것, 예수님께서 좋아하셨기 때문에 우리도 다른 사람들을 도와야 한다는 것을 의미합니다. 또한 몹시도 불쾌한 사람들 중에 실은 **내가** 가장 불쾌하고 추악한 사람이므로 다른 불쾌한 사람들을 참아내야 한다는 것을 의미합니다. 즉, 예수님처럼 되기 **위해 변화되어야 한다는 것을** 의미합니다.

예수님께서 말씀하신 것처럼, 제자도는 "나[예수]를 위해" 그리고 "**복음을 위해**"(막 8:35) 의도적으로 스스로의 목숨을 바치려고 할 때에야 비로소 생명을 가져다 줍니다. 즉, 예수님의 말씀에 따르면, 십자가를 지는 것이 그저 자기 희생의 일반적인 원칙 정도로 전락할 때는 생명을 가져다 주지 못합니다. 의도적으로 예수님을 따르는 행위일 때만 비로소 생명을 가져다 줄 수 있습니다.

자기 부인을 그 자체로 목적으로 삼는 것 외에 또 다른 방식으로도 실패하기 쉬운데요. 우리는 자기 부인이 우리 자신의 유익은 없고 오직 다른 사람들의 유익을 위한 것이라고 착각할 수 있습니다. 우리가 예수님의 "자신을 부인하라"는 명령 뒤에 숨어 있는 우리를 자유하게 하려는 의도와 목적을 깨닫지 못하면, 우리는 하나님께서 우리가 누릴 수 있는 그 어떤 행복의 조각도 결국 다 빼앗아 가시는 일을 기뻐하신다고 착각하게 됩니다. 만일 그렇게 되면 하나님은 내가 다른 사람을 위해 고통을 겪으면서도 희미한 웃음으로 버티고 견뎌낼 때, 고소해하며 낄낄대는 우주의 그린치Grinch가 됩니다.

자기 부인이 예수님(그리고 예수님의 복음)에 대한 충성의 행동이 아니라면 결국 아무런 소용이 없습니다. 진정한 자유는 오직 예수님의 기치旗幟 아래에서만 찾을 수 있기 때문입니다. 우리는 그 왕 안에서 스스로 죽습니다. 그로써 새로운 자신이 점점 더 죄로부터 해방되기 때문입니다(롬 6장). 이를 두고 바울은 다음과 같이 말합니다. "나는 왕과 함께 십자가에 못 박혔습니다. 이제 더 이상 내가 사는 것이 아니라 내 안에 왕이 사십니다. 이제 내가 육체 가운데 사는 것은 나를 사랑하사 나를 위해 자기 자신을 버리신 하나님의 아들에 대한 충성으로 사는 것입니다."(갈 2:20 저자 사역) 믿음으로 예수님을 왕으로 고백하고 성령과 발맞추어 걸어갈 때 우리는 진정한 자유를 얻게 됩니다(롬 8:1-17). 십자가의 길은 우리를 예수님의 죽음과 부활의 능력과 연결시켜주기에, 그 길은 곧 우리가 예수님의 주권적인 통치 아래 놓이게 되는 해방의 길입니다.

매일의 대가, 평생의 대가

자기 십자가를 지는 일은 평생의 여정인 동시에 매일의 과제입니다. 스스로 죽는 일은 결코 쉽지 않으며 또한 말로만 되는 것도 아닙니다. 그래서 예수님은 처음부터 그 과정의 비용을 계산하여 끝까지 완수하기로 결심하지 않으면, 결국 아무 소용 없는 헛된 일이 될 것이라고 경고하셨습니다.

예수님은 제자도를 망대 쌓는 것에 비유하셨습니다. 망대를 세우는 일에 필요한 비용을 미리 계산하지 않는 사람은 망대가 다 세워지지도 못하고 버려질 때 어리석은 사람으로 판명될 것이라고 말씀하셨습니다(눅 14:27-30). 예수님은 또한 전쟁을 고민하는 왕에 비유하셨습니다. 왕이 전쟁에서 승리하는 데 필요한 비용을 감당할 수 있는지 계산해보지 않고서 전쟁을 시작하는 것은 어리석은 일이라는 것입니다(눅 14:31-32). 그리고 예수님은 "이와 같이 너희 중의 누구든지 자기의 모든 소유를 버리지 아니하면 능히 내 제자가 되지 못하리라"(눅 14:33)고 말씀하셨습니다. 반쪽짜리 대응은 결국 실패합니다. 예수님의 제자가 되려면 우리의 모든 것을 바쳐야 합니다.

아이러니하게도 그 비용을 정확히 계산해보면 도리어 우리의 결단이 더욱 굳건해집니다. 예수님은 우리가 자기 자신을 죽이는 일은 값비싼 대가를 치르는 일이지만, 꼼꼼히 계산해 보면 결국 현명한 거래임을 알 수 있다고 말씀하셨습니다. 우리는 인생의 마지막 순간에 현재 우리 자신을 포기해야 할 것입니다. 십자가를 지고 가는 예수님의 제자들만이 하나님께서 예고하신 새로운 시대의 삶을 살 수 있을 것입니다(막 8:35-37). 따라서 우리 자신에게서 예수님과 관련 없는 부분에 집착하는 것은 아무런 의미가 없습니다.

지혜롭게 계산해본다면 우리는 살기 위해 죽을 것입니다. 십자가를 짊어짐으로써 현재의 자신을 죽일 때, 우리는 변화되어 더 많은 것을 되찾게 됩니다. 이제 새로운 우리 자신은 부활의 시대에 누릴 수 있는 영원한 삶(의 특성)으로 충만해집니다(요 5:24). 또한 예수님을 위해 매일 십자가를 지는 사람들은 최후의 심판 때에 왕이신 예수님으로부터 유리한 판결을 받게 될 것입니다(막 8:38).

복음에 대한 긍정적인 반응이 여전히 인간이 할 수 있는 최선의 선택인 이유는 무엇일까요? 왕이신 예수님을 위해 자기 자신을 죽이는 것은 지금부터 영원까지 참된 생명을 누릴 수 있는 유일한 투자이기 때문입니다.

왕에게 순종하기

순종은 진정한 제자들에게 나타나는 특징입니다. 예수님은 "누구든지 나를 사랑하는 사람은 내 말을 지킬 것이다"(요 14:23 새번역)라고 말씀하셨습니다. 순종은 예수님에 대한 우리의 사랑을 정확하게 측정할 뿐만 아니라, 또한 제자에게 참된 삶이 있음을 가리킵니다(요 8:51). 사도 요한은 이를 극명하게 드러냅니다. "아들을 믿는[피스튜온 *pisteuōn*] 자에게는 영생이 있고 아들에게 **순종하지 아니하는** 자는 영생을 보지 못하고 도리어 하나님의 진노가 그 위에 머물러 있느니라."(요 3:36) 다르게 표현하면, 우리가 "믿음"(피스티스) 곧 충성을 표현할 때, 우리는 예수님에게 속한 영원한 생명 속으로 들어갑니다. 이 믿음의 충성은 예수님을 향한 순종과 관련이 있습니다.

예수님의 위격에 순종하기

우리는 예수님의 위격person과 그가 우주적 권위를 성취하신 일에 근거하여 그에게 순종하도록 부름받았습니다. 심지어 예수님은 공식적으로 성부 하나님 우편에서 그리스도로 보좌에 오르시기 전부터, 그의 위격에 근거하여 순종을 명령하셨습니다. 심지어 폭풍, 바람, 물, 파도도 예수님께 순종했습니다(눅 8:25 참조). 그러니 예수님의 제자라면 마땅히 그에게 순종해야 하지 않을까요? 예수님을 대적하던 악한 영들도 두려움에 떨며 예수님께 순종했습니다(막 1:27). 그러니 하물며 예수님의 명령을 이루려 애쓰는 사람들이라면 얼마나 더 순종해야 하겠습니까?

예수님의 직분에 순종하기

예수님의 죽음과 부활 이후 예수님께 대한 순종은 그의 위격뿐만 아니라 또한 그의 공식적인 지위에 의해서도 요구됩니다. 부활하신 예수님은 제자들을 불러 자신이 이제 하늘과 땅의 **모든 권세를** 가지게 되셨음을 말씀하셨습니다(마 28:18). 다시 말해, 예수님은 자신이 만왕의 왕으로 위임되었음을 선포하셨습니다. 그런 다음 제자들에게 다른 제자들을 만들어 "내가 너희에게 분부한 **모든 것을 가르쳐 지키게 하라**"(마 28:20)고 말씀하셨습니다.

마태복음 본문은 순종에 대해 세 가지를 가르쳐 줍니다. 첫째, 오늘날 예수님의 제자가 된다는 것은 곧 그가 마땅히 모든 권위를 가지고 계심을 인정하는 것입니다. 자유롭게 순종을 선택하는 것은 우리의 의무일 뿐만 아니라 또한 특권이자 기쁨입니다. 예수님은 온전히 선하신 분이며 영원토록 가장 높으신 왕이시기 때문입니다. 순종을 명령하는 왕으로서 예수님이 가지신 권위는 다른 어느 곳에도 비할 데가 없으며 타의 추종을 불허합니다.

둘째, 예수님께서 순종을 명령하시는 범위에 한계란 없습니다. 예수님께서는 하늘과 땅 어느 곳에서나 권위를 가지시며, 우리는 예수님이 명령하시는 모든 것에 마땅히 순종해야 합니다. **순종에 대한 예수님의 명령의 범위에는 한계가 없습니다.**

셋째, 예수님께서는 순종이 저절로 생기지 않을 것을 알고 계셨습니다. "가르쳐 지키게 하라"(마 28:20)는 예수님의 말씀은 불완전한 과정을 암시하고 있습니다. 예수님은 우리의 순종이 결점이 없거나 즉각적이지 않을 것이라는 점을 알고 계셨습니다. 순종은 제자도를 배워가는 과정의 일부입니다. 예수님께서 가시 면류관을 쓰신 데는 다 그만한 이유가 있습니다. 우리가 순종을 배워갈 때 죄를 짓는 실수 속에서도 자신이 우리를 위해 끝없이 용서를 베푸시는 왕이심을 보여주고 싶으셨기 때문입니다. 순종은 배워야 하는 것입니다. 이 말은 곧 예수님의 제자들은 순종에 있어 불완전한 상태에 있음을 전제합니다.

율법의 화신이시며 왕이신 예수님

제자들도 순종하는 법을 배운다는 점을 감안할 때, 제자도는 예수님이 성육신하기 전에 이미 하나님께서 당신의 백성에게 주신 구체적인 계명들과 어떤 관련이 있는 걸까요? 우리는 음식법과 같이 모세 율법의 특정 부분들은 이미 성취되었기에, 더 이상 하나님의 백성에게 보편적인 구속력을 갖지 못함을 성경을 통해 알고 있습니다(마 7:19; 행 10:9-16; 롬 14:20). 우리는 또한 율법을 행함으로는 구원을 얻을 수 없다는 것을 알고 있습니다. 사도 바울은 이를 두고 "율법의 행위로 그[하나님]의 앞에 의롭다 하심을 얻을 육체가 없나니"(롬 3:20; 갈 2:16 참조)라고 말한 바 있습니다.

모세의 율법이든 왕이신 예수님께서 주신 새 율법이든, 율법의 문자를 행한다고 해서 하나님과 올바른 관계를 맺을 수 있는 것은 아니지만, 그럼에도 왕의 법에 순종하는 것은 분명 생명을 가져다주는 것으로 드러났습니다. 예수님은 "내가 율법이나 예언자들의 말을 폐하러 온 줄로 생각하지 말아라. 폐하러 온 것이 아니라, 완성하러 왔다"(마 5:17)고 말씀하셨습니다. 예수님의 왕권은 이전의 하나님의 율법을 폐하는 것이 아니라 오히려 그것을 성취합니다.

예수님께서 율법을 성취하시는 일이 가능한 이유는 "고결한 왕은 스스로 율법에 복종하고 내면화하여 그 자신이 율법의 화신이 되시기 때문입니다. 신학자 조슈아 집Joshua Jipp은 이를 두고 "살아 있는 율법"이 되신다고 표현했습니다."[7] 이것이 예수님께서 율법에 대해 긍정적으로 말씀하신 이유입니다. 최고의 왕이신 예수님은 하나님께서 과거에 율법을 주실 때 의도하신 모든 것을 구현하고 완성시키신 분입니다.

그리스도는 살아 있는 율법이십니다. 따라서 제자가 된다는 것은 예수 그리스도를 본받아 율법에 담긴 가장 깊은 의도를 성취하는 것을 의미합니다. 그렇기에 바울과 같이 예수님을 따르는 사람은 "하나님의 율법이 없이 사는 사람이 아니라 그리스도의 **율법 안에서**"(고전 9:21 새번역) 사는 사람이라고 말할 수 있습니다. 바울은 그리스도의 법에 복종하는 것을 본래 그에 담긴 하나님의 의도를 성취하는 것으로 간주합니다(갈 6:2). 야고보 역시 "자유를 주는 율법"(약 1:25; 2:12)에 대해 말하면서 바울과 거의 같은 이야기를 합니다. 야고보는 성경에서 발견되는 "왕의 법", 그리고 예수님에 의해 반향된 "왕의 법"을 반드시 지켜야 한다는 기독교인의 의무를 재확인합니다(약 2:8). 제자들이 예수님의 왕의 법을 지키는 일은 구원을 얻기 위해서가 아니라 충성 때문입니다. 그리고 그 일은 율법주의적인 규칙들을 지킴으로써가 아니라, 성령의 인도하심을 따름으로써 가능합니다.

예수님은 제자들에게 어떻게 하나님의 살아 있는 율법이 되라고 가르치셨나요? 예수님은 산상수훈에서 "살인하지 말라", "간음하지 말라", "눈은 눈으로"와 같은 구약성경의 가르침을 인용하십니다. 그러나 예수님은 그 각각의 가르침에 담긴 하나님의 진정한 의도를 보여주시기 위해 그것들을 급진적으로 발전시키십니다. 예수님은 제자들에게 그 명령에 정말로 순종해야 한다고 말씀하십니다. 제자들은 피상적인 순종 수준을 넘어서야 합니다. 하나님께서 율법을 주신 근본적인 이유를 살아내야 하는 것이죠.

예수님의 제자들은 그들의 왕을 본받아 율법에 대한 하나님의 가장 중요한 의도를 구현해야 합니다. 예수님은 세 가지 말씀을 통해 이를 분명히 밝히십니다.

살인이 아닌 사랑을

예수님의 제자들은 구체적인 율법을 주신 하나님의 목적을 깊이 헤아림으로써 먼저 살아 있는 율법이 되어야 합니다. 예수님은 하나님께서 "살인하지 말라"(마 5:21; 출 20:13 참조)는 명령을 주셨음을 언급하십니다. 하나님께서 이 명령을 주신 것은 인간들이 서로를 부당하게 죽이는 것을 원치 않으셨기 때문입니다.

그러나 이것은 하나님께서 "살인하지 말라"는 명령을 내리신 유일한 이유가 아니며, 심지어 가장 두드러진 이유도 아닙니다. 하나님께서는 우리가 우리의 형제나 자매를 죽이고 싶어질 정도로 분노에 휩쌓이지 않기를 바라시고 우리가 다른 사람을 사랑하기를 바라십니다. 하나님께서는 그저 살인이 없는 수준을 원하시는 것이 아닙니다. 하나님께서는 살인으로 이어질 수 있는 분노나 복수심과 같은 마음을 품지 않기를 원하시는 것입니다. 하나님은 당신의 백성의 진심 어린 순종, 즉 그들 마음에 기록된 율법을 지키려는 열망을 원하십니다.

간음이 아닌 순결을

하나님은 흥을 깨시는 분이 아닙니다. 하나님께서 "간음하지 말라"(마 5:27; 출 20:14 참조)고 명령하신 것은 성(性)을 좋지 않게 여기셔서가 아니라, 우리의 내적 성욕이 외적 행동과 조화를 이루어 모든 사람에게 번영을 가져다 주시기 위함입니다.

하나님은 우리가 성적인 관계를 갖도록 창조하셨습니다. 그러나 하나님께서 간음을 금하시는 이유는 결혼 밖에서 이루어지는 성관계는 이기적이며, 우리 자신과 사회에 해롭다는 사실을 우리가 깨닫길 바라시기 때문입니다. 그것은 우리를 복된 삶으로 이끄는 관계적 지혜에 부합하지 않습니다. 하나님께서는 결혼 밖 성관계에 대한 우리의 정욕이 완전히 가라앉도록 결혼을 제정하고 간음을 금지시키신 그 선하신 뜻을 우리가 깨닫길 바라십니다. "간음하지 말라"는 율법을 해석하실 때 예수님은 자신의 제자들이 그 명령의 진의眞意를 먼저 깨닫고 따르기를 바라셨습니다.

복수가 아닌 용서를

마찬가지로 "눈은 눈으로"라는 하나님의 명령은 고대 이스라엘 안에서 복수를 제한하면서도 정의를 유지하기 위해 고안된 명령이었습니다(마 5:38; 출 21:24; 레 24:20; 신 19:21 참조). 하지만 실은 하나님께서 그 명령을 주신 것은 당신의 백성을 전인적으로 빚어내기 위함이었습니다. 예수님은 그러한 하나님의 명령에 담긴 보다 근본적인 이유가, 우리의 마음이 하나님의 용서(의 윤리)에 사로잡히게 만들기 위함이라고 말씀하십니다. 예수님의 제자가 된다는 것은 원수를 용서하는 데 있어서 예수님을 본받는다는 것을 의미합니다. 실제로 우리는 원수를 용서하는 데서 그칠 것이 아니라 원수를 위해 기도하는 데까지 나아가야 합니다.

왕 안에 있는 우리에게 복수를 하고 싶은 욕망은 전혀 어울리지 않습니다. 그렇기에 복수를 추구하기보다 차라리 배로 부당한 일을 당하는 것이 더 낫습니다. 예수님을 따르는 제자라면 한쪽 뺨을 맞을 때 기꺼이 다른 쪽 뺨을 내밀어야 합니다. 누군가를 위해 1킬로미터를 가야 할 때 기꺼이 몇 킬로미터를 더 가야 합니다(마 5:39-41). 또한 왕이신 예수님께서 "아버지, 저들을 사하여 주옵소서 자기들이 하는 것을 알지 못함이니이다"(눅 23:34)라고 말씀하시며 하나님의 율법을 내면화하셨던 모습을 본받아야 합니다. 예수님은 이상적인 왕이시며 하나님의 율법에 담긴 진정한 의도를 구현하신 분이십니다. 예수님은 살아 있는 율법이십니다.

왕이신 예수님은 율법에 담긴 하나님의 가장 중요한 의도를 삶으로 살아내셨기 때문에, 예수님의 제자들 역시 하나님의 율법에 대한 피상적인 순종을 넘어 진심 어린 순종으로 나아가야 합니다. 이는 예수님의 새 언약 안에서 인간의 마음 위에 하나님의 율법을 기록하시는 성령의 능력에 그 성패가 달려 있습니다(렘 31:31-34; 눅 22:20; 고후 3:6). 그러한 순종을 배우는 과정에는 때로 좌절과 실패, 불충성스러운 행동도 나타날 것입니다. 그러나 분명한 것은 성령의 인도하심에 따라 예수님께 순종하는 것이 곧 제자도의 특징이라는 점입니다. 그러한 순종이 영생 곧 영원한 생명으로 이어집니다.

하나님을 사랑하고 황금률을 지키는 일

하나님의 살아 있는 율법으로서 예수님이 가진 역할에 대한 또 다른 시사점이 있습니다. 가장 큰 계명이 무엇인지를 묻는 질문을 받으셨을 때 예수님은 혁신적인 대답을 하실 필요가 없었습니다. 물론 하나님의 구체적인 지침들 중 일부는 인류 역사의 흥망성쇠에 비추어 상황에 따라 바뀔 수도 있습니다. 하지만 하나님께서 인류를 향해 품고 계신 근본적인 윤리(적 목적)는 변하지 않습니다.

따라서 가장 큰 계명에 관한 질문을 받으셨을 때, 예수님은 새로운 규칙을 만들지 않으셨습니다. 예수님은 구약성경의 핵심을 꺼내어 우리를 향한 하나님의 목적에는 일관성이 있음을 보여 주셨습니다. 그래서 "예수님은 '네 마음을 다하고 목숨을 다하고 뜻을 다하여 주 너의 하나님을 사랑하라'고 대답하셨습니다. 이것이 크고 첫째 되는 계명"이라고요(마 22:37-38; 신 6:5 참조). 예수님은 그저 가장 큰 계명을 재선포하신 것이었습니다.

그렇지만 예수님은 거기서 끝내지 않으셨습니다. 예수님은 가장 큰 계명을 알려달라는 질문만 받으셨음에도 불구하고, 그 계명은 보충 설명이 없이는 불완전함을 알고 계셨습니다. "둘째도 그와 같으니 '네 이웃을 네 몸과 같이 사랑하라.'"(마 22:38-39; 레 19:18 참조) 첫째 계명은 둘째 계명 없이는 불완전합니다. 왜냐하면 하나님께서는 우리가 당신과 어떻게 관계를 맺고 있는지, 그리고 우리가 서로를 어떻게 대하고 있는지 모두에 관심이 있으시기 때문입니다.

때때로 다른 사람을 부당하게 대하거나 온전히 섬기는 일에 실패했을 때, 우리는 스스로에게 이렇게 말하곤 합니다. "정말 중요한 것은 내가 예수님을 믿어서 하나님과 올바른 관계를 맺는 것뿐이야." 또 어떤 때는 우리의 형편없는 예배 습관들을 정당화하려고, 스스로에게 이렇게 말하곤 합니다. "하나님께 정말로 중요한 것은 내가 다른 사람들을 어떻게 대하는가야."

두 계명은 서로 긴밀히 연결되어 있습니다. 올바른 행동은 살아 계신 하나님을 향한 참된 예배로부터 흘러나오기 때문에 첫째 계명은 가장 본질적인 계명입니다. 그런데 내가 유일하신 참 하나님께 사랑으로 반응하며 예배한다면, 그 사랑은 흘러넘치지 않을 수 없어 결국 다른 사람들을 향한 사랑으로 이어질 것입니다. 그렇기에 예수님의 제자라면 당연히 하나님과 이웃을 사랑합니다. 예수님은 이렇게 말씀하셨습니다. "이 두 계명에 온 율법과 예언서의 본 뜻이 달려 있다."(마 22:40 새번역)

한마음이 되려면

예수님께서 율법의 성취를 강조하신 것은, 제자도가 올바른 믿음에서 멈추는 것이 아니라 능동적으로 움직이는 것임을 상기시켜 줍니다. 예수님은 제자들이 자선을 베풀고, 기도하고, 금식하기를 기대하셨습니다. 하지만 예수님은 또한 제자들이 위선자들처럼 행동해서는 안 된다고 밝히셨습니다. 의로운 행위는 사람들의 인정을 받기 위한 것이 아니라 하나님을 위한 것입니다(마 6:1-18). 예수님의 제자들은 인간의 영광을 얻기 위해 자선을 베풀고, 기도하고, 금식하는 것이 아니라, 하나님 앞에서 영광을 얻기 위해 자선을 베풀고 기도하고 금식해야 합니다. 요란스럽지 않은 방식으로 말이죠.

예수님의 제자들은 하나님께 헌신하는 일에 한마음이 되어야 합니다. 예수님의 제자들은 그 눈을 빛으로 가득 채우고, 땅보다 하늘에 보물을 쌓고, 하나님의 것을 바라보며, 돈이 아닌 하나님을 섬겨야 합니다(마 6:19-24). 하나님과 돈을 동시에 섬길 수 있다고 생각하는 사람, 즉 두 마음을 품은 사람은 그 일에 실패할 수밖에 없습니다. 우리는 진짜 주인을 선택해야 합니다. 작은 피조물들마저 돌보시는 하나님의 신실하심을 바라봄으로써 걱정과 염려가 아닌, 하나님께서 현재와 미래에 우리의 필요를 공급해주심을 믿고 신뢰하는 법을 배워야 합니다(마 6:25-33). 정말로 하나님은 선하신 분이며 우리가 구하기 전에 이미 우리의 필요를 아시는 분입니다.

예수님을 따르는 제자는 단순히 그의 말씀을 듣는 데서 그치지 않습니다. 그저 "주여, 주여"라고 말하는 데서 그치지 않습니다. 도리어 예수님의 말씀이 열매를 맺도록 그 말씀을 실천하는 데까지 나아갑니다(마 7:15-27).

예수님의 왕권을 증언하는 일

예수님을 본받는다는 것은 곧 예수님의 왕권을 증언하는 것을 의미합니다. 예수님은 공생애 사역의 대부분을 하나님 나라가 가까이 왔음을 선포하는 데 보내셨습니다. 그리고 궁극적인 의미에서 자신이 하나님을 대신하여 통치할 자가 되어가는 과정에 있음을 증거하셨습니다. 그러므로 우리가 다른 사람들에게 예수님의 왕권을 전하고 있다면, 우리는 예수님을 잘 따르고 있는 것입니다.

예수님께 충성을 바치라고 다양한 국가, 민족, 문화권의 사람들을 부르는 제자는 예수님을 잘 따르고 있는 제자입니다. 예수님은 소수의 엘리트만을 초대하여 자신의 왕권을 알리지 않으셨습니다. 물론 예수님은 먼저 유대인들에게, 즉 그가 "이스라엘의 잃어버린 양"(마 15:24)이라고 불렀던 동족들에게 초대와 환영의 뜻을 전하셨습니다. 그러나 후에는 자신의 왕권에 비유대인들도 포함됨을 보여주시며 그 범위를 넓혀가셨습니다(마 7:24-31; 눅 10:33; 17:11-19; 요 4:7; 10:16).

예수님께서는 가난한 사람과 부유한 사람, 남자와 여자 할 것 없이 모든 사람을 초대하셨습니다. 하지만 특히 소외된 사람들이 환영받는다는 것을 알리시기 위해 특별한 노력을 기울이셨습니다. 이를테면, 질병을 가진 사람, 피부병을 지닌 사람, 장애가 있는 사람, 흉터가 있는 사람을 특별히 환대하셨습니다. 매춘부, 세리, 사마리아인, 이방인, 여성과 같은 주변인들과, 당시 다른 이들로부터 하찮게 여겨지거나 죄가 있다고 여겨진 사람들을 특별히 환대하셨습니다. 예수님은 그들을 환대하셨을 뿐만 아니라 그들에게 안부를 건네고, 그들을 만지고, 그들의 병약함을 떠맡으셨습니다(마 8:17). 따라서 예수님의 제자라면 마땅히 예수님께서 보이신 그러한 본을 따라야 합니다.

물론 하나님의 은혜로운 초대를 받는다고 해서 그것이 곧바로 믿음을 맹세하는 일로 이어지는 것은 아닙니다. 하나님의 은혜, 즉 그 선물은 반드시 받아야 의미가 있는 것이며, 그렇지 않으면 헛된 것이 됩니다(고전 15:2; 고후 6:1; 히 12:15 참조). 예수님의 제자들은 구원을 베푸는 예수님의 왕권과 사죄의 온유한 용서가 모든 사람에게 받아들여지기를 소망하며 증언하지만, 동시에 그들의 왕이 사람들에게 선택의 자유를 주셨음을 압니다. 동시에 그 선택에 따른 **미래의 결과**로부터 그 누구도 자유로울 수 없음을 압니다.

따라서 예수님의 제자가 된다는 것, 그리고 예수님의 삶의 패턴을 따른다는 것은 곧 예수님의 왕권이라는 선물을 받아들이고 그것을 증언한다는 것을 의미합니다. 복음을 전하는 것은 제자도와 별개의 일이 아닙니다. 복음을 전하는 것은 제자도의 본질적인 핵심입니다.

과거에 증언하는 일, 현재에 증언하는 일

오늘날의 제자들은 예수님과 예수님의 첫 제자들이 확립한 전도의 패턴을 따르는 것이 대체로 옳습니다. 그러나 여기에는 한 가지 중요한 조건이 충족되어야 합니다. 우리는 예수님을 따르는 사람이 예수님의 왕권을 증언한다는 것이 과거 예수님의 첫 제자들에게나 현재 우리에게나 동일한 의미는 아니라는 사실을 꼭 기억해야합니다. 이는 성육신과 승천 사이에 예수님의 지위가 바뀌었기 때문입니다.

오늘날 예수님의 제자로서 그에 대해 증언하려면, 예수님의 새로운 지위에 반드시 주목해야 합니다. 예수님께서 처음 인간의 육신을 취하셨을 때, 그는 하나님의 아들로 선포되셨습니다. 그는 또한 선택받은 그리스도셨습니다. 물론 여전히 왕좌를 기다리셨지만

요. 공생에 초반에 예수님은 고침을 받은 사람들 혹은 제자들이 자신에 대해 말하고 다니는 것을 원치 않으셨습니다(막 1:43-44; 3:12; 눅 9:21 참조). 그의 왕권은 (그들의 생각과) 달랐기 때문입니다. 예수님에 대해 성급하게 알리는 것은 혼란만 야기할 뿐이었습니다.

예수님의 왕권에 담긴 고난의 본질이 명확해져야, 하나님을 나타내는 왕, 장차 오실 섬김의 왕으로 선포될 수 있으셨습니다(눅 10:1-24, 특히 16절). 실제로 승천 후 예수님은 더 분명히 증거되셨습니다. 그는 "권능을 가진 하나님의 아들로", 즉 공적으로 하늘과 땅을 다스리는 왕, 그리스도로 드러나셨습니다(롬 1:4; 행 2:36; 엡 1:10; 빌 2:10-11).

예수님은 승천하실 때도 하나님의 아들로 남아 계셨지만, 이전에 하나님의 아들로서 소유하셨던 것 이상의 모든 통치 권세를 소유하게 되셨습니다. 이제 예수님은 신이자 **또한** 인간 통치자, 그리스도십니다. 예수님의 왕권을 담은 복음은 하나님께서 세상에 주신 최고의 은혜이자 근본적인 선물입니다. 우리는 예수님의 제자가 됨으로써 왕이신 예수님에게 충성을 맹세하고 그 선물을 받습니다. 지금까지 배운 내용을 정리하자면, 제자도에는 십자가의 길을 선택하는 것, 사람을 기쁘게 하는 것이 아니라 하나님을 기쁘시게 하는 것, 하나님의 살아 있는 율법(표현)이 되는 것, 한마음이 되는 것, 예수님께 순종하는 것, 하나님과 이웃을 사랑하는 것, 그리고 예수님의 왕권을 증거하는 것이 모두 포함됩니다.

3. 변화를 위한 힘을 얻는다

제자들은 와서 보았습니다. 그들은 예수님을 가까이에서 경험하고 예수님의 일상 생활을 따랐습니다. 예수님은 제자들에게 이상적인 인간이 되는 법을 가르치셨습니다. 십자가의 삶을 살고, 율법의 가장 중요한 의도를 성취하고, 하나님의 인정을 구하고, 자신의 왕권을 증거하고, 하나님과 이웃을 사랑하는 법을 가르치셨습니다. 하지만 예수님이 붙잡히고 제자들 자신도 위험에 빠졌을 때, 과연 무슨 일이 일어났을까요?

제자들은 모두 도망쳤습니다.

사도 베드로는 예수님을 세 번이나 부인했습니다.

무엇이 잘못되었던 걸까요?

오순절 이전에도 많은 사람들이 예수님의 왕권을 미리 내다보고 인정했지만 그럼에도 복음의 완전한 능력은 아직 사용할 수 없었습니다. 왜냐하면 예수님께서 아직 왕위에 즉위하지 않으셨기 때문입니다. 즉, 복음 전체를 구성하는 사건들이 아직 역사 속에서 일어나지 않았기 때문입니다. 오순절에 이르러 예수님은 즉위하실 수 있었고, 성부 하나님과 함께 성령을 부어주실 수 있었으며, 구원을 받은 **그룹**을 만드실 수 있었습니다. 오로지 이 그룹 안에서 결정적인 변화와 영광의 회복이 일어납니다.

다시 말해, 와서 보는 것은 변화를 경험하는 제자도에 꼭 필요한 출발점이지만 그것만으로는 충분하지 않습니다. 하나님의 특별한 도움 없이는 왕에게 충성을 바치는 일은 불가능하기 때문입니다. 베드로는 예수님을 그리스도로 고백했지만, 베드로가 십자가로 표시된 길을 걸으며 그의 왕을 온전히 따르기 전에 먼저 예수님이 그 길을 걸으셔야 했습니다.

죄와 율법, 옛 질서의 권세는 역사 속에서 예수님의 십자가를 통해 결정적으로 부서지고 깨뜨려져야 했습니다. 그래야만 제자들도 그들의 십자가를 지고 그 뒤를 따를 수 있었습니다. 그리고 마침내 왕이 새로운 시대를 여셨습니다. 이제 우리는 그에게 충성을 바침으로써 그 시대 안에 들어갑니다.

우리가 성령의 공동체에 참여하려면, 다른 대상들에 충성했던 것을 회개하고, 왕이신 예수님을 향한 믿음을 맹세함으로 충성을 바쳐야 합니다. 우리가 주님께로 돌아서면 그의 성령의 능력을 사용할 수 있게 되고 온전히 변화된 관점으로 왕을 바라볼 수 있게 됩니다. "우리가 다 너울을 벗은 얼굴로 거울을 보는 것 같이 주의 영광을 보매 **그와 같은 형상으로 변화하여 영광에서 영광에 이르니** …."(고후 3:18 저자 사역) 하지만 먼저 **너울을 벗은** 얼굴이 필요하다는 사실에 주목하세요.

예수님의 흠 없는 형상image만으로 저절로 변화가 일어나는 것은 아닙니다. 너울을 벗어야 변화가 일어납니다. 바울은 우리가 어떻게 너울을 벗고 얼굴을 드러내게 되는지를 설명하는데요. "그 너울은 [오직] 그리스도 안에서 제거"됩니다(고후 3:14 새번역). "사람이 주님께로 돌아서면, 그 너울은 벗겨집니다."(고후 3:16 새번역) 즉, 사람이 자기 통치로부터 돌아서서 회개하고 예수님을 주님으로 인정할 때 너울은 제거되며, 그때부터 즉위하신 주님의 영이 통치하기 시작합니다. 그리고 그로써 우리는 자유를 얻게 됩니다(고후 3:17). 우리가 예수님의 왕권에 전념할 때 죄의 권세는 깨집니다(롬 6장). 우리가 변화되는 결정적인 출발점은 바로 왕이신 예수님의 복음을 향해 반응하는 것입니다.

그러나 우리가 너울을 벗는다해서 우리의 관점이 변화되는 과정이 저절로 일어나는 것은 아닙니다. 우리는 **예수님의 형상을 적극적으로 바라보아야 합니다.** "우리가 다 너울을 벗은 얼굴로 거울을 보는 것 같이 주의 영광을 보매 그와 같은 형상으로 변화하여 …."(고후 3:18 저자 사역) 다시 말해, **변화를 목적으로 예수님을 의도적으로 응시하는 것이 핵심입니다.** 너울을 벗고 예수님의 영광을 **바라볼 때,** 우리는 그 영광을 더욱 사모하게 되고, **그로써 우리 자신의 형상**image이 예수님의 **영광스러운 형상으로 변화하게 됩니다.**

4. 이상적인 형상으로 다같이 변화한다

변화된 관점으로 바라보는 일은 그룹의 일입니다. 그 일은 특히 하나님의 백성, 즉 교회가 함께 예수님을 바라볼 때 일어납니다. 물론 하나님께서는 각 개인을 구원하는 데 관심이 많으십니다. 그러나 하나님께서는 개인 차원에서 이 사람이나 저 사람을 구원하신 다음, 그들이 서로를 찾아 공동체를 만드는 방식을 취하지 않으십니다. 오히려 하나님께서는 역사 속에서 각 개인이 그룹으로 모였을 때 그들에게 성령을 부어주심으로써 구원받은 공동체, 즉 교회를 구성하셨습니다.

오순절은 구원받은 그룹을 만들었습니다. 오늘날 각 개인은 구원을 받은 그룹에 속하지 않고서 구원받을 수 없습니다. 성령께서 예수님에게 충성하는 사람들을 모두 보이지 않게 하나로 묶으셨기 때문입니다.

우리는 공동체 안에서 다른 이들과 함께 있을 때 예수님의 형상을 가장 잘 바라볼 수 있습니다. 왜냐하면 우리 각자가 예수님(의 충만함)의 다양한 측면을 서로에게 드러낼 수 있기 때문입니다. "만일 온 몸이 눈이면 듣는 곳은 어디며 온 몸이 듣는 곳이면 냄새 맡는 곳은 어디냐?"(고전 12:17) 따라서 공동체 안에서 우리는 왕이신 예수님에 대한 거짓된 형상들을 꾸짖고, 참된 전인적 형상이 되도록 힘써야 합니다.

우리가 예수님의 영광스러운 형상을 적극적으로 바라볼 때, 우리는 그의 형상으로 함께 변화됩니다. 그러나 변화가 즉각적으로 일어나는 것은 아닙니다. "영광에서 영광으로" 조금씩 점진적으로 일어납니다. 그렇기 때문에 개인의 변화와 공동체의 변화는 오랜 시간이 걸리는 과정이라고 할 수 있습니다.

5. 그 형상을 따르고 순응한다

각 개인이 자신의 왕권에서 예수님의 왕권으로 충성의 대상을 바꿀 때, 흔히 극적인 변화가 갑작스럽게 일어납니다. 이제 죄의 권세는 부서지고 깨졌습니다. 우리는 왕 안에서 새로운 피조물입니다.

하지만 갑작스럽게 해방된 피조물들은 익숙치 않은 습관들을 배워야 합니다. 새롭고 낯선 미덕을 배워야 합니다. 새로운 자신을 입는 법을 배워야 합니다. "새 사람을 입었으니 이는 자기를 창조하신 이의 **형상**image을 따라 지식에까지 새롭게 하심을 입은 자니라."(골 3:10) 우리는 우리의 지식이 새로워져서 그 형상을 닮아가도록 애써야 합니다.

신입 제자든 노련한 제자든 모든 제자들은 예수님으로부터 배워야 할 것이 많습니다. 이를 위해서는 공동체 안에서 시간을 갖고 서로의 영광을 새롭게 하는 작업이 필요합니다. 우리의 형상이 점점 더 예수님의 영광스러운 형상으로 변화될 수 있도록, 우리는 함께 예수님의 형상을 계속해서 바라보아야 합니다.

드러난 광채 바라보기

언젠가 왕이 다시 오실 것입니다. 그때 우리는 온전히 드러난 그의 광채를 보게 될 것입니다. 그리고 우리가 그의 형상으로의 변화되는 과정이 마침내 완성될 것입니다.

그때 우리가 어떻게 변화될지에 대해서 하나하나 모든 것을 알수는 없습니다. 사도 요한은 우리가 지금 하나님의 자녀이기는 하지만 우리의 최종적인 변화는 신비의 영역에 남아 있다고 말합니다. "사랑하는 여러분, 이제 우리는 하나님의 자녀입니다. 앞으로 우리가 어떻게 될지는 아직 밝혀지지 않았습니다만 …" 그러나 어떤 신비의 영역이 남아 있든, 요한은 우리가 그 결과는 알고 있다고 말합니다. "… 그리스도께서 나타나시면, 우리도 그와 같이 될 것임을 압니다. 그 때에 우리가 그를 참모습대로 뵙게 될 것이기 때문입니다."(요일 3:2 새번역)

이해하셨나요?

우리의 최종적인 변화의 핵심은 그리스도를 온전히 바라보는 데 있습니다. 그리스도께서 다시 오실 때 그렇게 바라보게 될 것입니다. 그때 우리는 그를 있는 그대로 보게 될 것이며, 그와 같이 변화될 것입니다. 바울은 다음과 같이 말합니다. "우리가 지금은 거울로 보는 것 같이 희미하나 그 때에는 **얼굴과 얼굴을 대하여 볼 것이요** 지금은 내가 부분적으로 아나 그 때에는 주께서 나를 아신 것 같이 **내가 온전히 알리라.**"(고전 13:12) 왕이 다시 오시면 우리는 그를 직접 대면하게 될 것입니다. 그리고 그러한 대면은 왕의 영광스러운 형상에 따른 새로운 참 지식을 얻게 할 것입니다.

우리가 (하나님의 형상인) 왕의 형상과 완전히 일치할 때, 우리는 예수님과 함께 영원히 통치할 자격을 갖추게 될 것입니다. 그리고 이 좋은 소식을 접할 때, 우리는 예배를 드리지 않을 수 없습니다.

예배, 예배, 예배

왕이신 예수님의 형상으로 우리가 최종적인 변화를 이루는 일
은 예배로 시작해서 예배로 끝납니다. 우리가 예수님의 참모습—왕
중의 왕, 만주의 주, 유다 지파의 사자, 죽임당한 어린 양—을 바라
볼 때, 우리는 예배를 드리지 않을 수 없습니다.

> 큰 음성으로 이르되 죽임을 당하신 어린 양은 능력과 부와 지혜와 힘
>
> 과 존귀와 영광과 찬송을 받으시기에 합당하도다 하더라 (계 5:12)

요한계시록은 예배로 가득 차 있습니다. 요한계시록의 저자 사
도 요한은 예배가 곧 왕이신 예수님에 대한 진리를 바라보고 주시
하는 것임을 알았습니다. 그런 예배에는 변화의 효과가 있습니다.

우리가 참된 예배 속으로 들어갈 때 너울도 벗겨집니다. 즉, 그
리스도를 향한 우리의 지속적인 찬양을 통해 우리는 변화의 마지막
단계에 도달합니다. 최고의 기독교 작곡가들은 이것을 알았습니다:

> 그리스도께서 인도하신 곳으로 날아오르자, 할렐루야!
>
> 우리의 고귀한 머리되신 그를 따르자, 할렐루야!
>
> 우리도 그와 같이 일어나자, 그와 같이 되자, 할렐루야!
>
> 우리의 십자가, 무덤, 하늘, 할렐루야![8]

이러한 찬양을 통해 예배할 때 우리는 십자가를 통해 승리하시

고, 죽음을 이기시고, 권능으로 다스리시는 그리스도의 참모습을 보게 됩니다. 왕이신 그리스도의 광채를 찬양할 때, 우리도 "그와 같이 일어나 그와 같이 됩니다." 왕이신 예수님께서 최후의 영광으로 나타나실 때, 우리의 진정한 위치를 재발견하게 됩니다. 즉, 우리가 정말로 높임을 받아 그리스도와 함께 하나님 우편에 앉으며, 왕이신 그와 함께 영광 가운데 통치하게 될 것입니다(골 3:1-4).

예배는 우리가 왕이신 예수님의 형상을 닮아가도록, 그래서 우리가 그의 통치 안에 들어갈 수 있게 하는 수단입니다. 기독교 작곡가 그래함 켄드릭Graham Kendrick은 우리가 "왕이신 예수님의 광채"를 바라볼 때에야 비로소 그의 "형상"을 나타낼 수 있게 됨을 상기시킵니다. 우리는 왕의 광채를 바라볼 때 변화됩니다. 이러한 변화는 사도 바울이 말한 것처럼, 한 단계의 **영광**에서 다른 단계의 **영광**으로 변화되는 것입니다(고후 3:18). 예배는 우리가 왕을 바라보도록 도와주며, 우리의 삶이 그의 영광스러운 삶을 반영하여 **우리의 이야기**가 곧 **그의 이야기**를 선포하는 이야기가 될 수 있게 합니다. "여기에 비친 우리의 삶이 당신의 이야기를 전하게 하소서." [9] 우리의 삶이 하나님이 의도하신 영광을 비추도록 우리를 신성한 삶으로 이끄는 것은 바로 **예배 그 자체**입니다.

따라서 우리의 예배가 결코 멈추어서는 안 됩니다. 예배는 우리가 변화되어 온 왕의 형상에 머물게 합니다. 우리가 왕이신 예수님의 위엄을 묵상하며 그를 예배할 때, 왕의 광채가 우리 삶을 비추게 됩니다. 그 결과 다른 사람들 역시 왕의 이야기 속으로 들어갈 수 있

는 기회를 얻게 됩니다. 언젠가 하늘에서 내려올 새 예루살렘에서
는 하나님과 어린양에게 속한 사람들이 보좌 앞에서 "그를 예배"(계
22:3 새번역)할 것입니다. "그의 얼굴을 볼 것이다 … 그들은 영원무궁
하도록 다스릴 것이다."(계 22:4-5 NIV)

우리는 계속해서 예배를 드림으로 그 아들의 형상을 닮은 상태
에 머물 것입니다. 그리고 우리가 왕이신 예수님과 함께 다스릴 때
피조 세계는 큰 영광을 경험하게 될 것입니다. 오소서, 주 예수여.

> [6] 할렐루야! 주 우리 하나님 곧 전능하신 이가 통치하시도다 [7] 우리가
> 즐거워하고 크게 기뻐하며 그에게 영광을 돌리세 어린 양의 혼인 기
> 약이 이르렀고 그의 아내가 자신을 준비하였으므로(계 19:6-7)

———————————

저 자신이 선택해왔던 이미지들(형상들)을 떠올려보면 분명 이에
대해 제가 설교할 입장은 아닙니다. 저는 후회스러운 선택을 해왔
고 심지어 지금도 계속하고 있습니다. 하지만 예수님의 제자로서
제가 선택했던 최고의 이미지를 여러분과 나누고 싶습니다.

제가 대학 4학년 때 1년 동안 혼자 살았던 적이 있는데요. 당시
스포캔Spokane 외곽 숲 가장자리에 사는 중년 부부의 아파트 지하층
을 빌려서 생활했습니다. 자연, 아름다움, 고독, 고요함이 정말 좋았
죠. 반면에 고립감, 지루함, 끊임없이 저를 갉아먹는 강박적인 생각
들과 욕망들은 정말 싫었습니다.

그래서 저는 한 가지 실험을 해보기로 결심했습니다. 바로 TV를 버린 것입니다. 물론 TV가 완전히 나쁘다고만 생각한 것은 아니었습니다. 하지만 제가 외로움을 피하기 위해 그 뒤에 숨고 있다는 것을 깨달았습니다. 게다가 제가 존경하는 기독교인 멘토도 TV가 없었습니다. 처음에 저는 TV 대신 책을 읽으려고 시도했습니다. 하지만 사실 그 자체로는 잘 되지 않았어요. 책을 읽지 않을 때는 또다시 자기 몰입에 빠져 이런저런 생각의 소용돌이가 저를 압도하곤 했습니다.

그래서 저는 외로움과 지루함, 나르시시즘에 사로잡히기 시작할 때, TV 보는 것을 대신해 성경을 암송하기로 결심했습니다. 그리고 이런 시도들이 주님과 동행하는 작은 발걸음이 되기를 바랐습니다.

그 일은 제가 상상했던 것보다 훨씬 더 큰 변화를 가져왔습니다. 저는 시험삼아 짧은 성경 구절부터 천천히 암송하기 시작했습니다. 하지만 점차 제 욕심은 커졌습니다. 결국 저는 성경 한 권을 통째로 외우는 일을 시도했습니다. 그 해에 무엇보다도 제 마음을 사로잡은 것은 예수님의 가르침과 사도 바울의 윤리적 명령이었습니다.

이후 제가 가치 있게 여기고 원하는 것, 즉 저의 열망과 노력이 크게 재조정되기 시작하는 것을 느꼈습니다. 저는 인기 있는 고소득 직업보다, 예수님을 위해 영향력을 끼칠 수 있는 직업을 바라게 되었습니다. 주말마다 스키를 타기 위해 돈을 벌고 싶어하기보다는, 주말에 성경 공부를 통해 다른 사람들이 예수님을 만나도록 돕고 싶었습니다. 제 마음은 성경으로 가득 찼습니다. 당시에는 몰랐지만 저는 이미지 대체 요법을 하고 있던 셈입니다.

그 해에 TV에서 해방되어 성경의 이미지들images로 대체한 후, 저는 이전으로 돌아가고 싶은 마음이 추호도 들지 않았습니다. 지금은 TV를 가지고 있긴 하지만 아무때나 볼 수 있게 설치해 두지는 않았습니다. 만약 무언가를 보고 싶으면 TV를 가져와서 제자리에 옮기고 여러 가지 연결을 해야 하는 상태로 두었습니다. 물론 가끔…, 그래요! 가끔보다는 더 자주 야구를 보긴 합니다. (야구는 완벽한 스포츠이므로 신성시해야 합니다. "아멘"이라고 외쳐도 될까요?) 하지만 TV를 볼 때마다 설치를 해야하는 수고로움은 저 스스로에게 이러한 질문을 되묻게 만듭니다. "내가 보는 것이 영적으로 어떤 영향을 미칠까?" 내가 무엇을 보기로 선택하고 결정하느냐가 나의 생각과 욕망에 영향을 미칠 수밖에 없다는 것을 배운 것입니다.

그러므로 어떻게든 왕이신 예수님을 더 많이 바라보아야 하겠습니다.

묵상과 나눔을 위한 질문

1. 여러분이 가장 자주 보는 시각적인 이미지들은 무엇인가요? 그런 이미지들을 보면 어떤 기분이 드나요? 또 그 이미지들은 어떤 행동을 부추기나요?

2. 여러분의 눈 앞에 가장 자주 아른거리는 이미지들을 제공하는 출처는 어디인가요? 누가, 그리고 왜 그런 이미지들을 제공했나요? 여러분이 보기 위해 선택한 이미지들을 어떻게 더 확실히 제어할 수 있나요?

3. 여러분 인생에서 가장 원하는 것은 무엇인가요? 누군가 일주일 내내, 하루 24시간 동안 여러분을 관찰한다면, 여러분이 가장 원하는 것이 무엇이라고 말할 건가요? 그리고 여러분이 원하는 것을 어떻게 바꿀 수 있나요?

4. 예수님을 가리켜 흠 없는 형상(이미지)이라고 부르는 것은 무엇을 의미하나요? 이것이 여러분 개인의 변화에 중요한 이유는 무엇인가요?

5. 여러분은 예수님께 가까이 가는 것과, 예수님을 세밀히 바라보는 것 중 어느 쪽이 더 어렵다고 느껴지나요? 두 가지 일 모두가 필요한 이유는 무엇일까요? 이와 관련하여 어떤 자료들이 여러분에게 도움이 될 수 있을까요?

6. 예수님을 의도적으로 바라보는 일이 어째서 필요한가요? 의도적으로 바라보는 일에 방해가 되는 세 가지 장애물 중 여러분을 가장 힘들게 하는 것은 무엇인가요? 그 이유는 무엇인가요?

7. 예수님의 제자가 된다는 것은 무엇을 의미하나요? 어째서 일반적인 자기 부인만으로는 예수님의 제자가 되기에 충분하지 않나요?

8. 여러분이 존경하는 예수님의 제자 중 한 명을 말해보세요. 그 제자는 어떤 대가를 치렀나요? 여러분은 예수님의 제자가 되기 위해 무엇을 희생했나요? 그리고 예수님의 제자로서 여러분은 어떤 유익을 얻고 있나요?

9. "그리스도는 살아 있는 율법"이라는 말은 무엇을 의미하나요? 예수님의 살아 있는 율법으로서의 지위는, 제자들이 어떻게 살아야 하는지와 어떤 측면에서 연결되나요?

10. 여러분은 하나님을 사랑하는 것과 이웃을 사랑하는 것 중 어느 쪽이 더 힘든가요? 그것을 개선하기 위해 어떤 조치를 취할 수 있나요?

11. 우리가 예수님의 형상으로 변화되는 데 있어서 기독교 공동체, 즉 교회가 왜 꼭 필요한가요?

12. 무엇이 우리로 하여금 예수님의 형상을 닮아가게 만드나요? 예배와 예수님의 형상을 닮는 것 사이에는 어떤 연관성이 있나요?

Chapter 6
비종교인을 위한 좋은 소식

저는 가톨릭 대학교에서 신학을 가르치고 있는 개신교 신자입니다. 이러한 경험은 참 좋은 경험이지만 가끔씩 어려움도 있습니다. 이를테면, 때로는 가장 최선의 성경의 진리들을 도출하기 위해 계속해서 학생들을 밀어붙여야 할 때가 있습니다. 또 때로는 제 배경을 감안해야 할 때도 있습니다. 한 번은 강의 중에 서구 세계에서 "비종교인nones"의 수가 증가하고 있다고 언급한 적이 있는데요. 당시 수녀들nuns의 수가 점차 줄고 있었기 때문에 학생들 중 일부는 제 발음을 잘못 알아듣고 제 말에 놀라며 반가워했습니다. 저는 부랴부랴 해명을 해야 했습니다. 그런 말이 아니었죠.

어떤 종교에도, 어떤 교회에도, 또 교회와 관련된 어떤 조직에도 소속되지 않은 사람들이 점점 더 많아지고 있습니다. 이들 중 어떤 "비종교인들"은 강경한 무신론자들이기도 합니다. 하지만 대부분은 불가지론자들입니다. 그들은 하나님에 대해서, 혹은 신이나 종교에 대해서 확신하지 못합니다. 아마도 더 큰 권세power가 있을 거라고 는 생각하면서도 정작 특정 종교에는 헌신하지 않는 사람들, 곧 "영 적인 것은 좋지만 종교는 싫다"고 말하는 모호한 유형에 속한 이들 이 많습니다. 이들은 대개 과학과 기술이 진정한 해결책을 제공한 다고 생각합니다. 종교는 일상 생활과 무관한 것으로 인식하면서요.

세간의 주목을 끄는 탈신앙deconversion으로 인해 이러한 비종교 인들이 오늘날 문화 속에서 주목을 받고 있습니다. 유명한 전직 복 음주의 목사, 조슈아 해리스Joshua Harris는 자신의 인스타그램 계정을 통해 단순히 자신이 쓴 기독교 데이팅dating 책들(『NO 데이팅』, 『YES 데이 팅』)과 작별을 고한 것이 아니라, 또한 기독교 자체와도 작별을 고하 게 되었다고 발표하여 큰 파장을 일으켰습니다. "저는 예수님에 대 한 저의 믿음과 관련하여 엄청난 변화를 겪었습니다. … 기독교인 을 정의하는 모든 기준들로 미루어 볼 때 더 이상 저는 기독교인이 아닙니다."[1] 이후 그는 아내와 이혼하게 되었고, 또한 동성애자 인 권 퍼레이드에 참가할 것이며, 사람들이 탈신앙할 수 있도록 돕는 제품을 판매해서 부수입을 챙길 것이라는 발표를 이어갔습니다.

점점 더 세속화되는 환경에서 전통적인 기독교를 포용하기보다 해체하는 것이 더 유행처럼 번지고 있습니다. 이런 환경 속에서 교 회가 문화적인 전파를 통해서 앞으로 나아가는 것은 어려워 보입니 다. 물론 그것이 꼭 나쁜 것만은 아닙니다. 사실 참된 기독교가 그런 식으로 눈에 띄게 전달되는 것이 맞는지 늘 의심스러웠거든요.

외부인들을 끌어들이고 내부인들을 단단히 세우기 위해서는, 우리 자신과 세상을 향해 중요한 질문 하나를 답할 수 있어야 합니다. "왜 복음에 반응해야 하는가?" 다시 말해, "처음으로 복음에 반응해야 하는 이유는 무엇이며, 이후 지속적인 헌신으로 복음에 반응해야 하는 이유는 무엇인가?" 다르게 말하면, "**왜 기독교인이 되어야 하는가?**"

이 장에서는 왜 교회가 외부인들을 끌어들이는 데 실패하고 있는지, 왜 내부인을 잃고 있는지 그 이유를 분석하고, 그러한 추세를 반전시킬 수 있는 해결책들을 제시하고자 합니다. 또한 외부인들과 내부인들에게 각기 실패한 지점에 대한 교정책들, 곧 성경이 복음과 복음의 목적에 관해 가르치는 내용에 뿌리를 둔 교정책들을 제공하려고 합니다.

물론 사람이 복음에 반응해야 하는 이유에 대해 교회가 습관적으로 제시해 온 대답들—죄사함, 천국, 하나님의 임재 안에서의 삶, 죄로부터의 자유, 미덕의 성장 등—이 잘못된 것은 아닙니다. 그러나 이러한 대답들은 복음의 가장 중요한 목적에 충분히 뿌리를 두고 있지 않기 때문에 결국 온전한 동기를 부여하지 못합니다. 장기적으로 볼 때, 가장 근본적인 복음의 목표를 겨냥한 대답이 가장 잘 교회를 지탱할 수 있을 것이며, 또한 세상을 가장 잘 설득할 수 있을 것입니다.

성경은 이 책의 중심 질문인 "**왜 복음이 필요한가?**"와 오늘날 가장 시급한 질문인 "**왜 기독교인이 되어야 하는가?**"에 대하여 동일한 최고의 답이 있음을 보여줍니다. 그 답은 이렇습니다. "**왜냐하면 그**

것이 인간과 피조 세계, 그리고 하나님을 향한 영광이 회복되는 방식이기 때문입니다." 복음의 궁극적인 목표는 영광의 순환의 6번째이자 마지막 단계와 일치합니다. 인간이 왕과 함께 영광스럽게 다스린다. 우리는 영광을 회복시키시는 왕이신 예수님께 충성을 바치고, 또한 그의 뜻을 추구할 때 비로소 참된 생명을 얻게 됩니다.

왜 기독교인이 아닌가요?

만일 여러분이 믿지 않는 친구와 복음을 나누고 싶다면, "당신은 왜 기독교인이 아닌가요?"라는 주제를 솔직하게 끄집어 낼 수도 있을 것입니다. 이는 흥미롭고 건강한 대화를 이끌어낼 수 있습니다. 물론 충분히 주의를 기울이고 또 성령의 인도하심을 구해야 합니다. 자칫 반감을 일으킬 수도 있기 때문입니다. 비기독교인들이 말하는 그들이 기독교인이 아닌 대표적인 이유는, 기독교인들은 오로지 회심자만 얻고 싶어한다는 것입니다.

사실, 우리가 속한 오늘날의 문화 속에서, 외부인들이 기독교인이 되지 않은 상태에 머물러 있기를 선호하게 된 데에는 여러 이유들이 있습니다. 잠시 후에 그 이유들을 자세히 살펴보려고 합니다. 하지만 그 전에 먼저 그들에게 장애물이 될 수 있는 한 가지에 대해 간략히 살펴보려고 합니다.

사전 우려 사항: 죄의 노예

우리는 외부인들이 기독교를 거부하는 이유들을 일축하고 싶은 유혹을 받곤 합니다. 어쩌면 어둠 속에 사는 사람들—즉, 세상과 육신의 욕망과 악한 세력에 속박된 사람들—의 경우 그들의 속박된 상태 때문에 빛을 미워하는 것이라고 결론을 내릴 수 있을지도 모릅니다. 실제로 죄의 노예가 된 사람들은 스스로를 정확하게 진단할 수 있는 위치에 있지 않습니다. 그렇지만 어찌되었든 우리는 성경을 통해 진짜 이유들을 찾아야 합니다. 물론 앞서 말한 이유가 부분적으로는 맞다고 볼 수 있습니다. 그러나 성경은 그러한 사고 방식이 지나치게 단순하다고 이야기합니다.

몰아내기와 끌어당기기

보다 온전한 성경의 진리는 하나님께서 모든 인류에게 왕의 복음이라는 은혜를 주셨으며, 왕의 빛은 **모든 사람을 몰아내기도 하고 동시에 끌어당기기도** 한다는 것입니다. 그 빛은 우리가 죄를 지을 때 우리 **모두가 연루된** 악을 드러낸다는 측면에서 모든 사람을 몰아냅니다(요 3:20).

모든 사람이 죄를 짓기 때문에 예수님의 빛은 모든 사람을 쫓아내지만, 또한 예수님의 빛은 비신자를 포함한 모든 사람을 끌어당기기도 합니다. 그렇기 때문에 예수님께서는 믿지 않는 군중에게 이렇게 권고하셨습니다. "너희에게 아직 빛이 있을 동안에, 그 빛에 **충성**[피스튜에테*pisteuete*]으로 응답하여라. 그리하여 빛의 자녀가 되어

라."(요 12:36 저자 사역; 12:46 참조)

예수님은 어둠의 노예가 된 사람들조차 궁극적으로는 자신에게로 이끌림을 알고 계셨기 때문에, **비신자들**을 다음과 같이 초대하셨습니다. "내가 땅에서 들리면 **모든 사람**을 내게로 **이끌겠노라**."(요 12:32) 이처럼 비신자들도 예수님에게 이끌립니다. "땅에서 들리면"은 예수님의 십자가 죽음뿐만 아니라, 또한 그의 승천, 즉 하나님 우편이라는 영광의 자리로 돌아가신 것도 의미합니다(요 12:37; 17:1-5; 또한 요 8:28; 행 2:33; 5:31 참조). 이러한 사건들이 일어나면 왕은 그의 십자가와 왕위로의 즉위를 통해 **모든 사람**을 자신에게로 끌어당기십니다. 왕의 빛은 **모든 사람**이 충성의 대상을 바꾸고 바뀐 충성을 계속해서 유지하도록 초대하는 희망의 등불입니다.

모두가 그 빛에 응답하는 길을 선택하는 것은 아니지만, 그럼에도 끌림은 반감을 뛰어 넘습니다. 비기독교인들이 참 빛 즉, 우리 왕의 아름다움과 진리와 선함에 눈을 뜨게 되면, 더 이상 어둠으로 돌아가고 싶지 않게 되고 결국 예수님(과 그의 뜻)을 선택하게 될 것입니다. 이러한 이유로 예수님과 같이 바울 역시 아직 그리스도에게 충성("믿음")으로 응답하지 않은 사람들에게 속히 충성을 다짐할 것을 촉구합니다. 바울은 "불순종 속에 사는" 자들에게, 그리고 "어둠의 일"(엡 5:11)에 둘러싸여 있는 사람들에게 빛을 향해 응답하라고 권면합니다. "잠자는 자여 깨어서 죽은 자들 가운데서 일어나라 그리스도께서 너에게 비추이시리라."(엡 5:14) 예수님과 바울은 모두 비신자들이 그 빛을 보는 길을 선택할 때, 왕의 부활 생명이 그들을 깨울 것이라고 확언합니다. 우리 모두는 어둠의 일을 뒤로하고 그의 눈부신 빛 속으로 나아갈 수 있습니다.

충성이 우리를 왕(과 그의 뜻)에게 연합시킬 때, 마침내 우리를 지배하는 죄의 권세가 깨어집니다(롬 6:1-23; 8:1-17). 물론 우리를 걸려 넘어지게 하는 유혹은 여전히 남아 있겠지만요. 그럼에도 이제 우리는 빛 가운데서 왕과 함께 자유롭게 걸을 수 있습니다! 비록 죄는 계속해서 우리를 그리스도의 빛으로부터 몰아내려고 하겠지만, 그럼에도 그 빛은 내부인과 외부인 모두를 끌어당깁니다.

선을 위한 노력

비기독교인들은 죄의 권세로부터 해방되진 못했음에도, 대부분의 사람들이 덕스러운 삶을 살기를 원한다는 사실을 기억할 때 우리는 더욱 자비로운 사람이 됩니다. 물론 그들은 계시된 하나님의 기준에 순복하지 않았기 때문에, 스스로 선과 악을 정의하는 것을 선호합니다(혹은 타락한 인간 문화가 만들어낸 정의를 받아들이는 것을 선호합니다). 이는 분명 해로운 일이지만 그렇다고 해서 그들이 진정으로 미덕을 위해 노력하지 않는 것은 아닙니다. 이 모든 맥락을 고려할 때, 비기독교인들이 단순히 죄에 빠지고 싶어서 비기독교인으로 남아 있기를 선택했다고 가정하는 것은 부적절하고 또한 무례한 일입니다.

외부인들을 막는 구체적인 장애물

오늘날의 외부인들은 왜 자신들이 기독교인이 되는 데 관심이 없는지에 관하여 할 말이 많습니다. 끊을 수 없는 죄의 힘이 외부인들의 자기 평가에 영향을 미친다는 것을 알지만, 그런 이유로 그들의 이야기를 묵살해서는 안 됩니다. 교회는 외부인들이 기독교에 매력을 느끼지 못하는 이유에 귀를 기울여야 합니다. 그러고 나서 성경을 통하여 그들에게서 반사된 빛을 정화해야 합니다.

어째서 오늘날 비기독교인들은 기독교인이 되기를 꺼려할까요? 바나 그룹Barna Group이 수 년에 걸쳐 수행한 전문적인 사회학 연구에 따르면, 비기독교인들은 6가지 주요 영역에서 기독교인에 대해 부정적인 인상을 갖고 있는 것으로 밝혀졌습니다. 비기독교인들은 기독교인이 위선적이고, 지나치게 정치적이고, 회심자를 얻는 일에만 지나치게 열을 올리고, 반동성애에 앞장서고, 과잉보호되고 있으며, 남을 쉽게 비판한다고 생각합니다.[2]

만일 외부인들이 예수님을 따르지 못하게 막는 장애물, 상상 속의 장애물들이 아닌 진짜 장애물들이 무엇인지 알고 싶다면, 이 목록을 다시 읽어보고 깊이 헤아려 보시길 바랍니다. 외부인들은 무엇보다도 이 6가지 부정적인 영역이 기독교인이 되고 싶은 마음을 꺾는다고 말합니다.

이미지 문제와 복음의 목적

예수님을 구세주로 믿는 것보다 왕으로 모시며 충성을 다하는 것을 우선시하는 문화로 전환하는 일은, 6가지 영역 모두에서 발생하는 문제를 바로잡는 데 도움이 될 수 있습니다. 한 가지 예를 들자면, 반동성애 진영의 비난을 생각해 보세요.

기독교인이 된다는 것이 잘못된 행동에 대한 죄책을 없애는 것이 아니라 그보다 먼저 충성에 관한 것이라면, **모든 사람**이 다시 생각해야 합니다. 왕이신 예수님께서는 모든 사람—스스로를 이성애자, 동성애자, 양성애자, 독신주의자로 규정하는 사람들—이 성경에 비추어 자신의 성적 욕구와 행동을 재조정할 것을 요구하십니다. 즉, 그의 명령에 순응하기를 바라십니다. 충성이 우선시되면, 동성애자들만 대상이 되지 않기 때문에 교회가 반동성애적이라는 비난은 사라집니다. 모든 제자가 원초적인 육신의 욕망을 부인하고, 하나님의 기준을 새롭게 배우도록 부르심을 받았기 때문입니다.

그런데 비기독교인들이 마주하는 6가지 장애물 중 처음 세 가지가 특히 이 책과 관련이 있습니다. 따라서 기독교인이 (1) 위선적이고 (2) 지나치게 정치적이고 (3) 회심자를 얻는 일에만 지나치게 열을 올린다는 외부인들의 비난에 대해 좀 더 집중적으로 논의하려고 합니다.

자, 곧바로 현실을 직시합시다. 기독교인이라고 공언하는 사람들이 정작 그들이 전하는 내용을 실천하지 않고, 자주 당파 정치에 함몰되며, 수적 성장에만 지나치게 집착하는 경우가 많은 것이 사실입니다. 이처럼 외부인들이 바라 본 기독교인에 대한 묘사는 분명 중요한 진실을 담고 있습니다. 이제 저는 위 내용과 관련하여 오늘날 교회가 복음의 진정한 목적을 어떻게 붙잡을 수 있는지, 그리하여 외부인들에게서 어떻게 이미지를 개선할 수 있는지에 대하여 몇 가지 제안을 하려고 합니다.

1. 위선

비기독교인들이 기독교에 매력을 느끼지 못하는 가장 큰 이유는 바로 위선입니다. 지금은 교회를 떠난 이전의 내부인들 역시 위선이 가장 큰 이유라고 지적합니다.

위선이란 무엇인가요? 모든 사람이 용서를 실천해야 한다고 말하면서 정작 자신은 속으로 원한을 품고 있는 것입니다. "정직해집시다!"라고 외치면서 정작 자신은 더 많은 급여를 받기 위해 근무시간을 조작하는 것입니다. 공적으로는 성적 순결을 옹호하면서 정작 자신은 남몰래 음란물을 찾는 것입니다. 이와 같은 위선자를 좋아하는 사람은 세상에 아무도 없습니다.

하지만 이제 거울을 들여다볼 때입니다. 비기독교인이든 기독교인이든 우리 **모두는** 자주 우리가 가진 이상에 부응하지 못합니다. 죄로 인하여 우리가 해야 한다고 말하는 것과 실제 우리의 선택 사이에는 언제나 괴리가 존재합니다. 그렇다면 우리가 진짜 던져야 하는 질문은 이것입니다. "어떻게 하면 위선을 최소화할 수 있을까?"

바로 왕에 대한 충성을 통해서.

① 왕의 이미지로 전환하기

우리는 예수님의 구원 방식에 대한 주된 이미지를 바꿈으로써 위선과 싸울 수 있습니다. 즉, **구세주를 믿는 것에서 왕에게 충성을 바치는 것으로 전환해야 합니다.** 물론 두 가지는 모두 성경적입니다. 그러나 복음의 내용과 성경 안에서 "그리스도"에 대한 "믿음"의 의미는 왕에 대한 충성이 지배적인 이미지가 되어야 함을 가리킵니다. 그리고 구세주에 대한 믿음이 부차적인 이미지가 되어야 함을 가리킵니다. 우리는 이 둘 사이를 전환시켜야 합니다. 왜냐하면 독립적인 개념으로서 믿음은 충성보다 더 쉽게 위선으로 이어지기 때문입니다.

② 다시 연결된 몸과 마음

위선은 내가 믿는다고 말하는 것과 실제로 내 몸이 하는 행동이 일치하지 않을 때 발생합니다. 두 가지 이유에서 왕에 대한 충성은 구세주를 믿는 것보다 몸과 마음이 더욱 잘 일치되게 합니다.

첫째, 믿음과 달리 충성은 우리의 **전부**를 요구합니다. 죄사함을 얻기 위해 예수님을 믿는 것은 정신적인 과정으로서, 마음의 극히 일부분으로만 복종하면 됩니다. 더욱이 이것이 저절로 몸까지 연결되는 것도 아닙니다. 일단 예수님을 믿는 일에는 적어도 세 가지 정신적 사건이 포함되는데요. (1) 다른 많은 생각들 중에서 **관련된 교리 내용에 집중하는 일**("하나님은 예수님을 통해 죄사함을 베푸신다"), (2) 그 교리가 타당하다고 **지적으로 동의하는 일**("예수님을 통해 죄사함을 받는 것은 참이다"), (3) **개인적으로 의존하는 일**("나 또한 예수님을 믿었기 때문에 죄사함을 받았다"). 그러나 이 세 가지 정신적 사건은 여러분의 **마음 전체**를 예수님께 복종해야 한다고 요구하진 않습니다. 또한 몸의 활동을 포함할 수도 있지만 포함하지 않을 수도 있습니다.

반면에 왕에게 충성을 바치는 것은 몸과 마음을 온전히 바치는 것을 의미합니다. 세례를 주는 물에 몸을 담그는 일과 함께, 입으로 충성(피스티스)을 공개적으로 고백함으로써 몸과 마음과 영 곧 자신의 전부를 왕의 처분에 맡기는 것입니다. 옛 자아의 반란을 잠재우기 위한 평생의 투쟁이 기다리고 있음을 알면서도, 최선을 다해 왕의 충성스러운 종이 되겠다고 전인적으로 맹세하는 것입니다.

충성은 믿음을 포함하면서도 그보다 더 큰 범주입니다. 충성은 믿음보다 위선으로 변질될 가능성이 더 적습니다. 왜냐하면 충성은 우리 삶의 정신적인 부분뿐만 아니라 또한 우리의 전부 곧 마음과 몸과 영 전체를 요구하기 때문입니다.

③ 죄를 사하는 분 그 이상

둘째, 충성은 가장 근본적인 구원의 문제를 해결합니다. 예수님을 무엇보다 먼저 구세주로 믿는다는 것은 곧 우리가 죄사함이 필요한 죄인이라는 것을 가장 근본적인 구원의 문제로 잘못 가정한 것입니다. 물론 우리에게는 죄사함이 필요합니다. 그러나 성경은 하나님께서 해결하고자 하시는 근본적인 문제가 인간의 죄책 자체를 지우는 것이 아니라, 하나님의 영광을 피조 세계에 분배하지 못한 인간의 실패임을 지적합니다(제3장 참조).

우리가 "죄사함을 받기 위해 예수님을 믿는 것"이 가장 중요하다고 오해하게 되면, 예수님의 주된 역할은 마치 우주적인 죄사함 기계와도 같습니다. "나는 세상의 나머지 사람들과 마찬가지로 한

가지 문제를 발견하게 됩니다. 바로 내가 죄를 지었다는 것입니다. 나는 나의 죄책을 지워야 합니다. 그래서 나는 예수님을 믿습니다. 예수님은 죄사함을 베풀어 주십니다. 나는 다시 죄를 짓습니다. 나는 회개합니다. 나는 죄사함을 받기 위하여 여전히 예수님을 믿고 있음을 고백합니다. 예수님은 죄사함을 베풀어 주십니다. …" 이러한 패턴이 반복됩니다. 그리고 이렇게 반복되는 시간이 지나면 결국 의심쩍은 결론에 도달하곤 합니다. 즉, 죄를 사하는 것이 예수님의 주된 일이므로 내가 이따금씩 "죄송하다"고 말하는 한 죄가 지속되는 것은 큰 문제가 되지 않는다는 결론에 도달하는 것입니다.

왕이신 예수님께 대한 충성의 초점은 우주적으로 죄사함을 베푸시는 예수님이 아니라, 우리와 다른 모든 사람들을 다스리시는 그의 통치에 있습니다. 우리는 예수님이 우리의 왕이심을 압니다. 우리는 왕이신 예수님을 사랑하며, 우리의 모든 것이 그에게 빚진 것입니다. 왕이신 예수님은 그룹으로 모인 우리에게 **사명**과 **삶의 방식**과 **과업**을 주셨습니다. 또한 왕이신 예수님은 우리가 그의 다스림에 온전히 참여할 수 있도록 우리를 총체적인 변화로 초대하고 계십니다. 충성은 왕과의 연합을 시작하게 만들고 또한 유지시키므로, 충성이 곧 왕이신 예수님께서 나를 구원하고 계신 **방식**입니다.

왕권을 전면에 내세우면, 충성을 바치는 순종에 대해 더 많이 생각하게 됩니다. 한편으론 죄사함을 구하면서도 또 한편으로는 어떻게 하면 그저 상황을 모면할 수 있을지 고민하는 모습이 줄어듭니다. 다시 말해, 위선자가 될 가능성이 줄어듭니다.

2. 지나치게 정치적인 문제

이번엔 스스로를 불가지론자라고 밝힌 브랜든Brandon을 만나봅시다. 일전에 그가 현재 겪고 있는 기독교인에 대한 경험을 설명한 적이 있는데요. "오늘날 조직화된 집단으로서 미국 기독교인들이 하는 활동을 경험할 때마다 … 거의 항상 그들은 정치적 힘을 사용하여 사람들이 특정 방식으로 행동하도록 유도하는 측면이 있습니다."[3] 브랜든이 기독교인의 활동에 관해 생각할 때 심중에 떠오른 것이 기도도, 예배도, 하나님에 대한 사랑도, 이웃에 대한 관심도, 자선 행위도, 피조 세계에 대한 애정도 아니라는 점이 새삼 놀랍습니다. 그의 심중에 떠오른 것은 정치적인 강압이었습니다.

① 정치적인 괴롭힘

안타깝게도 정치적 강압이 기독교의 새로운 특징이 되었다고 생각하는 것은 브랜든만이 아닙니다. 바나 그룹Barna Group의 연구에 따르면, 미국 인구의 48%가 정치 영역에서 보수 기독교인들의 역할에 대해 우려하고 있는 것으로 나타났습니다. 이는 비기독교인들이 기독교인이 되는 데 관심이 없는 이유를 설명할 때 제시되는 주요 이유 중 하나입니다.[4]

브랜든이 공화당원이라는 사실을 감안하면, 그가 받은 기독교인들에 대한 인상이 더욱 더 놀랍게 다가옵니다. 기본적으로 브랜든은 보수적인 미국 기독교인들이 선동하는 정책들에 찬성합니다. 그럼에도 불구하고 그는 오늘날 기독교인들이 권력 정치에 지나칠 정도로 함몰되어 그것이 그들의 주요 정체성 표식이 되었다는 사실을 발견했습니다. 브랜든과 같은 불가지론자가 보수 기독교인들과 정치적 동맹 관계에 있음에도 불구하고 그들을 불쾌하게 여길 정도라면, 좌파 성향의 비기독교인들은 기독교인들을 어떻게 생각할지 한번 상상해 보세요.

이것은 좌우의 문제가 아닙니다. 문제는 외부인들은 **기독교인들이 예수님보다 좌파 혹은 우파 정치 진영에 더 헌신적이라고** 느끼고 있다는 점입니다. 기독교인들이 자비를 베푸는 행동보다 당파적 정치 행태로 더 유명하다면, 많은 비기독교인들이 기독교인이 되는 것을 상상조차 하지 않는 것은 어찌보면 당연한 일입니다. 이것은 정말로 큰 장애물입니다.

② 진정한 정치적 복음

그러나 **복음의 핵심이 정치적**이라는 점을 잊지 마세요. 복음은 필연적으로 사회적입니다. 그렇지 않다고 말하는 사람들은 복음을 심각하게 오해하고 있는 사람들입니다(저는 지금 그러한 사람들 중에 유명한 사람들의 이름을 거론하고 싶은 유혹을 뿌리치고 있습니다). 그들은 복음의 핵심을 성경에 있는 그대로, 즉 예수님께서 온 우주를 다스리시는 왕이 되셨다는 선포로 보기보다는 정신적 차원에서 이루어지는 믿음으로 하나님과 개인적으로 화해하는 것이라고 오해합니다.

우리는 믿음을 깨우는 개인의 중생을 얻은 다음 예수님의 왕권을 받아들이는 것이 아닙니다. 정확히 그 반대입니다. 예수님께서 왕이 되셨을 때, 그는 자신의 백성에게 중생과 화해와 같은 구원의 유익을 제공하셨습니다. 우리는 예수님을 왕으로 모시고 충성("믿음")을 바칠 때 비로소 그 유익을 개인적으로 누릴 수 있습니다. 그 전에는 누릴 수 없고요.

"예수님은 왕이시다"라는 선포의 기저에는 정치적 주장이 깔려 있습니다. 이 선포는 그저 다른 세상의 비전을 말하는 것일까요? 마치 예수님께서 이 세상의 모든 정치적 문제와 사회적 현실이 아닌, "영혼" 또는 "마음"에 대해서나 왕으로서 적법한 요구를 하실 수 있는 것처럼요. "내 나라는 이 세상에 속한 것이 아니니라"(요 18:36)고 말씀하실 때, 예수님은 자신이 가진 권위의 범위나 영역을 말씀하신 것이 아닙니다. 예수님은 권위의 근원을 설명하신 것입니다. 성경은 예수님께서 지상의 정치 지도자, 정부, 시민을 포함한 모든 것을 다스리신다고 분명히 밝힙니다.

복음은 정치적이며 사회적인 비전을 가지고 있기 때문에 기독교인이 덜 정치적이 될 필요는 없습니다. 도리어 기독교인들은 더욱 정치적이 되어야 합니다. 단, 그들의 왕처럼 약할 때 강함이라는 방식에 부합하도록 행동해야 합니다. 핵심은 예수님의 왕권이 오늘날 어떻게, 그리고 어디에서 기능적으로 작동하는지를 인식하는 것입니다.

③ 예수님의 통치 방식

모든 것을 다스리시는 예수님의 통치는 강압적이지 않습니다. 즉, 그의 다스림은 언제나 유효하지만 그렇다고 해서 사람들에게 강요

되지는 않습니다. 이러한 이유로 예수님의 다스림이 언제나 인정되는 것은 아닙니다.

삶의 모든 영역이 예수님의 직접적인 주권 아래 있지만, 현재 예수님의 방침은 자신의 통치에 대한 거부를 허용하는 것입니다. 물론 언젠가는 "모든 것들이 예수의 이름 앞에 무릎을 꿇을" 것입니다(빌 2:10 새번역). 지금은 교만하게도 많은 무릎들이 굽히지 않고 있습니다. 하지만 예수님께서 이것을 허용하셨기에, 예수님의 추종자들도 마땅히 그 방침을 따라야 합니다. 언젠가는 "모든 입으로 예수 그리스도를 주라 시인"하게 될 것입니다(빌 2:11). 그러나 현재는 많은 입들이 다른 주님들과 다른 신들을 큰 소리로 지지하고 있습니다. 예수님은 당분간 이를 허용하셨습니다. 만일 기독교인들이 왕의 방침을 따르려 한다면 그들은 비신자들이 잘못된 충성을 고수하는 것을 허용하면서도, 동시에 예수님의 궁극적인 왕권을 설득력 있게 증거해야 합니다.

④ 예수님께서 다스리시는 곳

종종 기독교인들은 예수님의 통치가 현실 세계에서 이루어지는 정치적 선택이 아님을 느끼곤 합니다. 사람들은 자주 "예수님이 투표용지에 없으니 예수님에게 투표할 수가 없네요"라고 말합니다. 물론 이 말은 사실이지만, 또 한편으로 이는 오늘날 예수님의 진정한 정치적 권세가 어디에서 작동하는지를 오해한 말이기도 합니다.

모든 사람이 반역을 저지르고 있는 것은 아닙니다. 바로 지금도 예수님께서 다스리고 계신 곳들이 여기저기에 있습니다. 실제로 참된 교회가 있는 곳이면 어디든, 예수님의 권위와 갈망, 그리고 자신의 백성을 다스리는 예수님의 능력을 마땅히 인정하는 가운데 "예수님은 그리스도십니다!"라는 고백이 울려 퍼지고 있습니다.

만일 교회에 다니는 사람들이 함께 모여 예배하면서 명시적으로든 암묵적으로든 "예수님은 왕이시다"라고 고백하지 않는다면, 그곳에는 교회가 존재하지 않습니다. 처음에는 베드로가, 이후에는 다른 제자들이 예수님이 그리스도이심을 고백했을 때, 교회가 세워졌고, 유지되었고, 굳건해졌습니다(마 16:16-18; 막 8:29). 예수님의 왕권을 고백하지 않고 예수님의 주권이 담긴 명령에 귀를 기울이겠다는 의지가 없다면, 그 모임은 그저 보조 밴드가 있는 예수 숭배 모임일 뿐입니다. 그것은 교회가 아닙니다. 교회는 두세 명 이상이 예수님의 이름으로 모일 때, 그리고 모인 사람들이 예수님을 가리켜 주권을 지닌 권위자로 인정할 때 존재합니다(마 18:18-20; 고전 5:4-5; 12:1-3 참조). 예수님은 그의 통치를 환영하고 자유롭게 순종하는 곳이면 어디든 성령을 통해 다스리십니다. 현재 예수님의 통치 방식은 강압적이지 않습니다.

진실되게 "예수님은 왕이시다"라고 선언할 때, 우리는 예수님이 지금 여기에서 우리를 다스리도록 그를 초대하는 것이며, 또한 그의 주권적인 결정에 귀 기울이고자 하는 간절한 열망을 표현하는 것입니다. 주일 아침(그리고 다른 모임에서도)에 우리가 가장 시급하게 씨름해야 할 문제는 예수님의 주권적인 결정에 귀를 기울이고 순종할 자세를 갖춘 뒤 "예수님은 왕이시다"라고 고백하는 것입니다. 이를 통해 모임이 정말로 교회가 될 수 있도록 말이죠.

교회는 왕에게 속한 자들의 모임일 때만 교회입니다. 우리의 정치적, 사회적 소망은 왕의 공동체에 뿌리를 두고 있습니다.

⑤ 어떻게 정치적이어야 하는가?

복음은 본질적으로 정치적이기 때문에 기독교인이면서 정치적인 입장에 놓이지 않는 것은 불가능합니다. 기독교인이 된다는 것은 예수님의 정치적 통치와 사회적 비전을 받아들이는 것을 의미합니다. 혹은 적어도 그렇게 하는 방법을 배우는 과정에 있다는 것을 의미합니다.

기독교인들은 다른 기독교인들과 모일 때, 먼저 예수님의 왕권에 순종함으로써 정치적인 사람이 되어야 합니다. 그러면 그 위치에서 강압적이지 않은 예수님의 통치, 그리고 타인을 위해 고난을 받는 예수님의 영광스러운 통치를 효과적으로 증거할 수 있습니다.

예수님의 정치 방식은 우리가 그의 이름으로 다른 사람들을 섬길 때 성령께서 우리의 약함 가운데서 예수님의 십자가와 부활의 능력을 나타내도록 허용하는 것입니다(고후 4:3-11; 13:4). 기독교인들은 지금보다 더 정치적인 사람들이 되어야 합니다. 예수님의 현(現) 통치의 실재를 증명하는 지역 교회 안에서, 대안적인 정치와 사회를 선보임으로써 더욱 정치적인 사람들이 되어야 합니다. 예수님의 통치는 그곳에서 시작하여 이웃과 도시, 전 세계를 향해 퍼져 나가야 합니다. 기독교인들은 또한 교회 밖의 정치에도 참여해야 합니다.

그러나 교회 밖에서의 정치적 발자취는 교회 안에서 예수님의 왕권에 복종하도록 장려하는 방침과 취약한 사람들을 돕는 방침을 지지하는 방향으로 이루어져야 합니다. 더 나은 대안 정치는 오직 정치의 근원에서부터 시작하여 세상을 향해 확장됨을 증언해야 합니다. 또한 외부인들이 교회를 볼 때, 예수님께서 그의 백성 가운데서 통치하시는 곳에서 회복을 이루는 하나님의 영광이 정말로 존재할 뿐만 아니라 또한 넘쳐나고 있음을 볼 수 있어야 합니다. 즉, 교회 안에서 인간과 피조 세계, 그리고 하나님이 더욱 높은 차원의 영광을 누리게 됨을 볼 수 있어야 합니다.

만일 기독교인들이 다른 사람들과 모여 함께 "예수님은 왕이시다"라고 고백하고 그의 통치에 복종하는 것보다, 정치적으로 좌우를 따지기에 바쁘다면, 그들은 당파적 정치에 부적절하게 사로잡힌 것입니다. 기독교인들이 왕이신 예수님의 정치, 곧 약할 때 강함되시는 그의 방침을 실천하지 못할 때, 외부인들은 그들에게서 오로지 거룩하지 못한 동맹, 좌파와 우파의 증오, 강압적인 윤리 적용만을 보게 됩니다. "예수님은 왕이시다"라고 선포할 때, 우리는 외부인들에게 예수님의 통치가 왕에게 속한 자들의 모임을 영광스럽게 변화시킬 수 있음을 보여줄 기회를 갖게 되는 것입니다.

3. 회심자 수 세기

위선과 당파적 정치 몰입 외에도, 기독교인들이 회심을 통한 수적 성장을 우선시할 때 비기독교인들은 아연실색합니다. 이것은 직접적으로 복음의 문제입니다. 마치 거래와 같이 왜곡된 복음은 일반적으로 회심자가 충성하는 삶을 추구하지 않는다 하더라도 회심자로 "간주"하는 일을 허용합니다(제2장 참조).

이 왜곡된 복음의 틀 안에서는 누구나 믿기로 결심만 하면 그것이 곧 진정한 구원의 순간으로 인식됩니다. 내가 누구인지는 중요하지 않습니다. 그저 "예수님께서 내 죄를 위해 죽으셨다"는 메시지만 믿으면 됩니다. 하나님은 나의 죄책을 예수님께 넘기셨고 나는 예수님의 순종을 넘겨받았으므로, 이제 나는 천국에 갈 준비가 된 것입니다. 마치 로봇과 같이 하나님께서는 결코 지울 수 없는 "용서받음"이라는 스티커를 내놓으십니다. 혹여 구원을 받은 후에 다시 죄에 빠지더라도 그것이 엄청나게 중요한 문제는 아닙니다. 나는 이미 구원을 받았기 때문입니다. 이미 "용서받음"이라는 스티커가 붙었기 때문에 내가 누구이고 어떤 사람이 되어가고 있는지는 조금도 중요하지 않습니다. 이제 나는 영원토록 기독교의 회심자이므로, 나의 구원을 집계하여 다른 사람들에게 보고하는 일도 가능합니다.

이와 같은 거래식 복음 버전은 성경의 복음 논리를 따르지 않고 있으며 또한 비인간적입니다. 성경 속 실제 복음은 예수님께서 어떻게 그리스도가 되셨는지, 그리고 자신의 백성을 회복시키기 위해 어떤 유익을 베푸셨는지에 관한 것입니다. 여러분이 처음 충성을 바칠 때 여러분의 신분에 변화가 생기게 되는데요. 왜냐하면 예수님의 속죄 사역을 통해 진정으로 해방되고 용서받은 하나님의 백성이 되기 때문입니다(제4장 참조). 그런 의미에서는 거래라는 표현이 유효

합니다. 하지만 핵심은 지속적인 충성은 변화의 과정이라는 데 있습니다. 그 변화의 과정을 통해 하나님께서는 우리를 계속해서 구원하십니다. 우리가 누구인지, 어떤 사람이 되어가고 있는지 즉, 우리의 인격과 성품과 미덕은 우리의 최종적인 구원에 있어 절대적으로 중요합니다. 진정한 복음의 목적은 온전한 회복에 있기 때문입니다.

진정한 충성을 요구하는 예수 왕의 복음은 회심 안에서 그 초점이 양quantity에서 질quality로 바뀝니다. 구원받은 영혼의 수를 세는 양으로부터, 회복된 인간성의 질로 전환되는 것입니다. 이는 하나님께서 우리 각자를 얼마나 유쾌하고 별나게 만드셨는지를 생각해보면 더욱 의미가 있습니다. 우리는 하나님에게서 온전히 구원을 받기 위해 "용서받음" 스티커가 필요한 획일화된 안드로이드가 아닙니다. 우리는 각기 다른 은사와 목표와 잠재력을 가지고 있으며, 이는 하나님께서 우리 각자를 고유하게, 그리고 최선으로 구원하신다는 것이 무엇을 의미하는지 알려줍니다.

외부인들(및 내부인들)이 구원의 회복 과정에서 자신들의 모습—그리고 그들이 고유하게 도달할 수 있는 인격의 질—이 가치 있다고 느낄 때, 복음에 호의적으로 반응할 가능성은 더욱 높아집니다.

우리가 누구인지, 어떤 사람이 되어가고 있는지
즉, 우리의 인격과 성품과 미덕은
우리의 최종적인 구원에 있어 절대적으로 중요합니다.

내부인들의 실패

지금까지 비기독교인들이 기독교를 받아들이기 어렵다고 말한 세 가지 이유를 살펴봤는데요. 저는 위선, 정치 권력, 그리고 회심자 수를 늘리는 일에 대한 교회의 분투는, 참된 복음(및 참된 복음의 목적들)을 제대로 이해하지 못한 데서 비롯된 것이라고 주장했습니다. 하지만 문제는 그보다도 훨씬 더 심각합니다.

기독교 "내부인"들도 점점 더 많이 이탈하고 있기 때문입니다. 바나 그룹(그리고 다른 연구기관)의 연구에 따르면, 교회에서 자란 청년들이 과거 세대에 비해 훨씬 더 빠른 속도로 교회(그리고 예수님)를 떠나고 있습니다. 이는 분명 놀라운 추세입니다.

교회를 떠나는 내부인들은 외부인들과 결이 조금 다르지만 결국엔 똑같이 부정적인 방식으로 교회를 묘사합니다. 연구 결과에 따르면 몇 가지 공통적인 요인들이 사람들을 교회로부터 단절시켜 떠나게 만든 것으로 나타났습니다. 외부인들이 지적한 이유들과 마찬가지로, 교회 내부인들이 떠나고 있는 이유에 대한 막연한 상상을 넘어 그들 스스로가 밝힌 이유들을 자세히 살펴봐야 합니다. 우리가 문제를 해결할 수 있다는 희망을 가지려고 한다면요.

스스로를 더 이상 기독교인이라고 규정하지 않는 이전 내부인들은 그들이 받은 양육과 교회 경험을 다음과 같이 설명합니다(한 가지 또는 여러 가지 방식으로). **과잉보호, 얕팍함, 반과학적, 억압적, 배타적, 의문**

이나 의심의 여지가 없음.[5] 이러한 부정적인 요소들이 반드시 내부인들을 떠나게 만드는 원인라고 할 수는 없습니다. 하지만 이 요소들이 교회를 떠나게 만드는 주된 이유에 영향을 미치고 있는 것은 사실입니다.

바나 그룹은 청년들이 보고한 내용을 종합하여 내부인들이 교회를 떠나게 만드는 세 가지 주요 원인을 파악했습니다. 첫째, 새로운 세대의 젊은이들이 기독교를 떠나는 이유는 교회를 통해서 진정한 관계를 형성하지 못하기 때문입니다. 즉, 교회 모임이 피상적이고 또한 충분히 세대를 뛰어넘지도 못하기 때문입니다. 둘째, 교회는 지나치게 단순화된 정보만을 제공할 뿐, 기독교에 수반되는 복잡성, 어려움, 의구심과 씨름하는 데서 오는 지혜를 제공하지 못합니다. 셋째, 교회는 총체적인 소명을 전수하지 못합니다. 교회 생활은 분업화되어 있으며, 딱히 직업과 관련이 없습니다.[6]

요약하면, 제자도의 전반적인 실패로 청년들은 교회를 떠나고 있습니다. 그들은 교회를 떠나는 이유를 다음과 같이 이야기합니다. (1) 진정한 관계 결여 (2) 의구심과 복잡성에 대처하는 지혜 결여 (3) 총체적인 소명 결여. 일단 제자도라는 큰 문제를 먼저 다루고 그 후에 각각의 문제들을 다루도록 하겠습니다.

기본적인 제자도의 실패

우리는 십자가 밑으로 다가갈 때 하나님으로부터 단번에 용서를 받았습니다. 영원한 생명으로 거듭났습니다. 이제 천국에 대한 하나님의 흔들리지 않는 약속을 받았습니다. 아니 그렇게 배웠습니다. "회심자 수 세기"를 우선시하는 문화가 외부인들에게는 큰 불쾌감을 주었다면, 내부인들에게는 큰 타격을 주었습니다.

이러한 내부인들의 모습에 무엇이 잘못되었나요? 자체 조사에 따르면 거시적인 문제가 있습니다. 내부인들 대부분은 다른 기독교인들로부터 예수님의 제자가 되는 방법을 전혀 배운 적이 없다는 것입니다. 그들이 속한 교회 문화에서는 예수님의 제자로 세워지는 것이 우선순위가 아니었습니다.

오늘날 제자 양육이 실패한 이유를 아는 것은 어렵지 않습니다. 복음을 전하는 데 실패했기 때문입니다. 만일 목회자들과 장로들이 한 개인이 먼저 예수님의 죄사함의 복음을 믿을 때 진정한 구원의 역사가 일어난다고 확신한다면—그들의 보살핌을 받는 사람들을 설득한다면—그렇다면 제자 훈련에 굳이 우선순위를 둘 이유가 있을까요? 그 대신 친구들과 이웃들이 죄인으로서 회개 기도를 하게 만드는 데 모든 노력을 기울이지 않겠습니까?

충성과 시간

복음은 구원을 이루는 예수님의 왕권에 관한 것이며, 여기에는 시간이 지남에 따라 우리의 충성(믿음)이라는 반응이 뒤따르게 된다는 사실을 인식한다면, 회심에 대한 이해가 달라집니다. 왕이신 예수님을 처음 따르기로 한 결심은 그 자체로 물론 굉장한 일입니다. 여전히 너무나도 중요한 일이죠! 그러나 그것은 할당량을 채운다는 의미에서 중요한 것이 아니라 **내용적인** 측면에서 중요합니다.

사람은 과거, 현재, 미래를 막론하고 왕이신 예수님께 대한 충성으로 구원을 받습니다. 그 이상도 그 이하도 아닙니다. 처음으로 충성을 선언할 때—보통 세례를 받을 때—여러분은 "구원"을 받았습니다. 다르게 말하면, 여러분이 하나님과 올바른 관계에 있는 공동체, 또한 구원을 받은 성령 충만한 공동체 안에 진정으로 들어갔기 때문에 "구원"을 받았습니다.

하지만 구원은 또한 여정입니다. 우리는 계속해서 왕이신 예수님께 충성을 다해야 합니다. 일종의 배움의 과정이라고 할 수 있습니다. 물론 우리의 충성은 때로 엇갈리고, 시들해지고, 위태로워지기도 할 것입니다. 개인과 교회는 실패와 실수와 왕에 대한 반역 행위를 저지를 수밖에 없습니다. 따라서 우리는 언제나 우리의 불완전한 충성에 대해 지속적으로 회개하는 자세를 취해야 합니다.

그럼에도 우리의 불완전한 충성("믿음")은 우리를 완전한 왕의 의 righteousness와 용서, 생명을 주는 능력에 연합시키기에 충분합니다. 우리는 왕의 불완전한 일부이지만 우리의 머리되신 왕에 의해 완전하게 됩니다. 그러나 이러한 연합이 가능하기 위해서는, 왕에 대한 충성 의지와 전반적인 경로가 온전히 유지되어야 합니다. 결국 구원에 있어 중요한 것은 평생 동안 왕을 향해 충성을 다하려 애쓰는 것이라 할 수 있습니다.

다시 말해, 시대마다 거의 모든 기독교인들이 단언했듯이, 최종적인 구원에 도달하기 위해 우리는 굴하지 않고 계속해서 우리의 신앙 고백을 붙잡고 이루어내야 합니다. 만일 어떤 사람이 그리스도께 **전적으로** 충성하지 않는다면, 즉 그리스도를 향한 믿음을 행하기를 멈추고 그만둔다면, 그 사람은 복음을 거부한 것이나 마찬가지이기 때문에 더 이상 구원받은 공동체의 일원이 아닙니다(고전 15:2; 딤전 1:19-20; 히 3:12-14; 6:4-6). 우리는 제자의 삶을 시작함으로 왕의 권위에 복종합니다. 앞서 이미 우리는 제자가 되기 위해 어떻게 와서 보는지 논의했습니다(제5장 참조). 우리는 왕이신 예수님께 대한 충성("믿음")으로 과거, 현재, 미래에 구원을 받으므로, 구원과 제자됨은 결코 분리될 수 없습니다. 왕이신 예수님께 대한 충성의 길은 곧 변화하는 제자의 길입니다.

도둑은 어떻습니까?

이제 여러분이 복음에 대한 올바른 응답, 온전한 응답은 곧 몸으로 드리는 충성, 혹은 충성스러운 제자됨이라는 확신을 갖게 되었기를 바랍니다. 그리고 이제는 그에 대한 실천을 고민하고 있기를 바랍니다. (만일 그렇지 못하다면 저와 다른 저자들이 쓴 좀 더 학문적인 논의를 읽어 보기를 바랍니다.[7]) 하지만 아주 유명해서 따로 논의할 필요가 있는 반례가 하나 있습니다. 저는 이 반례를 공개적으로 가르칠 때마다 이런저런 질문들을 받곤 합니다.

"예수님과 함께 십자가에 못 박힌 도둑은 어떻습니까?"[8], "그는 오로지 예수님의 죽음을 믿음으로써 구원을 받지 않았습니까?" 그 도둑에게는 제자가 될 기회가 없었지만 그럼에도 예수님은 그에게

"오늘 네가 나와 함께 낙원에 있으리라"(눅 23:43)고 말씀하셨습니다. "이는 충성도 제자됨도 반드시 요구되는 것은 아니며, 오히려 예수님의 죽음을 마음으로 신뢰하는 것이 진짜 기준이 되어야 함을 증명하는 것이 아닐까요?"

그러나 도둑은 타당한 반례가 아닙니다. 도둑이 (마땅히 말했어야 한다고 우리가 생각하는 것이 아니라) 실제로 한 말에 주의를 기울이고, 하나님 나라 복음에 귀를 기울여 보면 이것이 분명해집니다. 도둑은 자신의 죄악된 행위와 그에 따른 최후, 그리고 예수님의 무죄를 인정했지만 "예수여, 당신의 죽음이 제 죄를 덮어주실 것을 믿습니다"라고 말하지 않았습니다. 그는 "예수여, 당신의 나라에 임하실 때 나를 기억하소서"(눅 23:42)라고 말했습니다. 도둑은 예수님의 죽음만을 믿는 모습으로 묘사되지 않습니다. 도둑은 오히려 예수님께서 왕국을 다스릴 것이라고 주장했습니다.

도둑은 복음의 본질을 고백했습니다. 그는 예수님이 그리스도라는 주장이 사실임을 인정했습니다. 도둑은 예수님의 죽음을 보면서 장래에 하나님께서 예수님을 주권자로 세우실 것이라는 믿음을 표현했습니다. 도둑이 예수님께 자신을 기억해 달라고 요청한 것은, 다시 말해 개인적인 충성을 공개적으로 고백한 것은, 이후 그가 왕이신 예수님 앞에서 그의 통치를 받겠다는 의지를 드러낸 것입니다. 도둑은 왕이신 예수님께서 장차 자신에게 구원의 유익을 줄 수 있는 권한을 가지실 것이라는 확신을 드러냅니다. 예수님의 주권에 대한 도둑의 공개적인 고백은 예수님으로 하여금 그 도둑의 구원을

선포하게 만들었습니다. 도둑은 구원을 받았습니다. 예수님을 장차
오실 왕으로 인정했기 때문입니다.

뱀파이어 크리스천?

참된 복음은 달라스 윌라드Dallas Willard가 기억하기 쉽게 괴물이
라고 불렀던, 뱀파이어 크리스천을 허용하지 않습니다.[9] 뱀파이어
크리스천은 예수님의 피를 이용하길 원하면서도, 예수님을 진정한
주님으로 인정하는 데는 전혀 관심이 없는 사람들을 가리킵니다.
그들을 뱀파이어 크리스천이라고 부르는 것은 엄밀히 따지자면 부
정확한 표현입니다. 이는 윌라드도 동의하리라 생각합니다. 사실 그
들은 그저 뱀파이어일 뿐입니다.

충성을 바치는 제자됨과는 동떨어진 채 그저 예수님의 피를 원
하는 뱀파이어들이 크리스천이라는 호칭을 사용한다면, 예수님께
서는 분명 이렇게 말씀하실 것입니다. "내가 너희를 도무지 알지 못
하니 불법을 행하는 자들아 내게서 떠나가라."(마 7:23) 구원은 오직
왕이신 예수님에게만 충성하는 것에서 나오기 때문에, 예수님의 제
자가 되어 그의 권위에 복종할 의사가 없는 상태에서 그저 예수님
의 피를 믿거나 신뢰함으로써 "구원을 받는다"는 것은 불가능합니
다.

왕이신 예수님에 관한 참된 복음을 설교하고 가르치는 것이 교
회가 내부인들의 쇠퇴에 맞서는 가장 좋은 대처 방식입니다. 놀랍
게도 말이죠! 참된 복음은 교회 안에 제자 양육 실패의 문제를 해결

합니다. 참된 복음은 교회가 전도에서 제자 양육으로 에너지를 전환하는 데 도움을 주기 때문입니다. 둘은 더 이상 다른 일이 아닙니다. 즉, 구원을 이루도록 복음에 응답하는 것은 곧 왕이신 예수님의 충성스러운 제자가 되기로 결심하고 헌신하는 것입니다.

이제 참된 복음이 이전에 내부인이었던 사람들이 기독교를 거부하게 만든 세 가지 문제를 어떻게 해결하는지 함께 자세히 살펴봅시다.

1. 진정한 관계의 부족

이 문제는 참 슬픈 아이러니입니다. 현 세대는 사람과 사람을 연결하는 기술에 대한 접근성이 유례가 없을 정도로 좋음에도 불구하고, 정작 의미 있는 대인 관계에 있어서 커다란 블랙홀을 마주합니다. 회심에 대한 지나친 집착과 위선말고도, 사람들이 교회(그리고 기독교)를 떠나는 주된 이유 중 하나는 바로 관계의 소외 때문입니다.[10]

마치 외로운 볼링 게임처럼 되버렸습니다. 고립이 너무 심해졌습니다. 이제 사람들은 볼링장에서 실제 공으로 다른 사람들과 함께 볼링을 치는 것보다, 휴대폰으로 혼자 볼링을 치는 경우가 더 많아졌습니다. 제도권 교회는 건강하고 의미 있는 관계를 약속하지만 실제로는 잘 제공하지 못하고 있습니다.

① 제자 삼기는 곧 관계 맺기입니다

오늘날 교회들은 "사람들에게 복음을 전하자"라는 표준적인 복음 제시를 통해 깊은 관계를 형성하고자 애를 쓰고 있습니다. 문제는 이 표준적인 복음 제시 안에서 정말로 중요한 것은 죄사함을 받기 위해 마음으로 예수님을 믿는 것이지, (더 경험이 많은 다른 제자들과 함께) 몸바쳐 왕께 충성을 다하려 애쓰는 것이 아니라는 점입니다.

우리가 "가서 모든 민족을 제자 삼으라"는 예수님의 사명을 되찾으려면, 우리네 지역 교회 안에서 복음에 반응한다는 것이 무엇을 의미하는지 다시 생각해봐야 합니다. 일단 제자를 삼는다는 것은 "와서 보라"―즉, 다른 사람의 삶의 패턴 속에 들어가 함께 왕이신 예수님을 따르는 것―와 연결됩니다. 따라서 본질적으로 **관계적**인 활동입니다. 제자를 삼는 일은 본질적으로 대인 관계 문제이기 때문에, 결국 그 일의 핵심은 관계의 소외를 극복하는 데 있습니다.

오늘날 교회에 필요한 것은 그저 그런 관계가 아니라, 왕의 몸 전체를 드러내는 세대 간 관계입니다. 그러나 데이비드 키너맨David Kinnaman은 "이러한 관계가 우연히 이루어지지 않는다"고 말합니다. "깊은 관계는 공유된 경험 속에서 많은 시간을 함께 보내야만 이루어집니다."[11] 따라서 제자를 삼기 위한 충분한 여지를 확보하기 위해서는 잘못된 신앙과 신념을 버리게 하거나, 혹은 교회 안에 프로그램을 다시 짜는 과정이 반드시 필요합니다.

② 제자 양육을 위한 프로그램 다시 짜기

교회가 공식적인 프로그램을 모두 버려야 한다는 뜻은 아닙니다. 교회의 목회자들은 자발적인 모임에만 의존해서는 안 됩니다.

기독교인들 사이에서 비공식적인 모임이 열린다해도, 제자 양육에 대한 의지가 없을 때도 많습니다.

제가 아는 한 목회자는 "그저 함께 삶을 살자"라는 말을 즐겨 했습니다. 그러나 그는 정작 예수님보다 술에 대해 이야기하는 데 훨씬 더 많은 시간을 보냈습니다. 오해하지 마세요. 저는 절제하는 수준에서 술을 즐기는 일에 찬성합니다. 하지만 "그저 함께 삶을 살자"라는 말은 술자리 이상의 목적이 있을 때에야 비로소 목회 슬로건으로서 효과가 있습니다. 즉, "함께 삶을 살아가면서" 예수님을 더욱 닮아가기 위해 진지하고 일관되게 헌신할 때에야 비로소 효과가 있습니다. 프로그램과 이벤트는 필요합니다. 그러나 단순히 경험을 공유하는 수준에 그칠 것이 아니라, 의식적으로 제자 양육을 위한 충분한 여지를 마련해야 합니다.

여러분은 제자를 양육하는 일에 관심이 있으신가요? 예수님의 길을 더욱 잘 실천하는 방법을 함께 배우기 위해서 여러분과 기꺼이 함께 걸어갈 그룹—대략 3명에서 12명으로 구성된 그룹—을 찾아보세요. 그리고 그 목적을 위해 조직적인 방식과 비조직적인 방식으로 정기적으로 모이고 만나세요. 오늘날에는 이 일을 시작하는 데 도움이 되는 유용한 도구들이 많습니다.[12]

2. 지혜의 부족

인생의 복잡성과 불확실성은 외부인과 내부인 모두를 괴롭힙니다. 기독교는 현실에 대한 포괄적인 설명을 제공합니다. 우주의 모든 것을 설명하는 거대 서사metanarrative, 즉 위대한 이야기를 제공합니다. 이 이야기는 우리에게 하나님의 우주가 왜 질서정연하면서도 놀라운지, 인간이 된다는 것이 무엇을 의미하는지, 그리고 우리가 어떻게 행동하며 살아가야 하는지를 알려줍니다.

하지만 오늘날에는 기독교만이 유일한 거대 서사는 아닙니다. 대안적 세계관들은 자신들이 훨씬 더 설득력 있는 방식으로 현실을 설명한다고 주장합니다. 이러한 맥락에서 다른 세계 종교들을 제외하면, 기독교의 주요 경쟁자는 무신론적 유물론atheistic materialism—과학적 자연주의 혹은 세속적 인본주의—이라고 볼 수도 있습니다.

내부인들은 설령 그들이 기독교인이라 할지라도 이러한 대안들에 대해 상당한 압박감을 느낍니다. 그래서 스스로에게 "**기독교가 진리라고 얼마나 확신할 수 있는가?**"를 되묻습니다. 교회에서 자란 청소년과 청년들은 이 문제를 가장 절실하게 공감합니다. 왜냐하면 그들은 기독교 세계관으로 삶을 시작했는데, 점차 다른 대안들이 제시하는 주장들에만 노출되고 있기 때문입니다. 그들이 계속해서 기독교인으로 남아있으려면, 의구심과 씨름하는 가운데 끈질기게 **이해를 추구하는 믿음을 붙잡는** 방법 외에는 없습니다.

목회자들과 부모들은 대안적 세계관들이 위협이 될 수 있다는 것을 인식하고 지혜롭게 아이들을 보호해야 합니다. 아이들은 아직 미셸 푸코Michel Foucault, 바트 어만Bart D. Ehrman, 리처드 도킨스Richard Dawkins를 받아들일 준비가 되어 있지 않습니다. 뭐 어쩌면 도킨스 정도는 준비가 되어 있을 수도 있겠네요. 그의 주장은 좀 어린애 같은 구석이 있으니까요. 중요한 것은 무엇이 각 연령에 적합한지 우리가 분별해야 한다는 것입니다. 그러나 교회는 자주 두려움 때문에, 그리고 무지 때문에 아니 어쩌면 두 가지 모두 때문에 내부인들을 과잉보호하는 경향이 있습니다.

기독교를 떠난 내부인들이 과잉보호를 받았다고 자주 불만을 토로하는 것은 어찌보면 당연한 일입니다. 교회 지도자들은 현재의 위기를 직시해야 합니다. 손쉽게 구글 검색을 통해 상세한 정보와 반박 증거를 찾을 수 있는 청년들에게, 단순히 일방적인 정보를 제공하는 것만으로는 충분하지 않습니다. 청년들은 목회자가 설교하거나 이야기하는 도중에도 구글 검색을 할 수 있음을 기억하세요.

미치Mitch의 이야기는 전혀 드문 일이 아닙니다. 미치는 의학 수련을 받던 중 신앙의 위기를 맞은 청년인데요. 처음으로 진화론을 진지하게 접하고 점점 더 그것에 설득력이 있다고 느꼈을 때, 그는 진화론과 기독교를 조화시키려고 애쓰며 고군분투했습니다. 그러나 그는 곧 자신이 그 일을 할 수 없다는 것을 깨달았습니다. "저는 진화론에 대한 증거를 읽으면서 과연 영혼은 어느 시점에 부여된 것일까 궁금해 했습니다. 하나님이 내려오셔서 인류의 조상에게 영혼을 내미셨을까?"[13] 그는 수련을 받는 가운데 이러한 의문들과 씨름하면서, 과학을 다루는 자신의 직업적 소명과 기독교 중에서 하나만을 선택해야 한다고 느꼈습니다. 그리고 결국 그는 기독교를 포기했습니다.

① 지혜를 위한 정보 큐레이팅

오늘날 이러한 문제는 미치만 겪는 것이 아닙니다. 현대 사회는 기독교인들에게 계속해서 치열한 지적인 도전들을 던지고 있습니다. 하지만 미치의 교회 목회자가 가장 유능한 기독교인 연구자들이 만든 자료들을 소개해 주었다면 그가 교회를 떠났을까요? 그럼에도 떠났을 수도 있죠. 하지만 떠나지 않았을 수도 있습니다.

탁월한 과학자들, 철학자들, 역사학자들이 계속해서 기독교를 옹호하며 입증하고 있습니다. 때때로 그들은 팀을 이루기도 합니다. 예를 들어, 기독교인이자 진화 생물학자인 데니스 베네마Dennis Venema는 저명한 성서학자 스캇 맥나이트Scot McKnight와 함께 『아담과 게놈』Adam and the Genome이라는 책을 써서 과학과 신학에 대한 최신의 연구 결과를 독자들에게 소개했습니다.[14] 교회의 지도자들은 신뢰할 수 있는 기독교 학자들의 전문 지식과 자료 네트워크에 의지하여 그들의 목양 아래 있는 사람들이 지적인 도전들을 분석하고 해석하는 데 유익한 **선별된 자료들**을 찾을 수 있도록 도와야 합니다. 그래서 오늘날 여러 도전들로 인하여 씨름하는 이들이 궁극적으로 단단한 기독교적 지혜를 개발할 수 있도록 도와야 합니다.

그런데 사실 많은 내부인들이 직면하는 가장 시급한 도전들은 지적인 문제가 아니라 윤리적인 문제입니다. 기독교는 고대 역사에 뿌리를 두고 있기 때문에, 그 추종자들은 기독교의 윤리적 비전이 오늘날에도 어느 정도 적용될 수 있는지 궁금해합니다. 예를 들어, 성경은 여성에게 머리를 땋거나 장신구를 착용하지 말라고 했는데

(딤전 2:9) 오늘날에도 이런 것들을 피해야 하는지, 또 성경은 간음을 금하고 있지만 이는 기혼자의 부정과 연관된 것이므로 오늘날 결혼 밖에서 이루어지는 모든 성적인 행위들도 금지해야 하는지 궁금해 합니다.

예수님의 성숙한 제자들이라면 대다수가 첫 번째 질문에 대한 대답은 "아니오", 두 번째 질문에 대한 대답은 "예"라는 것을 분별할 수 있을 것입니다. 그러나 현재의 윤리적 환경 안에서 권위나 전통에 호소하는 것만으로는 충분하지 않습니다. 과거에 옹졸한 율법주의legalism에 부담을 느끼고 상처를 받았던 내부인들은 스스로 그러한 해답에 도달하는 방법을 배우고 깨우쳐야 합니다. 그들은 기독교가 고대의 정보뿐만 아니라 오늘날의 지혜를 어떻게, 그리고 왜 제공하는지를 알아야 합니다.

② 의심하는 사람들을 위한 좋은 소식

미치처럼 개인적으로 죄사함을 받기 위해 예수님을 믿던 사람들이 압도를 당할만큼 강한 의심을 품게 되면 어떻게 될까요? 만약 믿음을 갖고 싶은데도 특정한 기간 동안 지적인 도전들을 극복하지 못한다면 어떻게 될까요? 여전히 기독교인으로 남아 있을 수 있을까요? 기독교인이 된다는 것은 실제로 복음의 진실함을 지적으로 확증하는 일을 포함합니다(제4장 참조). 그런데 그 진실함을 **얼마나** 확신해야 할까요? 미치는 자신이 선택을 강요당하고 있다고 느꼈습니다. 그가 어떤 버전의 복음을 들었는지 저는 모릅니다. 하지만 복음을 제시하는 방식이 불충분하면 불필요한 장애물이 생기고 또한 필요 이상으로 그 장애물이 높아진다는 것은 압니다.

제 아내가 십대였을 때 경험한 이야기입니다. 한 목회자가 주일 아침 강단에서 자신이 이제 막 기독교인이 되었음을 선포했습니다. 그 목회자는 이전에도 자신이 예수님의 용서를 믿고 있는 줄 알았다고 말했습니다. 그러나 최근에 그는 자신이 그것을 온전히 믿고 있는 것이 아니라 여전히 자신의 "행위", 즉 목사로서의 지위와 업적에 집착하고 있다는 사실을 깨닫게 되었습니다. 이제 그는 예수님 안에서 용서를 받고 온전히 안식하고 있기 때문에 자신이 기독교인이 되었다고 기쁜 마음으로 선포했습니다.

교인들은 자신들의 목회자가 실은 기독교인이 아니었다는 사실에 놀랐습니다. 그러나 그가 어떤 어려움을 겪었든 이제 전심으로 반응했다는 사실에 기뻐했습니다. 몇 달이 지난 후 그 목회자가 다시 한 번 기독교인이 되었다고 선포하자 그 기쁨이 이전보다 덜 했습니다. 그리고 그로부터 얼마 지나지 않아 그 목사는 결국 교회를 떠나게 되었습니다. 세 번째로 회심한 후에 말이죠!

이 진실한 목회자 또한 복음에 대해서, 그리고 구원을 이루는 믿음에 대해서 혼란스러워한 것입니다. 예수님에 대한 나의 믿음이 효력이 있음을 믿는다고 해서, **정말로** 온 힘을 다해 전심으로 믿는다고 해서, 구원을 받는 것이 아닙니다. 내 행위가 아닌 예수님의 의 righteousness만을 믿느냐 아니냐도 진정한 복음의 내용이 아닙니다.[15] 대개 바울을 잘못 읽은 데서 비롯된 이러한 해석들은 복음 안에 나 자신을 지나치게 많이 집어 넣고 있습니다. 나의 모든 의심과 함께 나 자신을요. 또한 무언가를 믿으려고 정말 열심히 노력하는 일은 지적 훈련 정도가 아니라 가능성 없는 왜곡으로 이어질 수도 있습니다.

구원을 이루는 믿음은 가장 먼저 개인의 속죄나 칭의 과정을 목표로 삼지 않습니다. 그 믿음은 왕위에 즉위하신 그리스도를 겨냥합니다. 그런 다음에야 그 유익이 뒤따릅니다. 따라서 우리에게 중요한 것은 어떤 죄악된 불충이 나를 탈선시킨다해도 다시 충성의 길로 되돌아가고자 하는 의지, 그리고 그 길에 계속해서 머무려고 하는 의지입니다.

③ 확신과 의심

의심이 전혀 없는 상태도 문제가 있지만, 의심을 가진 사람이 구원은 진정으로 믿을 수 있는 능력에 달려 있다고 확신하게 되면, 도리어 불안감만 커지는 더 큰 문제가 발생합니다. 그러한 맥락에서 등장하는 좋은 소식 곧 "오직 나에게 필요한 것은 **정말로 믿는 것뿐**"이라는 좋은 소식은 그저 치명적인 정죄의 소식일 뿐입니다.

이처럼 "내 진정한 믿음만을 하나님이 받으신다"는 잘못된 복음은 의심하는 사람들을 큰 곤경에 빠뜨립니다. 그러나 예수님의 왕권에 대한 참된 복음은 구원의 경계선에 대한 명확한 답을 제시하고 있습니다. 즉, 만일 의심하는 사람이 복음에 계시된 왕이신 예수님께 계속해서 충성을 바친다면, 그 사람은 어떤 의심을 품고 있더라도 구원을 받습니다. 의심을 가장 많이 품은 때에도 여전히 왕이신 예수님께 충성을 바치기로 결단할 수 있습니다.

대다수 현대 기독교인들은 의심과 씨름하고 있습니다. 저도 의심에서 자유롭지 못합니다. 따라서 교회는 의심하는 사람들에게 모든 진리는 하나님의 진리이므로 지적으로 모험을 할 수도 있다는 점을 상기시키며 그들을 격려해야 합니다. 의심 속에서도 충성을 유지해야 한다는 점을 강조하면서요. 만일 의심을 품고 있더라도 복음이 전하는 왕이신 예수님께 충성을 다하는 것이 인간의 삶의 목적이라고 충분히 믿는다면, 계속해서 구원의 길에 남아있을 수 있습니다. 심지어 당장은 그것이 믿어지지 않는다고 해도요.

④ 의심을 기회로 만들기

교회들이 커다란 의문들과 정직하게 씨름하는 것을 장려하는 독서 그룹 혹은 토론 그룹을 만든다면, 내부인들이 성장할 수 있는 기회로 의심을 활용할 수 있습니다. 충성이라는 틀 안에서는 의심이 개인의 구원을 향해 덜 위협이 되기 때문에 일반적으로 의심이 드는 사안을 두고 탐구할 수 있는 여유를 더 많이 누릴 수 있습니다. 진화? 자유 의지? 무로부터의 창조? 속죄 이론들? 사형제도? 어느 주제든 좋습니다. 함께 토론을 시작합시다.

(사생활 보호 및 존중과 관련된 규칙 등) 다른 규칙들을 추가할 수도 있겠지만, 제 생각엔 그런 토론 그룹은 멤버십을 두고 엄격한 기준 하나가 필요합니다. 곧 그룹 내 구성원들은 성경에 계시된 왕이신 예수

님께 계속해서 충성을 다하든지(성경 해석은 복합 예술이자 과학이라는 점을 인정하면서), 아니면 그룹을 자발적으로 떠나든지 해야 합니다. 예수님을 왕으로 고백하는 사람들이 모인 그룹은 성령의 인도하심을 받습니다. 그런 그룹도 때로는 혼란스러운 좌절을 겪고 위험천만한 바다를 헤매기도 하지만 궁극적으로는 더 깊은 진리로 인도됩니다.

3. 총체적 직업 소명 결여

왕이신 예수님의 복음은 지적, 윤리적 도전들에 맞서는 지혜를 가져다 줄 수 있습니다. 그런데 잘못된 복음이 자리 잡으면 직업 소명이 총체적이 되기보다는 두 갈래로 갈라져 기독교인들이 교회를 떠나 방황하게 만듭니다.

유진Eugene이 겪은 경험을 함께 살펴봅시다. 그는 기독교인이며 주요 신문사에서 기자로 일하고 있습니다. "저는 뉴스 작성실에서 편집자들이 종교와 신앙 공동체에 관하여 정확한 이야기를 전달할 수 있도록 끊임없이 노력하고 있습니다." 뉴스 작성실의 편집자들은 유진이라는 사람 특유의 기독교적 관심사에 대해 그다지 호의적이지 않습니다. 동시에 사무실 밖에서는 다른 기독교인들이 유진이 그런 직업을 선택한 것을 두고 그를 비난합니다. 그들은 "제가 왜 여기서 일해야 하는지, 왜 미디어에서 일해야 하는지를 전혀 이해를 못합니다."[16]

왜곡된 복음은 기독교인들의 인격을 분열시키고 그들의 직업적 소명을 분열시킵니다. 지킬 박사는 교회에 다니는 사람이고 하이드

씨는 일꾼인 것처럼요. 만일 죄사함, 천국, 하나님의 영광만이 복음이 지향하는 최종 단계라면, 일과 교회는 더욱 쉽게 세속적인 것과 성스러운 것으로 분리되고 맙니다. 한 세계에서 일주일에 5-6일 동안 일하다가, 일요일에는 다른 세계로 들어가는 것이죠. 둘은 사실상 거의 교차하지 않게 됩니다. 따라서 각각의 세계에서 동일한 사람이 되기가 어려워지죠.

더욱이 잘못된 복음의 틀 안에서 일은 그 자체로는 의미가 없습니다. 나의 직업 소명과 노동은 오직 잃어버린 영혼에게 복음을 전할 수 있는 기회가 될 때에만 의미를 가집니다. 교회에 대한 유진의 뒷말은 아쉬운 탄식처럼 들립니다. "이러한 긴장감 속에서 좋은 기독교인이 되는 법을 배울 수 있는 교회를 찾기란 정말로 어려운 일이었습니다."

복음과 일의 영광

왕이신 예수님의 복음은 직업 소명과 일을 기독교인의 삶 속에 훌륭하게 통합시킵니다. 진정한 복음의 최종 목표가 하나님의 영광이 우리의 일을 통해 피조 세계와 다른 인간들에게 전달될 수 있도록 우리가 지음받은 형상대로 회복되는 일이라는 사실을 잊지 마세요. 이러한 사실을 인식할 때 우리의 노동은 단순히 목적을 향한 수단에 그치지 않게 됩니다. 즉, 일이 그 자체로 존엄성을 지니게 됩니다.

우리가 하는 일은 새로운 창조의 이정표가 될 수 있습니다. 트럭 운전사의 일은 휴게소에서 다른 트럭 운전사에게 복음을 전할 수 있을 때만 의미가 있는 것이 아닙니다. 트럭 운전사의 일은 문명이 질서정연하게 번성할 수 있도록 자원과 상품을 분배함으로써 다른 이들을 섬기는 청지기 역할을 하기 때문에 의미가 있습니다. 사무원이 다른 사람들과의 대화 중에 예수님에 대한 언급을 슬쩍 끼워 넣는다고 해서 그가 하는 일이 의미 있게 되는 것은 아닙니다. 다른 사람들이 번영할 수 있도록 거래를 보호하고 고객을 섬길 때 그것은 영광스러운 일이 됩니다. 마찬가지로 유진의 일은 탁월하고 성실하게 종교에 대해 보도할 때 의미가 있습니다. 그것이 하나님의 영광이 닿지 않는 곳에 하나님의 영광이 닿도록 하는 방법입니다. 이 모든 것은 인류가 길들여지지 않은 동산으로부터 경작된 도시, 즉 새 예루살렘으로 발전해 나가도록 돕습니다. 그리고 새 예루살렘에서 하나님은 그분의 백성들 가운데 직접 거하실 것입니다(계 21-22장 참조).

지금 피조 세계, 그리고 그 안에서 우리가 하는 일은 우리의 깨진 개인적, 사회적, 우주적 죄성으로 인해 오염되어 있습니다. 그래서 피조 세계는 신음하고 있습니다. 피조 세계는 하나님의 자녀들의 영광이 온전히 도달할 때 경험하게 될 자유를 갈망하고 있습니다(롬 8:21). 한 가지 좋은 소식은 바로 지금 그러한 회복이 진행 중이라는 사실입니다.

우리는 현재 우리가 하는 일 가운데 피조 세계의 회복을 이따금씩 경험할 뿐입니다. 하지만 회복이 진행 중이라는 사실을 아는 것만으로도 충분합니다. 우리의 형상이 변화하는 것—그리고 그 변화에 수반되는 영광이 회복되는 것—은 곧 복음의 목적을 달성하는 것입니다. 다시 말해, 모든 민족들 가운데 왕이신 예수님께 충성을 바쳐 순종을 실천하는 사람들이 각기 그 목적을 달성하고 있습니다. 따라서 각각의 기독교인들이 다양하고 독특한 일을 하는 것은 곧 하나님께서 피조 세계 전체에 의도하신 회복을 위한 청지기 역할을 할 수 있는 기회입니다.

6단계: 왕과 함께 영광 가운데 다스리기

이로써 이 책에서 다루었던 영광의 순환이 완성되었습니다(118쪽 참고). 우리는 예수님을 닮아가고 있습니다. 우리의 노동이 예수님의 방식을 따라 다른 인간들과 피조 세계에 하나님의 영광을 분배할 정도로 예수님을 닮아가고 있습니다. 다시 말해, 우리가 영향력을 행사하는 곳에서 예수님의 십자가와 부활을 따르는 방식으로 우리가 맡은 일을 수행할 때, 우리는 최종적인 기독교인의 운명에 들어서는 것입니다.

하나님은 인간의 다스림을 통해 피조 세계에 영광을 분배하기 위해, 인간에게 당신의 영광에서 파생된 원original영광을 주셨습니다. 제3-5장에서 우리는 그 영광의 이양과 회복의 과정을 살펴봤습니다. 그러나 결국 하나님의 의도는 우리가 인류의 원영광을 뛰어넘는 데 있습니다. 우리가 닮아가게 될 그리스도는 아담보다 훨씬 더 영광스러운 분이시기 때문입니다. 그리스도의 형상을 닮은 사람들은 노동을 통해 피조 세계에 대한 청지기 직분을 수행함으로 아담보다 더 큰 그리스도의 영광을 분배합니다.

하나님의 임재 앞에서 예배함으로써 영광으로 재충전된 우리 기독교인들의 최종 운명은 만왕의 왕이신 예수님의 기치 아래 피조 세계의 국지적 청지기로서, 또 각기 왕과 여왕으로서 다스리는 것입니다. 우리가 지금 그런 의미의 일을 하고 있음을 깨닫는 순간— 즉, 우리가 하기로 지음받은 일을 하고 있음을 깨닫는 순간—은 드물지만 그 특별한 순간 동안 우리의 마음은 기쁨과 찬양과 경배로 가득할 것입니다.

천국에 대한 이 세상의 형편없는 왜곡은 천국을 실체 없는 만족과 안락함을 주는 장소로 전락시켜 버렸습니다. 천국은 부활 시대 이전의 대기 단계로 간주하는 것이 가장 최선입니다. 기독교인들의 최종적인 비전은 부활한 인간들로 채워져 생기를 되찾은 피조 세계를 가리킵니다. 그때 예수님처럼 변화될 인간들은 큰 기쁨을 누리게 될 것입니다. 그들의 변화된 몸으로 가치 있고 의미 있는 일, 즉 인간들과 피조 세계, 무엇보다도 하나님께 영광을 돌리는 일을 수행하고 있을 것이기 때문입니다.

———————————

복음은 **여전히** 비종교인들에게 좋은 소식입니다. 복음에는 구원하는 능력이 있습니다. 일부 비종교인들은 단지 오염되고 묽어진 형태의 복음만을 들어왔습니다. 이들에게는 더 강력한 처방, 즉 순수한 충성을 요구하는 예수 왕의 복음이 필요합니다.

벤자민Benjamin은 어려서부터 교회에서 자랐지만 교회 안의 심각한 위선을 목격한 뒤에 결국 기독교를 떠났습니다.[17] 그의 교회 목사는 횡령을 저질러 명품을 사고, 불법 약물을 구매했으며, 심지어 간음을 저질렀습니다. 이로 인해 벤자민은 교회 자체를 두고 고민에 빠지게 되었습니다. "저는 예수님을 좋아했습니다." 하지만 "그 목사의 사람들은 도덕적으로 나치Nazis와 같았고, 정말 이상한 규칙들을 가지고 있었습니다." 결국 벤자민은 예수님을 따르는 것마저 그만두었습니다.

이후 벤자민은 타투를 하고 맥주를 즐기는 두 명의 기독교인을 만나게 되었는데요. 벤자민은 이 두 사람이 예수님과 세상에 대해 다르게 이야기한다는 것을 깨달았습니다. 벤자민은 두 사람을 두고 이렇게 설명합니다. "저를 사로잡은 것은 그들이 저를 사랑하는 방식, 또한 상처받고 엉망인 사람들을 사랑하는 방식이었습니다. 그리고 그들이 그들 자신의 상처와 반복되는 실패에 대해 솔직하게 나누는 방식이었습니다." 그들은 벤자민에게 죄인으로서 회개하는 기도를 하라고 말하지 않았습니다. 그들은 벤자민에게 예수님을 따르는 대가는 그보다 훨씬 더 커서, 마음뿐만 아니라 삶 전부를 드려야 한다고 말했습니다. 지금 벤자민은 다시 기독교인이 되었습니다. 심지어 구세주Savior뿐 아니라 왕King을 선포하는 목사가 되었습니다.

묵상과 나눔을 위한 질문

1. 기독교인이 아닌 지인을 생각해 보세요. 그 사람에게 "왜 당신은 기독교인이 아닌가요?"라고 묻는다면, 어떤 이유를 말할 것이라고 생각하나요? 우리가 누군가를 직접 전도할 때 어떤 위험과 보상이 따르는 것 같나요?

2. 외부인들이 기독교인이 아닌 6가지 주요 이유를 제시했습니다. 여러분이 개인적으로 아는 비기독교인들의 경우 6가지 이유 중 어떤 것에 해당하나요? 비기독교인이 가진 기독교(인)에 대한 인상을 바꾸기 위해 우리가 어떤 일을 할 수 있을까요?

3. 위선은 왜 그렇게 꺼려지는 걸까요? 여러분은 삶의 어떤 영역에서 자신이 믿는다고 말하는 것을 실천하는 데 어려움을 겪나요? 왜 그럴까요? 참된 복음이 어떻게 여러분의 위선을 줄이는 데 도움이 될 수 있나요?

4. 저자는 복음의 "핵심이 정치적"이라고 주장합니다. 명확성을 더하고 오해를 피하려면 이 주장을 어떻게 더 풀어낼 수 있을까요? 이전에는 복음이 비정치적이라고 생각했다면, 이제 복음이 정치적이라는 새로운 인식이 우리의 전도를 어떻게 변화시킬 수 있을까요?

5. 여러분과 다른 기독교인들이 모이는 자리에서 사람들은 예수님의 말씀에 어느 정도 귀를 기울이고 순종하나요? 모임에서 지금보다 더 많이 그 말씀에 귀를 기울이고 순종할 수 있게 하려면 어떤 실제적인 조치를 취해야 할까요?

6. 기독교인은 어떻게 정치적인 사람이 될 수 있나요? 기독교인은 어떻게 비기독교인들에게 기독교 윤리를 강요하지 않으면서도 사회 전체가 번영할 수 있는 정책을 내세울 수 있을까요?

7. 주변에 한때 예수님을 따랐지만 지금은 예수님을 따르지 않는 사람이 있다면 이야기해 보세요. 그 사람이 변한 이유를 말한 적이 있나요? 여러분은 그 사람이 말한 이유 외에 다른 요인이 있었다고 생각하나요?

8. 전직 내부인들은 종종 6가지 부정적인 요인 중 하나가 그들에게 작용했다고 이야기합니다. 이 6가지 요인이 언제나 기독교를 떠나게 만드는 원인은 아니지만, 그럼에도 이 요인들과 기독교로부터의 이탈 사이에는 높은 상관관계가 있습니다. 6가지 요인 중 가장 중요한 두 가지 요인은 무엇이라고 생각하나요? 그 이유는 무엇인가요?

9. 사회학 연구에 따르면 전직 내부인들이 교회를 떠나게 만드는 주요 원인은 크게 3가지입니다. 3가지 중 개인적으로 가장 힘들게 느껴지는 원인은 무엇인가요? 무엇이 그것을 참아내는 데 도움이 되었나요?

10. 의심을 품은 사람들에게 충성과 함께 예수 왕의 복음을 선포하는 것이 특히 좋은 소식이 될 수 있는 이유는 무엇인가요? 어떻게 하면 의심을 기회로 만들 수 있을까요?

11. 일이나 노동은 인간의 목적 혹은 영광과 어떤 관계가 있나요?

12. 일상 업무의 고단함 속에서 새로운 창조를 가리키는 이정표를 세우기 위해 어떤 조치를 취할 수 있나요? 내 주변에 동료들도 그렇게 할 수 있도록 어떻게 도울 수 있을까요?

Chapter 7
목적으로 내용 뒤집기

"여러분은 이번 시즌 동안 정말 환상적이었어요! 여기 있는 모두가 승자입니다!" 사회자가 외쳤습니다. "저를 따라하세요. '우리 모두가 승자다!'" 약 800명의 초등학생들이 사회자의 말을 앵무새처럼 따라하며 외쳤습니다. "이제 '나는 최고야!'라고 외쳐 보세요!"

유소년 농구 리그의 시상식이 있던 밤이었습니다. 한 대형 교회가 지역 사회 봉사 차원에서 리그를 주최했습니다. 시상식이 대단원의 피날레였습니다.

그런데 아직 피날레가 아니었습니다. 조명이 어두워졌고, 한 청년이 5분 동안 담대하게 기독교 간증을 펼치며 주목을 받았습니다. 그리고 다시 조명이 번쩍였습니다.

다시 온갖 소음과 축제 분위기가 일어났습니다. 저글러들은 외발자전거를 타고 3미터 높이로 공들을 던졌습니다. 아이들, 부모들, 조부모들 등 총 2천여 명의 관중들이 환호성을 지르며 즐거워했습니다. 사회자는 "저를 따라하세요. '나는 승자다'라고 외치세요!"라고 또다시 말했습니다. 명령에 복종하는 로봇처럼 아이들은 환호성을 질렀습니다.

사회자는 매끄럽게 화제를 전환했습니다. "이제 다같이 외쳐봅시다. '예수님! 저는 제가 죄인인 것을 압니다. 그렇기에 당신의 용서를 구합니다. 저는 당신이 저의 죄를 위해 죽으셨고 부활하신 것을 믿습니다. 저의 죄로부터 돌이켜 당신이 제 마음속에, 제 삶 속에 들어오시기를 간구합니다.'" 아이들은 그 말을 따라 외쳤습니다.

그러고나서 … 곧바로 경품 추첨이 시작되었습니다! 새로운 게임 시스템들과 다른 유흥거리가 제공되었고, 또한 아이들에게는 카드가 전달되었습니다. 추첨에 당첨되려면 아이들은 각기 카드 맨 위에 자신의 이름을 써야 했습니다. 그리고 그 카드 아래에는 세 개의 네모칸 중 하나를 선택하라는 안내가 있었습니다.

☐ 저는 오늘 밤 예수님을 영접하고 기독교인이 되었습니다!
☐ 저는 오늘 밤 예수님께 제 삶을 재헌신했습니다!
☐ 저는 이미 기독교인입니다.

이것들이 유일한 선택지들이었습니다.

선택의 여지가 많지 않았죠.

아이들은 혼란스러워했지만 당첨을 위해서는 어디든 체크를 해야 했습니다. 어떤 아이들은 엄마 아빠에게 무엇을 써야 할지 물어

보았습니다. 또 어떤 아이들은 그들의 선생님들에게 묻기도 했습니다. "선생님, 어떤 네모칸에 체크를 해야 하나요?" 선생님들이 "상관없으니까, 아무거나 하나만 체크해라"라고 대답하는 소리가 들렸습니다.

선생님들은 절대적으로 옳았습니다. 그들은 행사 주최자들보다 더 뛰어난 신학자들이었습니다. 복음과 구원이 그토록 심각하게 오해되고 있는데, 어떤 네모칸에 체크하는지가 정말로 중요한 문제였을까요?

정말 안타깝게도 이것은 지어낸 이야기가 아닙니다. 얼마 전 미국의 중소 도시에 위치한 명망 있는 한 교회에서 일어난 사건을 묘사한 것입니다. 처제가 저에게 영상을 보내주었죠. 외발자전거를 탄 저글러들의 묘기는 분명 인상적이었습니다만 ….

주최자들의 선한 의도에도 불구하고 이러한 유형의 전도로 인한 피해는 실제적입니다. 카드들이 회수되어 집계되면, 새롭게 결심하거나 재헌신을 다짐한 아이들의 수가 교회 관계자들만 흥분시키겠죠.

그러나 사실 그런 방식은 예수님의 왕국의 토대를 허무는 것입니다. 참된 복음을 완전히 사라지게 만드는 것입니다. 아이나 성인이나 할 것 없이 모든 사람들에게 기독교의 구원(의 진정한 과정과 범위)에 대한 혼란만 야기됩니다. 그리고 이는 기독교인들이 지적인 측면에서 순진한 수준이며, 그저 회심자 수를 늘리는 데만 관심이 있다는 인상을 줍니다. 제6장에서는 이러한 전도 방식이 이미 "결심한" 사람들(내부인들)과 아직 결심하지 않은 사람들(외부인들) 모두가 차후 기독교를 떠나게 만든다는 내용을 다루었습니다.

─────────────

오늘날 교회의 전도가 효력을 발휘하려면, 어설픈 모방이 아닌 참된 복음(참된 복음의 진정한 목적들)을 선포해야 합니다. 한 세기가 넘도록 많은 교회들이 부정확한 복음 버전을 붙잡고 힘써 왔습니다.

전형적인 복음 제시를 작은 요소들로 세분화해보면, 흔히 볼 수 있는 복음 제시 패턴이 어째서 성경의 논리를 따르고 있지 않은지를 알 수 있습니다. 만일 우리가 복음에 관한 성경의 가르침을 따르고 싶다면, 복음의 내용, 복음을 듣고 결단하는 시점, 복음의 개인화, 복음의 주요 목적들을 제시하는 방식을 뒤집어야 합니다. 다시 말해, 기존에 우리가 "복음을 제시한 방식"과 그 전형적인 패턴이 현재 기준점이라면, 우리는 이전의 복음 제시를 거꾸로 뒤집어서 전하는 법을 배워야 합니다.

복음으로의 초대 뒤집기

우리는 다른 사람들에게 복음을 전하고 싶어합니다. 또한 우리 자신이 복음에 더 깊이 뿌리내리기를 바랍니다. 어떻게 하면 효과적으로 이러한 일들을 할 수 있을까요? 저는 최종적인 답이 있는 척을 하지 않겠습니다. 그렇지만 가장 중요한 일은 우리가 할 수 있는 한 언제든 어떻게든 왕이신 예수님을 향한 충성을 그저 선포하는 것입니다. 여기서 저는 몇 가지 최종적인 통찰을 나누고자 합니다.

복음의 내용 뒤집기

복음을 뒤집어 전한다는 말은 곧 교회가 복음을 제시하는 일반적인 방식의 논리에 역행하는 것을 의미합니다. 오늘날 대부분의 교회들 안에서 복음은 곧 예수님을 구세주Savior로 믿고 죄사함을 받는 것입니다. 예수님의 왕권은 그 후에야 언급됩니다. 하지만 성경이 가르치는 복음의 논리에 충실하려면 이 순서를 반드시 뒤집어야 합니다.

잘못된 순서의 내용은 다음과 같다. 예수님께서 당신의 죄를 사해주셨기 때문에, 그분이 당신의 **구세주시다.** 예수님의 구원을 받아들이라. 그 다음에 예수님은 당신의 삶의 왕이 되기를 바라신다.

순서를 뒤집으라!

올바른 순서의 내용은 다음과 같다. 예수님은 왕이시다. 예수님의 왕권을 받아들이라. 그 왕권을 통해 예수님은 당신의 죄를 사해주심과 더불어 구원을 베푸신다.

왜 꼭 예수님을 먼저 왕으로 제시해야 하나요? "예수는 그리스도"라는 성경이 제시하는 복음을 가장 잘 요약하는 내용이기 때문입니다. 또한 죄사함과 같이 예수님께서 베푸시는 구원의 유익들은 오직 그의 왕권을 통해서만 가능한 것이기 때문입니다.

십자가는 복음의 가장 중요한 부분입니다. 그러나 십자가가 복음의 전부는 아닙니다. 복음의 내용 순서를 뒤집어 구세주보다 왕이 더 먼저 등장하게 하면, 복음이 그저 십자가에서 이루어지는 죄사함 거래로 축소되는 것을 피할 수 있습니다. 예수님의 성육신, 십자가에 못 박히심, 부활, 왕위 즉위, 성령을 보내심 역시 복음에 꼭 필요한 내용들입니다. 왕이신 예수님께서 다시 오실 때 이 모든 내용과 관련된 구원의 유익들을 충만하게 가져다 주실 것입니다.

결단의 순간 재조준하기

우리는 복음을 제시하는 순서를 뒤집고 복음의 내용 전체를 포함하도록 확장해야 할 뿐만 아니라, 또한 결단의 순간도 재조준해야 합니다. 성경 안에서 복음이 제시되는 장면을 보면, 복음을 들은 사람들이 회개하고 믿음을 맹세하고 세례를 받음으로 응답할 것을 요구합니다(행 2:38; 3:19; 19:4-5 참조). 이는 오늘날에도 크게 다르지 않을 것입니다. 그러나 그 결단의 순간에 "믿음"의 목표나 세례의 목적이 자주 오조준되어 왔습니다.

일단 복음의 기본적인 내용이 예수님의 우주적 왕권 획득을 통한 하나님 나라의 도래라는 사실을 깨닫게 되면, "믿음"이 예수님의 속죄를 지적으로 신뢰하는 것 정도로 국한되는 것이 아니라, 왕이신 예수님께 온 몸으로 충성을 다하는 것 또한 포함한다는 점이 분명해집니다. 죄사함을 받기 위해 예수님을 믿는 데(혹은 신뢰하는 데) 초점을 맞추는 결단의 순간은 너무나 협소합니다. 예수님의 주권에 굴복하지 않는 한 복음에 대한 온전한 응답이 아니기 때문입니다. 오늘날 우리는 사람들에게 단순히 믿음만 요구하는 것이 아니라 충성을 다하도록 요구함으로써 결단의 순간을 재조준해야 합니다.

오조준된 결단 시점:

회개하라, 예수님을 구세주로 믿고, 그리고 세례를 받으라.

재조준하라!

정조준된 결단 시점:

회개하고 세례를 통해 예수님을 왕으로 모시고 충성을 다하라.

회개와 믿음과 세례가, 성경이 전하는 복음에 대한 구원의 반응이 되는 방식(과 그 이유)에 대해서 그간 교회 안에서 적지 않은 혼란이 있어 왔습니다. 신약성경의 관점에서 이 문제의 진실을 알려드리겠습니다. 사람은 예수님을 그리스도로 부르며 충성(믿음)을 고백함으로 죄악된 생각과 관행들을 거부하고 회개할 때 구원에 이르게 됩니다. 예외가 있기는 하지만, 대개 이것은 사람이 물로 세례를 받기로 결단할 때 처음으로 뚜렷하게 일어납니다(이 때 그 사람은 성령을 받습니다. 성령 충만한 공동체에 들어가는 것이기 때문입니다).[1]

본래 신약성경에서 "물에 잠기다" 혹은 "담그다"(밥티스마*baptisma*)라는 말에는 몸을 씻고 왕이신 예수님께 충성을 맹세하는 일이 포함되었습니다. 그래서 세례는 회개와 믿음을 몸으로 표현하는 것이었습니다. 예를 들어, 당시 세례는 "예수 그리스도의 이름으로"(행 2:38) 또는 "주 예수의 이름으로"(행 19:5) 받았습니다. 실제로, 교회 역사가 발전함에 따라 세례와 같은 의식들을 "성례전"sacraments이라고 부르게 된 것은 부분적으로 세례의 충성 맹세(라틴어로 사크라멘툼*sacramentum*) 때문이기도 합니다. 초기 교회에서 세례는 왕이신 예수님에게 충성을 표현하는 것이었습니다.

성경을 더 자세히 분석해 보면, 이는 (꼭 세례를 집례하는 사람이 아니라) 세례를 받는 사람이 세례 과정에서 맹세의 일부로 주의 이름을 부르는 것을 의미함을 알 수 있습니다. 즉, 초기 기독교에서 세례를 받는 사람은 세례 의식의 일부로 왕이신 예수님께 대한 충성을 맹세를 했습니다. 예를 들어, 부활하신 주 예수님께서 바울에게 나타나신 후, 바울은 "주[예수]의 이름을 불러"(행 22:16) 세례를 받으라는 지시를 받았습니다(행 22:16).[2] 바울에게 세례를 주는 사람이 아니라, 바울 자신이 세례의 일환으로 새로운 주님께 맹세하라는 지시를 받았습니다. 이와 같은 사례들은 오늘날 우리도 동일하게 해야 할 것을 요구합니다. 즉, 우리는 세례를 받을 때 단순히 목사나 성직자가 말씀을 전하는 것을 그저 듣는 것에 그칠 것이 아니라, 왕이신 예수님께 대한 충성을 스스로 맹세해야 합니다.

우리는 잘못된 충성과 생각에서 돌이켜 왕이신 예수님에게 충성을 맹세함으로써 우리의 죄를 "회개"(메타노이아*metanoia*)합니다. 한편 신약성경 안에서 "믿음" 혹은 "신뢰"(피스티스*pistis*)는 신실함faithfulness, 충실loyalty, 충성allegiance을 의미하기도 합니다. 우리는 세례를 받을 때 왕이신 예수님께 충성을 맹세해야 합니다. 따라서 신약성경이 우리가 믿음으로 구원을 받는다고 말할 때, 거기에는 예수님의 구원 사역에 대한 신뢰뿐만 아니라, 왕이신 예수님에게 온 몸으로 충성을 바치겠다는 약속도 포함된다는 것을 꼭 기억해야 합니다.

우리는 세례를 받을 때 왕이신 예수님께
충성을 맹세해야 합니다.

우리는 복음을 전할 때, 복음의 목적(왕이신 예수님께 대한 충성)에 부합하는 구체적인 결단을 우리 자신과 다른 사람들에게 촉구해야 합니다. 모든 사람들이 충성을 구현함으로써—처음에는 세례의 서약을 통해서, 이후에는 지속적인 회개를 통한 충성을 구현함으로써—예수님의 왕권에 응답할 것을 촉구해야 합니다.

개인과 그룹의 우선순위 재조정

현재의 전도는 집단보다는 개인의 구원을 우선시합니다. 이로 인해 "교회"는 그저 개인이 구원을 받는 데 필요한 것, 그 이상을 추가적으로 다루는 선택 사항과 같은 곳이라고 오해하는 개인주의자들이 발생했습니다. 그러나 성경을 보면 복음은 역사 속에서 먼저 구원받은 그룹을 오순절에 만들어 냈고, 그 후에 각 개인들이 그 그룹에 들어갔습니다. 각 개인은 오로지 구원받은 그룹에 들어갈 것을 선택함으로써 구원(혹은 "의롭다 함")을 받을 수 있었습니다. 이미 그 그룹의 구성원들은 왕에게 응답하여 구원받은 상태를 누리고 있기 때문입니다.

참된 복음은 구원이 이루어지고 있는 그룹에 합류하도록 각 개인을 초대합니다. 그러므로 이제 우리는 기존의 우선순위를 재조정해야 합니다.

> 개인주의자의 복음: 당신은 예수님을 구세주로 믿어야 한다. 그래야 개인적으로 죄사함을 받을 수 있다. 그러고나면 당신은 예수님을 자유롭게 주님으로 따를 수 있게 될 것이다. 당신이 그렇게 할 수 있도록 도와줄 교회를 찾아야 한다.

> **우선순위를 재조정하라!**

> **그룹에 합류하는 복음:** 당신은 왕이신 예수님께 대한 충성을 선언해야 한다. 자신의 백성에게 구원의 유익을 베푸시는 예수님께 대한 충성을 선언해야, 죄사함을 받고 자유로워진 그룹에 들어올 수 있다.

우리가 참된 복음의 논리를 거꾸로 받아들이면, 예수님을 구세주로 믿는 믿음이 각 개인에게 자유를 주어 예수님을 주님으로 모실 수 있게 한다고 생각하게 됩니다. 그러한 과정에서 교회는 각 개인에게 보조적인 도움, 선택 사항에 그치는 도움 정도를 주는 곳으로 여겨지게 되고요. 우리가 기존에 복음을 전했던 방식을 뒤집어야 이 문제를 바로 잡을 수 있습니다. 즉, 개인보다 왕의 백성들의 구원을 더 강조해야 합니다.

복음의 주요 목적 재조정하기

천국heaven은 영원에 비추어 볼 때 짧지만 즐거운 중간 기착지입니다. 우리의 최종적인 도착지는 천국이 아니라 급진적으로 새로워진 피조 세계 안으로 들어가는 부활입니다. 우리가 복음의 내용과 결단의 순간 너머를 다룰 때, 그룹의 관심사를 고려하는 가운데 복음의 목적들에 대해 말하는 방식도 세밀하게 조정되어야 합니다.

부정확한 복음의 목적: 당신은 예수님을 믿어야 한다. 그러면 죽을 때 천국에서 하나님과 영원히 함께할 수 있다.

재조정하라!

정확한 복음의 목적: 당신은 왕이신 예수님께 대한 충성을 선언해야 한다. 당신은 계속해서 그렇게 함으로써 예수님께서 인간들과 피조 세계,

그리고 하나님의 영광을 회복하는 구원의 유익을 베푸시는 일에 영원히 참여할 수 있게 된다.

"왜 복음이 필요한가?"라는 질문 앞에 하나님의 사랑이 궁극적인 동기라는 것을 꼭 기억하세요. 그러나 성경 안에서 복음의 목적에 대한 가장 명확한 대답은 **모든 민족들 가운데 왕이신 예수님께 충성을 다하는 순종입니다**(롬 1:5; 16:26). 따라서 구원을 이루는 복음에 대한 반응으로 왕에 대한 충성이 요구되는 것은 당연합니다.

복음의 목적과 우리에게 요구되는 반응은 동일합니다. 바로 왕이신 예수님께 대한 충성입니다. 그런데 영광의 순환은 왕이신 예수님께 대한 충성이 본질적으로 천국에 들어가는 일에 관한 것이 아님을 알려줍니다. 그 충성은 보다 원대한 하나님의 계획, 곧 "새 하늘과 새 땅"의 계획에 관한 것입니다(계 21:1). 또한 그 충성은 궁극적으로 인간들과 피조 세계의 명예 회복, 그리고 하나님의 명예 회복을 목표로 합니다.

온전한 복음 전하기

오늘날 교회들이 복음을 제시하는 전형적인 방식을 감안해 볼 때, 복음을 완전히 거꾸로 제시한다는 말은 무슨 뜻일까요? 우리가 앞서 논의한 모든 내용들—복음의 내용, 결단 시점, 복음의 개인화, 복음의 목적들—을 재구성한 다음, 그것들을 거꾸로 결합하여 온전한 복음을 전하는 것입니다.

불충분한 (전형적인) 복음으로의 초대: 예수님은 당신의 죄를 위해 죽으셨다. 예수님을 구세주로 믿고 개인적으로 죄사함을 받으라. 그러면 당신은 구원을 받고 천국에 갈 수 있다. 또한 당신은 자유를 얻게 되어 예수님의 제자가 될 수 있고 그의 왕권에 복종할 수 있게 된다. 일단 당신이 믿으면 무슨 일이 있어도 구원을 받을 수 있다. 하지만 세례를 받고 교회에 출석해야 한다. 그래야 예수님을 더 잘 따르는 사람이 될 수 있다.

거꾸로 뒤집어 보라!

더 나은 완전한 복음으로의 초대: 예수님은 이제 왕이시다! 예수님은 성육신, 죄에 대해 죽음, 부활, 왕위 즉위, 성령을 보내심, 재림을 통하여 그의 모든 백성에게 구원의 유익을 주신다. 만일 다른 곳들에 충성했던 것으로부터 벗어나 예수님의 제자가 되겠다는 서약의 일환으로 세례를 통해 그에게 충성을 맹세한다면, 당신은 죄사함을 받고 자유를 누리는 예수님의 가족의 일원이 될 것이다. 왕이신 예수님 아래에서 우리의 사명은 예수님을 닮는 것이다. 그렇게 우리는 인간들과 피조 세계, 그리고 하나님의 명예를 회복하기 위해 함께 노력할 수 있다. 그리고 이 모든 것이 하나님의 영광을 극대화한다.

앞서 언급한 "불충분한" 복음으로의 초대와 "더 나은" 복음으로의 초대를 주의 깊게 다시 읽어 보세요. 잠시 깊이 생각해 보세요.

두 초대 사이에 차이는 미묘하지만 아주 중요합니다. 저는 여러분이 더 나은 복음을 자기 것으로 만들기를, 할 수만 있다면 암기까지 하기를 바랍니다. 이 책에서 실천적인 내용들 중 많은 부분이 바로 이 비교에 담겨 있습니다.

저는 이번 장을 시작하면서 한 교회가 아이들의 농구 리그에서 서투르게 복음을 전했던 이야기를 소개했습니다. 그것은 비기독교인들을 향한 강압적이고 무례한 행동이었기에, 여러분은 많은 부분 그 교회의 방식이 잘못되었음을 직관적으로 느꼈을 것입니다. 이제는 지금까지 우리가 함께 살펴 본 내용을 통해 그 방식 안에 내재된 신학적인 문제들이 드러났기를 바랍니다. 그러한 복음 제시는 "불충분한" 복음 제시의 기본 패턴을 따르고 있습니다. 그것은 오로지 예수님을 구세주로 믿고 죄사함을 받는 것에만 초점을 맞추고 있으며, 심지어 제자도를 요구하는 내용은 아예 없기 때문에 아주 좋지 못한 복음 제시 방식이라 할 수 있습니다.

실제 복음, 즉 성경이 제시하는 복음의 논리는 오늘날 전형적인 복음 제시 방식에 담긴 논리와 정반대입니다. 성경 속 복음의 논리는 먼저 예수님의 왕권의 실재를 강조하고, 그 다음으로 충성이 어떻게 구원의 회복을 가져오는지를 강조합니다. 우리가 실제 복음의 논리를 파악하고 우리 자신의 것으로 만들 때, 비로소 우리는 왕이신 예수님을 효과적으로 증거할 준비가 된 것입니다.

저는 사람들을 "더 나은" 복음으로 초대하는 문제에 있어서 주로 복음의 논리를 전달하는 데 관심을 두고 있습니다. 그리고 그 논리를 온전히 드러내기 위해 꼭 필요한 핵심들만 간추렸습니다. 저는 어떤 식으로든 "더 나은" 복음으로의 초대에 담긴 근본적인 논리가 향후 우리의 전도 방식을 이끌어야 한다고 생각합니다. 물론 실제로 복음을 전할 때 앞서 언급한 패턴을 똑같이 따를 필요는 없습니다. 앞서 언급한 표현들을 맹목적으로 사용할 필요도 없고요. 여러분은 그보다 훨씬 더 개인적이고, 감동적이며, 아름다운 표현들을 사용하길 바랍니다.

색이 바랜 아름다움

우리는 교회가 복음을 거꾸로 뒤집어 전하는 방식에 대해 이제 막 밑그림을 그렸습니다. 하지만 복음을 거꾸로 전하는 또 다른 방식이 있습니다. 이 책은 **"왜 복음이 필요한가?"**라는 질문을 던지는 책입니다. 만일 그에 대한 핵심적인 대답이 **왕이신 예수님을 향한 충성이 명예를 회복시키기 때문**이라면, 명예 회복이 우선시될 때 교회는 부흥할 것입니다.

여러분은 제가 이제부터 하는 말을 부디 규범적으로 생각하지 않기를 바랍니다. 우리는 예수님의 왕권을 증언할 때 효과적으로 복음을 전할 수 있습니다. 그것이 전부입니다. 기술적인 측면에 집착하는 것보다 언제 어디서든 그저 **그렇게** 실천하는 것이 더 중요합니다. 전도에 왕도는 없습니다. 다시 말해, 예수님의 왕권의 실재를 먼저 제시함으로 성경 속 복음의 논리를 따르는 것이 중요합니다. 그러나 그 이상으로 예수님을 가장 잘 증언한다는 것은 곧 수많은 사람들에게 다양한 방언들로, 또 온갖 형식들을 통해 전한다는 것을 의미합니다. 사람들의 상황이 저마다 다르기 때문에 예수님에 대한 증언도 다양한 것이 가장 좋습니다. 그러므로 무엇보다 성령의 인도하심에 맡겨야 합니다.

개인적인 곤경의 문제

하지만 저는 복음을 전하는 특정 패턴들이 점점 더 효과적이지 않다고 생각합니다. 예를 들어, 오늘날 개인적인 곤경으로 시작하는 것은—즉, 구원받지 못한 개인이 죄로 인해 불의하여 하나님의 심판 아래 있다는 경고로 시작하는 것은—대개 그 효과가 미비합니다. 물론 그것은 사실이지만, 세 가지 이유 때문에 그와 같은 방식으로 시작하는 것은 대개 좋지 못한 것 같습니다.

첫째, 대부분의 불신자들은 최후의 심판과 하나님의 처벌 의지에 대해 회의적입니다. 또한 성경을 믿지 않기 때문에 지옥에 관한 경고는 사실상 설득력이 없습니다.

둘째, 그러한 경고는 피조 세계가 파괴된 모습 속에서도 아름다움을 엿보는 청중들에게는 특히 더 효과가 미비합니다. 만일 그 청중들이 소망이 없는 죄인들이라는 이야기를 반복적으로 들었다면, 그러나 오직 마음으로 예수님을 구세주로 믿기만 한다면 모든 것이 괜찮아질 것이라는 말을 반복해서 들었다면, 더더욱 효과가 없을 것입니다. 하나님의 아름다운 피조 세계 안에 있는 모든 사랑스러운 것들은 결국엔 다 불에 타 버릴 것이라는 경고 역시 마찬가지고요. 피조 세계의 최종 결론을 묘사하는 성경적 이미지는 정제를 위해 불에 녹고(예: 고전 3:11-15; 히 10:26-29; 벧후 3:10-13; 계 20:7-21:2), 그 후에 하나님의 새로운 창조 사역에 근거한 회복이 따르는 것입니다. 요컨대, 심판과 멸망에 대한 경고는 하나님의 아름다움에 동조하는 사람들에게 맞지 않습니다.

셋째, 가장 중요한 지점은 죽음 이후 개인적 형벌에 대한 무시무시한 경고는 사람들을 격분하게 할 뿐이라는 것입니다. 그러한 경고는 복음을 주시는 하나님의 진정한 동기에 대해 **먼저** 말하지 않기 때문에 문제가 있습니다. 특히 무가치함을 지나치게 강조하는 신학에 강제로 휩쓸린 사람들은 정죄라는 나쁜 소식으로 얻어 맞기 전에 하나님의 사랑에 대한 좋은 소식을 먼저 들어야 할 필요가 있습니다.

개인에게 던지는 경고가 전도에 분명 유효한 부분이 있긴 하지만, 그럼에도 대체로 좋은 출발점은 아닙니다. 물론 저는 죽음과 형벌로부터 영원히 한 개인을 구원하는 것이 엄청나게 중요한 복음의 유익이라는 데 동의하지만, 그럼에도 지금까지 제가 지적한 내용들은 모두 사실이라고 생각합니다. 복음을 제시하며 전도할 때 먼저 하나님의 기본적인 목적들을 전면에 내세우는 것이 더 현명한 태도입니다. 즉, **하나님은 인간들과 피조 세계를 사랑하시며, 둘 모두가 온전히 회복되기를 원하시는 분입니다.**

회복을 일으키는 하나님의 사랑

전도는 하나님의 복음에 담긴 목적과 인간의 가장 깊은 갈망이 충돌하는 지점에서 가장 큰 효과를 발휘합니다. 오직 구세주를 믿으라는 서투른 복음이 아닌 실제 복음 즉, 왕이신 예수님의 진짜 복음에 사람들이 반응하도록 만드는 것은 무엇일까요?

바로 회복을 일으키는 하나님의 사랑입니다.

인간으로 태어난 우리 모두가 겪는 상태는 하나님의 통치에 순복하기보다 도리어 자신의 삶에 스스로 왕이 되기를 바라는 상태입니다. 그리고 이로 인해 우리는 우리 자신과 피조 세계, 그리고 하나님을 불명예스럽게 만들고 있습니다. 왕이신 예수님에게로 끌림은 그처럼 스스로 왕이 되어 통치하려는 반감과 욕망, 그에 따른 해로운 결과들을 모두 회복시킵니다. 그리고 회복을 일으키는 하나님의 사랑은 그러한 끌림을 더욱 강화시킵니다.

비록 비기독교인들은 아직 그것을 엿볼 수 없지만, 그럼에도 하나님의 사랑은 좋은 동기를 제공합니다. 하나님은 사랑으로, 아름다움과 진리로 가득한 좋은 세상을 창조하셨습니다. 하나님은 인간들을 가리켜 "참 좋다"라고 말씀하시며 그들에게 하나님의 형상을 지닌 자로서 특별한 역할을 부여하셨습니다. 그러나 하나님의 형상을 지녔음에도 우리 스스로의 명예를 훼손하고 심지어 피조 세계에도 해를 끼친 우리의 혐오스러운 선택들이 이어졌습니다. 그럼에도 하나님께서는 죄를 미워하시되 우리를 미워하시진 않았습니다. 오히려 우리를 위해 십자가에서 고난을 당하심으로 헤아릴 수 없는 새로운 사랑의 깊이를 보여주셨습니다. 십자가 위에서 하나님은 인간들을 위해 당신을 쏟아부으시는 사랑의 성품을 가장 온전히 드러내셨습니다.

하나님은 정말로 여러분과 저를 위한 분이십니다. 사실 우리는 복음의 은혜를 받을 자격이 전혀 없습니다. 그런데도 하나님의 사랑은 십자가와 부활의 선물로 끝나지 않았습니다. 하나님은 우리를 너무나 사랑하셔서 영원히 살아서 다스리실 왕을 선물로 주셨고, 그 왕권에 복종하여 변화되도록 우리를 초대하셨습니다. 그렇다면 우리 역시도 예수님과 같이 영광스러운 통치자가 될 수 있습니다. 하나님의 사랑은 우리로 하여금 그를 향해 나아가게 하셔서 우리가 예수님의 왕권에 기꺼이 응답할 수 있도록 만듭니다.

아름다움과 선함과 진리

따라서 사람들에게 하나님의 사랑에 대한 깨달음을 주려면 복음을 거꾸로 전하는 것이 승리의 전략입니다. 심지어 하나님이 존재한다고 믿지 않는 사람들에게조차 우리는 **아름다움**과 **선함**과 **진리**로 이야기를 시작할 수 있습니다. 이것이 가능한 이유는 피조 세계가 모든 사람에게, 심지어 하나님을 거부하는 사람들에게까지 하나님의 보이지 않는 특성들을 드러내기 때문입니다(롬 1:19-20). 하지만 인간의 이성은 손상되었고 깨닫는 일에도 어두워 예수 그리스도의 은혜 없이는 구원을 받을 수 없습니다(롬 1:21, 28; 3:23-24). 그럼에도 일단 왕의 은혜로운 선물이 주어지고 나면 왕으로부터 나오는 빛이

심지어 **불신자들까지도** 끌어당깁니다(제6장의 논의 참조). 성냥이 어둠을 밝히는 것처럼 기독교인들이 아름다움과 선함과 진리에 대한 비기독교인들의 시각을 교정해 줄 때 그들도 빛을 향해 나아옵니다.

맞춤형 회복

아름다움과 선함과 진리를 선도하는 것은 보편적으로 사용할 수 있는 방식이기에 분명 의미가 있습니다. 장점은 그것만이 아닙니다. 아름다움과 선함과 진리는 복음이 가진 회복의 목적을 반향하기 때문에 특히 더 효과적입니다. 본래의 아름다움에 대한 감각이 높아지면 현재의 부패와 타락에 대한 인식이 더 선명해지고 회복에 대한 갈망도 커지기 마련이기 때문입니다.

우리는 **좋은 것이지만 손상된 무언가를 발견할 때**—즉, 무언가를 보고 왕이신 예수님에 대한 충성이 그것의 본래 영광을 되돌릴 수 있다는 희망을 갖게 될 때—복음에 응답하고자 하는 동기가 가장 강해집니다. 이러한 이유로 기독교인은 색이 바랜 빛을 보면 재빨리 알아차리고 지적해야 합니다.

좋은 것이지만 손상된 것, 즉 회복이 필요한 무언가는 사람마다 다를 수 있습니다. 이를테면, **사회적인 것**일 수도 있습니다. 곧 인간관계에서 고립감이나 상처를 경험하는 가운데 진정한 우정을 아주 잠깐 동안 경험하는 것일 수도 있습니다. 또한 **미학적인 것**일 수도 있습니다. 황폐화되기 전 창조 세계의 아름다움처럼요. **신학적인 것**일 수도 있습니다. 즉, 사람들의 조롱을 들으면서도 하나님의 선하심

goodness에 대한 흔들리지 않는 인식일 수도 있습니다. **지적인 것일 수도 있습니다.** 세상의 혼란 속에서도 물리학physics의 우아한 진리처럼요. 그렇지만 대개 그것은 **개인적인 것**입니다. 즉, 내가 진정으로 명예로운 사람이라는 느낌, 혹은 적어도 부끄러운 도덕적 실패와 해로운 선택들의 무게에서 벗어날 수만 있다면, 나도 명예로운 사람이 될 수 있다는 느낌일 수 있습니다.

문제에 연루됨

기독교인들은 복음을 나눌 때 자신의 개인적인 증언(간증)을 덧붙일 수 있어야 합니다. 그러나 우리는 또한 거꾸로 증언할 필요도 있습니다. 비신자들이 아름다움과 선함과 진리에 대한 인식을 얻게 되고, 특정한 무언가를 회복하고자 하는 갈망을 갖게 될 때, 실은 우리 **모두가** 문제와 피해를 일으키고 있다는 사실을 직시할 수 있어야 합니다. 그리고 여러분이 비신자들에게 그들도 실은 문제와 피해를 일으키는 상태에 있다는 이야기를 꺼내는 가장 좋은 방법은 바로 여러분 자신의 이야기를 들려주는 것입니다.

여러분이 왕이신 예수님 아래서 경험하고 있는 승리를 앞세우지 마세요. 여러분이 과거에 일으킨 피해와 여전히 진행 중인 상처에 대해 솔직하게 이야기해 보세요. 이를테면, 직장 상사에 대한 원한에 대해 이야기해 보세요. 아버지가 어떻게 여러분의 자존심에 상처를 입혔는지, 아버지를 용서하기 위해 얼마나 애를 썼는지 나누어 보세요. 포르노에 끌린 경험을 이야기해 보세요. 여러분 개인의 목표가 어떻게 우정을 무너뜨렸는지 이야기해 보세요. 여러분의 잘못된 선택이 다른 사람들에게, 심지어 피조 세계에 어떤 상처를 주었는지 이야기해 보세요. 그리고 그 선택들이 하나님께도 어떤 불명예를 가져왔는지 나누어 보세요.

비기독교인들에게 여러분이 일으킨 문제와 피해에 대해 이야기 할 때, 그들은 여러분의 진정성을 새롭게 인식할 뿐만 아니라, 자신들도 비슷한 문제를 일으켰다는 사실을 깨닫게 됩니다. 그러면 자신들에게도 구원이 필요하다는 결론을 내릴 수 있게 되죠. 요컨대, 그들이 여러분의 문제를 보고 공감하게 되면, 그들 자신의 문제도 깨닫게 될 것입니다.

왕이신 예수님을 통해 영광을 발견하기

이처럼 투쟁과 패배를 앞세우되 왕이신 예수님과 예수님의 승리 또한 분명하게 선포하세요. 우리—내부인이든 외부인이든—가 왕이신 예수님을 선택할 때는 우리 자신의 통치가 문제의 원인이며, 왕이신 예수님께 대한 충성만이 그 문제를 해결하고 회복시킬 수 있다고 확신할 때입니다. 또한 우리는 성령의 도움으로 그 선택을 지속함으로써 기독교인으로서의 정체성을 유지합니다. 즉, 우리는 회개하고 충성을 표현합니다.

다시 말하지만, 개인적인 증언(간증)이 핵심입니다. 왕이신 예수님께 대한 충성이 여러분과 여러분의 공동체를 어떻게 변화시켰는지, 그로 인해 어떻게 존엄성이 회복되고 있는지 이야기해 보세요.

예수님께서 십자가로 보이신 모범이 직장 상사를 섬기는 데 어떻게 도움이 되었는지, 그로 인해 일에 대한 여러분의 태도가 어떻게 바뀌기 시작했는지 이야기해 보세요. 또 어떻게 여러분의 형제자매를 용서할 수 있었는지 이야기해 보세요. 여러분이 속한 소그룹이 어떻게 여러분의 잘못된 자존감 하락을 일깨워 주었고 또 어떻게 자기 존중을 이루도록 도왔는지 이야기해 보세요. 왕 안에서 여러분이 어떤 사람으로 변해가고 있는지 말이죠. 혹은 일정 기간 동안 성적인 유혹을 이기고 승리한 경험에 대해서도 나누어 보세요.

예수님으로 인해 승리한 개인의 경험을 증언(간증)할 때는 모든 것이 여전히 완벽하지 않다는 것을 알려주세요. 진정성이 중요합니다. 부끄럽게도 여전히 어려움을 겪고 있는 부분에 대해서 솔직하게 이야기 하세요. 왕을 위해 내 자신을 죽일 때 진정으로 풍성한 삶을 되찾게 되지만, 그것은 결코 편안하거나 쉬운 일이 아님을 알려주세요. 또한 충성은 진정한 치유를 가져다주지만, 그것은 점진적이고 어려운 싸움이라는 점을 강조하세요. 때로는 발을 헛디딜 때도 있다고요. 그럼에도 왕이신 예수님께 대한 충성은 우리가 계속해서 위로 올라가도록 우리를 몸부림치게 만든다는 점을 꼭 덧붙이세요.

영광의 회복을 위한 충성

기독교의 외부인이든 내부인이든 관계없이, 왕이신 예수님을 통해 진정한 회복이 일어나고 있음을 감지하는 사람은 복음에 가장 충실히 응답하게 되어 있습니다. 우리 모두는 하나님의 영광(명성)을 피조 세계에 전달하도록 창조되었기 때문에 우리 자신과 문화와 피조 세계와 하나님을 향한 "영광의 회복"에 대한 열망은, 하나님의 선물인 왕이신 예수님으로 인해 일어납니다. 그렇기에 우리는 믿음과 소망을 가지고 살아계신 왕, 예수 그리스도에게 우리 자신을 고정시켜야 합니다.

복음의 목적을 붙들고 좋은 소식good news을 전합시다. 하나님은 끝없는 사랑으로 우리에게 복음을 주셨습니다. 왕이신 예수님만이 홀로 하나님께서 주신 우리의 영광을 회복시키실 수 있습니다. 그리고 예수님을 통해 우리는 그 영광을 피조 세계 곳곳에 전달할 수 있게 됩니다. 그렇지만 왕이신 예수님은 회복 그 이상의 일을 하십니다. 예수님은 우리와 피조 세계의 영광을 드높여 주십니다. 그 원천은 하나님이시기에 그렇게 드높여진 영광은 궁극적으로 하나님의 영광을 드높입니다.

왜 복음이 필요할까요? 모든 피조 세계에 대한 당신의 **사랑** 때문에, 하나님께서는 **왕**이라는 은혜로운 선물을 통해 피조 세계를 **구원**하고 계십니다. 이제 왕이신 예수님께 **충성**을 다하면 지금 그리고 영원히 **생명**을 얻게 됩니다. **변화된** 인간이 영원히 왕과 함께 **영광스러운 통치**를 펼칠 때 피조 세계와 인간들, 그리고 무엇보다도 하나님이 (본래 하나님께서 의도하신 대로) **영광스럽게** 될 것입니다.

영광을 회복시키는 왕, 예수 그리스도를 영원히 찬양합시다!

묵상과 나눔을 위한 질문

1. 제7장은 잘못된 전도에 대한 이야기로 시작했는데요. 여러분이 경험한 전도 방식 중에 가장 안타까운 경우는 어떤 것이었나요? 그 상황에서 복음을 전할 수 있는 더 좋은 방식은 무엇이었을까요?

2. "불충분한" 복음 초대장과 "더 나은" 복음 초대장을 다시 읽어 보세요. 그 차이점을 내면화할 수 있도록, 각각의 초대장이 복음의 내용, 결단 시점, 복음의 개인화, 복음의 목적을 어떻게 다루고 있는지 설명해 보세요. 이로부터 더 나은 복음 제시를 위해 어떻게 실제적인 조치를 취할 수 있을지 이야기해 보세요.

3. 오늘날 복음을 전할 때 개인적인 곤경이 최선의 출발점이 아니라는 데 동의하나요? 동의 혹은 동의하지 않는 이유는 무엇인가요?

4. 세상의 아름다움과 선함과 진리에 대한 인식을 높이는 것이 어떻게 전도에 도움이 될 수 있을까요? 그것들에 대한 인식을 높이기 위해 여러분이 있는 곳에서 할 수 있는 일 서너 가지를 생각해 보세요.

5. 오늘날 자주 일어나는 죄악된 행동들을 생각해 보세요. 그 행위가 인간과 피조 세계, 그리고 하나님께 각기 어떤 불명예를 가져오나요? 예수님과 함께 (그리고 예수님 아래에서) 완전한 명예 회복이 이루어질 때, 우리와 피조 세계와 하나님께 각기 어떤 일이 일어나나요?

6. 여러분이 문제와 피해를 일으킨 경험에 대해 이야기해 봅시다. 그에 대해 예수님은 어떻게 회복시켜 주셨나요? 여러분의 삶에서 회복이 가장 필요한 영역은 어디인가요? 여러분이 실패한 이야기가 어떻게 복음을 전할 기회가 될 수 있을까요?

7. 복음을 (다시) 들어야 한다고 생각되는 세 사람을 떠올려 보세요. 그들에게 **좋은 것이지만 손상된 것**은 무엇이 있을까요? 그들과 예수님에 관한 대화를 나누면 어떨지 상상해 보세요. 그리고 그들을 위해 기도해 보세요.

8. 왜 복음이 필요한가요? 하나님은 왜 복음을 주셨을까요? 오늘날에도 왜 복음은 여전히 최고의 소식일까요?

추천 도서 목록을 만들 때 복음, 믿음, 은혜, 형상, 영광, 구원을 이해하는 데 도움이 되도록 구성했습니다. 특히 중요한 최근 도서에 초점을 맞추었고, 주로 신약학 분야로 목록을 제한했습니다.

초급

Matthew W. Bates. *Gospel Allegiance*. Grand Rapids: Brazos, 2019.

Matthew W. Bates. *The Gospel Precisely*. Nashville: Renew.org, 2021.

Michael Bird. *Introducing Paul*. Downers Grove: IVP Academic, 2009.

Carmen Joy Imes. *Bearing God's Name*. Downers Grove: IVP Academic, 2019.

Scot McKnight. *The King Jesus Gospel*. Grand Rapids: Zondervan, 2011. [=『예수 왕의 복음』(새물결플러스, 2014)]

N. T. Wright. *How God Became King*. New York: HarperOne, 2012.

N. T. Wright. *Simply Good News*. New York: HarperOne, 2015. [=『이것이 복음이다』(IVP, 2017)]

중급

Matthew W. Bates. *Salvation by Allegiance Alone*. Grand Rapids: Baker Academic, 2017. [=『오직 충성으로 받는 구원』(새물결플러스, 2020)]

Michael J. Gorman. *Becoming the Gospel*. Grand Rapids: Eerdmans, 2015. [=『삶으로 담아내는 복음』(새물결플러스, 2019)]

Michael J. Gorman. *Romans*. Grand Rapids: Eerdmans, 2022.

Kenneth Keathley. *Salvation and Sovereignty*. Nashville: B&H Academic, 2010.

Patrick Schreiner. *The Ascension of Christ*. Bellingham, WA: Lexham, 2020. [=『그리스도의 승천』(이레서원, 2022)]

Alan R. Streett. *Caesar and the Sacrament*. Eugene, OR: Cascade, 2018.

N. T. Wright. *The Challenge of Jesus*. Downers Grove: IVP, 1999. [=『예수의 도전』(성서유니온선교회, 2014)]

고급

John Barclay. *Paul and the Gift*. Grand Rapids: Eerdmans, 2015. [=『바울과 선물』(새물결플러스, 2019)]

Nijay Gupta. *Paul and the Language of Faith*. Grand Rapids: Eerdmans, 2020. [=『바울과 믿음 언어』(이레서원, 2021)]

Haley Goranson Jacob. *Conformed to the Image of His Son*. Downers Grove: IVP Academic, 2018.

Joshua W. Jipp. *Christ Is King*. Minneapolis: Fortress, 2015.

Joshua W. Jipp. *The Messianic Theology of the New Testament*. Grand Rapids: Eerdmans, 2019.

Scot McKnight. *Reading Romans Backwards*. Waco, TX: Baylor University Press, 2019. [=『거꾸로 읽는 로마서』(비아토르, 2022)]

Teresa Morgan. *Roman Faith and Christian Faith*. Oxford: Oxford

University Press, 2015.

Enoch O. Okode. *Christ the Gift and the Giver*. Eugene, OR: Cascade, 2022.

Jonathan T. Pennington. *The Sermon on the Mount and Human Flourishing*. Grand Rapids: Baker Academic, 2017. [=『산상수훈 그리고 인간 번영』(에스라, 2020)]

Paul A. Rainbow. *The Way of Salvation*. Milton Keynes: Paternoster, 2005.

Julian C. H. Smith. *Paul and the Good Life*. Waco, TX: Baylor University Press.

N. T. Wright. *Jesus and the Victory of God*. Minneapolis: Fortress, 1996. [=『예수와 하나님의 승리』(CH북스, 2004)]

N. T. Wright. *Paul and the Faithfulness of God*. 2 Volumes. Minneapolis: Fortress, 2013. [=『바울과 하나님의 신실하심』(CH북스, 2015)]

Jackson Wu. *Reading Romans with Eastern Eyes*. Downers Grove: IVP Academic, 2019. [=『동양의 눈으로 읽는 로마서』(IVP, 2022)]

제1장 왕이 먼저다

1 1QS 9:11 in *The Dead Sea Scrolls: A New Translation*, trans. Michael Wise, Martin Abegg Jr., and Edward Cook, rev. ed. (San Francisco: HarperSanFrancisco: 2005), 131.

2 Josephus, *War* 2.433-34; 2.56; 2.652-53; 4.507-13; 7.29-31 [=『요세푸스: 유대 전쟁사』(생명의 말씀사, 2006)]; *Antiquities* 17.271-85; 20.97-98. [=『요세푸스: 유대 고대사』(생명의 말씀사, 2006)]

3 Josephus, *Antiquities* 18.109-119.

4 4Q521 Frags 2 + 4 Col. 2 in *The Dead Sea Scrolls*, 531.

5 N. T. Wright, *Simply Good News: Why the Gospel Is News and What Makes It Good* (New York: HarperOne, 2011), 13.

6 이 단락은 이전의 제 연구를 바탕으로 설명한 것입니다. Matthew W. Bates, *Gospel Allegiance: What Faith in Jesus Misses for Salvation in Christ* (Grand Rapids: Brazos, 2019), 42-43.

7 이전 논의에 대한 요약을 보려면 다음의 자료를 참고하세요. Matthew W. Bates, "Why T4G/TGC Leaders Must Fix Their Gospel," *Christianity Today Blog Forum*, April 29, 2020, https://www.christianitytoday.com/scot-

mcknight/2020/april /why-t4gtgc-leaders-must-fix-their-gospel.html.

8   John Barclay, *Paul and the Gift* (Grand Rapids: Eerdmans, 2015); [=『바울과
      선물』(새물결플러스, 2019)] David DeSilva, *Patronage, Honor, Kinship, and
      Purity: Unlocking New Testament Culture* (Downers Grove, IL: InterVarsity,
      2000), 95-120. [=『문화의 키워드로 신약성경 읽기』(새물결플러스, 2019)]

9   Teresa Morgan, *Roman Faith and Christian Faith: Pistis and Fides in the Early
      Roman Empire and Early Churches* (Oxford: Oxford University Press, 2015),
      14, 23, 503; 최근 학계의 연구를 보려면 다음을 참고하세요. Matthew W.
      Bates, "The External- Relational Shift in Faith (*Pistis*) in New Testament
      Research: Romans 1 as a Gospel-Allegiance Test Case," *Currents in Biblical
      Research* 18 (2020): 176-202.

10   Nijay Gupta, *Paul and the Language of Faith* (Grand Rapids: Eerdmans, 2020),
      13. [=『바울과 믿음 언어』(이레서원, 2021)]

제2장 유명해진다

1   Lyrics by Adam Duritz, "Mr. Jones," from Counting Crows album *August and
      Everything After*, Geffen Records, 1993.

2   Matthew W. Bates, *Gospel Allegiance* (Grand Rapids: Brazos, 2019)에는 복음,
      믿음, 은혜, 행위, 의로움, 영생 사이의 진정한 관계를 명확하게 설명하기 위
      한 시도가 담겨 있습니다.

3   Scot McKnight, *The King Jesus Gospel: The Original Good News Revisited*
      (Grand Rapids: Zondervan, 2011). [=『예수 왕의 복음』(새물결플러스, 2014)]

4   BDAG, s.v. *doxa*, p. 257.

5   1 Clement 5.5-7 in Rick Brannan, *The Apostolic Fathers: A New Translation*
      (Bellingham, WA: Lexham, 2017), 15.

6   앨범마다 가사가 조금씩 다릅니다., *Across the Live Wire*, accessed June 1,
      2022, https://open.spotify.com/album/1tqB9q7YnXgWekLtO6wggy.

7   Adam Duritz, "'It Takes Its Toll,'" interview by Dan Cain, *The Sun*, Septem-
      ber 16, 2018, https://www.thesun.co.uk/tvandshowbiz/7252075/counting-
      crows -adam-duritz-famous-musicians/.

제3장 영광의 양면

1   C. S. Lewis, *The Great Divorce* (New York: Touchstone, 1996), 105. [=『천국과 지옥의 이혼』(홍성사, 2019)]

2   Lewis, *The Great Divorce*, 106.

3   Lewis, *The Great Divorce*, 106-7.

4   NIV성경은 이를 "하늘의 존재들"heavenly beings이라고 번역합니다. 하지만 이보다 더 정확하게 히브리어 원문을 보면 "하나님의 아들들"sons of God 로 읽을 수 있습니다. 이는 성경 다른 곳에서는 천사를 가리키는 명칭입니다 (예, 욥 1:6; 2:1)

5   Jackson Wu, *Reading Romans with Eastern Eyes: Honor and Shame in Paul's Message and Mission* (Downers Grove, IL: IVP Academic, 2019), 43. [=『동양의 눈으로 읽는 로마서』(IVP, 2022)]

6   Greg K. Beale, *We Become What We Worship: A Biblical Theology of Idolatry* (Downers Grove, IL: IVP Academic, 2008). [=『예배자인가, 우상 숭배자인가?』(새물결플러스, 2014)]

제4장 복음은 회복을 일으킨다

1   Matthew W. Bates, *Gospel Allegiance: What Faith in Jesus Misses for Salvation in Christ* (Grand Rapids: Brazos, 2019), 86-87; Matthew W. Bates, *The Gospel Precisely: Surprisingly Good News about Jesus Christ the King* (Nashville: Renew.org, 2021), 34.

2   Carmen Joy Imes, *Introduction* to *Bearing God's Name: Why Sinai Still Matters* (Downers Grove, IL: IVP Academic, 2019).

3   Joshua M. McNall, *The Mosaic of Atonement: An Integrated Approach to Christ's Work* (Grand Rapids: Zondervan Academic, 2019).

4   이사야 45:13 LXX; Josephus, *Antiquities* 12.28, 33, 46; 14.107, 371; *War* 1.274, 384.

5 Origen, *Commentary on Romans* 2.13.29, trans. Thomas P. Scheck, *Origen: Commentary on the Epistle to the Romans*, The Fathers of the Church (Washington, DC: Catholic University of America Press, 2001), 1:161.

6 Cyprian, Epistle 59, trans. Ernest Wallis, in *The Ante-Nicene Fathers*, ed. Alexander Roberts and James Donaldson (1886; repr., Peabody, MA: Hendrickson, 2004), 5:355.

7 Patrick Schreiner, *The Ascension of the Christ: Recovering a Neglected Doctrine* (Bellingham, WA: Lexham, 2020), 115.

8 간략하지만 깊이 있는 자료를 참고하세요. David Moffitt, "What's Up with the Ascension?," *Christianity Today*, May 21, 2020, https://www.christianitytoday.com/ct/2020/may-web-only/whats-up-with-ascension.html.

제5장 왕처럼 변화하기

1 Roald Dahl, *Charlie and the Chocolate Factory* (New York: Puffin, 2007), 33-34. [=『찰리와 초콜릿 공장』(시공주니어, 2004)]

2 Dahl, *Charlie and the Chocolate Factory*, 129-35, 130, 134.

3 Shel Silverstein, *Where the Sidewalk Ends* (New York: HarperCollins Children's Books, 1996), 28-29.

4 James K. A. Smith, *You Are What You Love: The Spiritual Power of Habit* (Grand Rapids: Brazos, 2016). [=『습관이 영성이다』(비아토르, 2018)]

5 Matthew W. Bates, *The Birth of the Trinity: Jesus, God, and Spirit in New Testament and Early Christian Interpretations of the Old Testament* (Oxford: Oxford University Press, 2015).

6 Jonathan T. Pennington, *The Sermon on the Mount and Human Flourishing: A Theological Commentary* (Grand Rapids: Baker Academic, 2017), 14. [=『산상수훈 그리고 인간 번영』(에스라, 2020)]

7 Joshua W. Jipp, *Christ Is King: Paul's Royal Ideology* (Minneapolis: Fortress, 2015), 45.

8 Charles Wesley, "Christ the Lord Is Risen Today," 1739.

9 Graham Kendrick, "Shine Jesus Shine," Make Way Music, 1987.

1 Joshua Harris, "My Heart Is Full of Gratitude," Instagram post, July 26, 2019, https://www.instagram.com/p/B0ZBrNLH2sl/.

2 Barna Group 자료는 다음의 자료에서 인용되었습니다. David Kinnaman and Gabe Lyons, *UnChristian: What a New Generation Really Thinks about Christianity … and Why It Matters* (Grand Rapids: Baker Books, 2007), 29-30.

3 Kinnaman and Lyons, *UnChristian*, 166.

4 Kinnaman and Lyons, *UnChristian*, 156.

5 David Kinnaman, *You Lost Me: Why Young Christians Are Leaving Church … and Rethinking Faith* (Grand Rapids: Baker Books, 2011).

6 Kinnaman, *You Lost Me*, 28-30.

7 Matthew W. Bates, *Salvation by Allegiance Alone: Rethinking Faith, Works, and the Gospel of Jesus the King* (Grand Rapids: Baker Academic, 2017); [=『오직 충성으로 받는 구원』(새물결플러스, 2020)] Matthew W. Bates, *Gospel Allegiance: What Faith in Jesus Misses for Salvation in Christ* (Grand Rapids: Brazos, 2019); Scot McKnight, *Reading Romans Backwards: A Gospel of Peace in the Midst of Empire* (Waco, Texas: Baylor University Press, 2019); [=『거꾸로 읽는 로마서』(비아토르, 2022)]; Michael J. Gorman, *Romans: A Pastoral and Theological Commentary* (Grand Rapids: Eerdmans, 2022).

8 이 분석은 제 이전 연구를 참고한 것입니다. Bates, *Gospel Allegiance*, 108-9.

9 Dallas Willard, *The Great Omission: Reclaiming Jesus's Essential Teachings on Disciple*ship (New York: HarperOne, 2006), 14. [=『잊혀진 제자도』(복있는사람, 2021)]

10 Kinnaman, *You Lost Me*, 44-50.

11 Kinnaman, *You Lost Me*, 205.

12 Bobby Harrington and Josh Patrick, *The Disciple Maker's Handbook: Seven Elements of a Discipleship Lifestyle* (Grand Rapids: Zondervan, 2017).

13 미치Mitch의 이야기는 다음의 자료에 나와 있습니다. John Marriott, *The Anatomy of Deconversion: Keys to a Lifelong Faith in a Culture Abandoning*

Christianity (Abilene, TX: Abilene Christian University Press, 2021), 66.

14 Dennis R. Venema and Scot McKnight, *Adam and the Genome: Reading Scripture after Genetic Science* (Grand Rapids: Brazos, 2017).

15 Bates, *Gospel Allegiance*, esp. 107–8, 177–210.

16 유진Eugene의 이야기는 다음의 자료에 나와 있습니다. Kinnaman, *You Lost Me*, 82

17 벤자민Benjamin의 이야기는 다음의 자료에 나와 있습니다. Marriott, *Anatomy of Deconversion*, 232–33.

제7장 목적으로 내용 뒤집기

1 저는 전형적인 신약성경의 과정을 설명하고 있지만, 유명한 예외들도 있음을 압니다. 예를 들어, 사마리아에서 복음이 받아들여질 때 세례를 받는 사마리아 사람들에게 성령(의 선물)이 일시적으로 내리지 않았던 적이 있습니다(행 8:14-17). 반대로 이방인들이 처음 교회 안에 들어올 때 물세례를 받기 전에 성령이 임하기도 했습니다(행 10:44-48). 이러한 특별한 사례들은 하나님께서 예루살렘에서 사마리아로, 그리고 모든 나라로 복음의 구원 범위가 확장되는 것을 조율하고 계심을 보여줍니다.

2 R. Alan Streett, *Caesar and the Sacrament: Baptism: A Rite of Resistance* (Eugene, OR: Cascade, 2018), 105.

신약성경

마태복음

마가복음

누가복음

예수 왕의 복음

초판1쇄	2024. 03. 15
저 자	매튜 W. 베이츠
번역자	**이학영**
편집자	박선영 박이삭 서요한

발행처	도서출판 학영
이메일	hypublisher@gmail.com
총판처	기독교출판유통

ISBN	9791198268464 (03230)
정 가	20,000원